JN416372

사자성어로 된

복음행전

福音行傳

김인식 편저

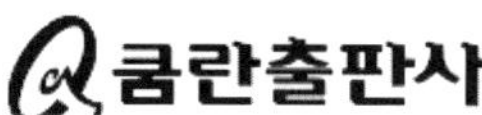

쿰란출판사

추천사

말씀으로 안내하는 친절한 가이드

성경은 위대한 책이다. 오랜 기간 많은 사람들에게 사랑받아 왔다. 인류 역사의 영원한 기록 문화유산이다.

또한 성경은 어려운 책이다. 읽는 것만으로 온전히 이해할 수 없다. 따라서 성경은 기억하기 어려운 책이다.

이러한 성경을 쉽게 접근하며, 오래 기억할 수 있게 길을 열어 주는 책이 출간되었다.

김인식 박사의 《사자성어로 된 복음행전》은 성경을 묵상하고, 그 말씀을 기억하며, 삶에 적용하는 데 친절한 가이드가 되어 준다. 성경을 사자성어(四字成語)로 구성하여, 해석을 달고, 관련 성구를 기록하였다. 난해한 구절은 주해를 추가하였고, 새로 나온 한자를 각주로 달아 자전 역할을 할 수 있게 배려하였다. 성경순 편집으로 전체의 흐름을 통전적으로 볼 수 있게 했다.

사자성어는 한자 문화권 언어의 기본 구조다. 뿐만 아니라 한글세대에게도 매우 친숙한 리듬이다. 소월 김정식의 시는 4·3조가 기저를 이루고 있다. 이런 우리 언어 문화의 토양에서 탄생된 이 책은 신선한 충격이다.

저자 김인식 박사의 오랜 공직 생활 경륜과 청백리로서의 정갈함과 원숙한 신앙

생활 스펙이 이 역작을 낳게 했다. 필자와 동문인 김인식 박사는 성경 사랑이 특심하고, 창의적 연구 열정이 출중하여 늘 존경해 왔다.

이 책은 성경 말씀을 사자성어로 집약해서 표현하고자 하는 설교자와 강연자들에게 매우 유익하며, 성경을 흥미롭게 접근하여 오래토록 기억하고자 하는 크리스천들에게 친절한 가이드 역할을 하리라 확신한다.

2013년 1월 30일

박종구

(월간목회 발행인 · 크로스웨이 성경연구원 원장)

감수의 글

최근 한국교회의 목회자 및 평신도들은 소위 성경 주해서의 홍수시대를 살면서 오히려 순 한글 위주 주해서의 난해함 때문에 심각하게 갈증을 느끼고 있다 해도 과언이 아닐 것이다.

더욱이 한자교육 열풍에 힘입어 일부 교회에서는 유교적 입장에서 쓰여진 한문 구절이나 사자성어를 교육시키는 현실이다. 이런 상황 아래에서 김인식 교수님의 《사자성어로 된 복음행전》의 출간은 가뭄에 단비와 같은 시원함을 한국교회에 선사한다. 책의 제목에서 풍겨나듯이 성경 본문을 동양 사상이 함축된 한문으로 재해석하고 적용하는 저자의 깊은 신앙에 바탕을 둔 복음주의적 혜안이 놀라울 뿐이다.

이런 귀한 옥고를 천학비재(淺學菲才)한 본인에게 감수(監修)의 영광을 의뢰하시어 몇 번을 사양하다가 이 또한 하나님께서 주신 달란트를 통한 사역을 명한 것이라 믿어 순종하고자 조심스럽게 응하고 천천히, 그러나 깊게 한 자 한 자 상고하기에 이르렀다.

이 책의 저자는 이 원고를 완성하기 위하여 우리나라에서 발행된 한문 성경은 물론 중국과 홍콩에서 발행된 모든 한문 성경을 완독해가며 수많은 한자자전을 헤아릴 수 없을 정도로 탐색하고 배우며 한문을 전공한 감수자를 무색하게 할 정도의 기도와 열정을 쏟아 부었다.

특히 하나님의 말씀인 성경을 한자를 차용하여 청중들에게 알기 쉽게 전하는 일, 곧 한문과 성경해석의 종합예술이라 전제할 때 이 책은 곧바로 신앙을 겸한 한문 교육에 응용할 수 있는 사자성어의 보고(寶庫)이다.

또한 이 책은 저자의 철학과 신앙과 삶을 고스란히 느끼게 해 주는 오랜 친구와 같은 푸근함이 가득 배어 있다. 한 번 읽고 서가에 꽂아 놓아버리는 책이 아니라 늘 곁에 두고 대화하고 싶은 친한 벗과 같은 책이라고 생각하기 때문에 신학생들에게는 훌륭한 교재(教材)가 되기도 할 것이고, 목회자들에게는 설교 보충자료가 될 것이며, 평신도들에게는 한문 성구를 통해 복음의 새로운 메시지를 전달하여 성경의 바른 이해와 삶의 안내자 역할을 할 것이라 굳게 믿는다.

아무쪼록 이 책의 출간을 통해 유교적 한문교육의 구습에서 벗어나 하나님의 말씀으로 쓰인 이 책이 성경적 한문교육의 초석을 쌓을 수 있는 계기가 될 것이라고 믿어 의심치 않는다. 또한 성경을 통한 사자성어(四字成語)의 참된 신수를 보든 사람들이 맛볼 수 있기를 기대한다.

주후 2013년 1월 30일

박재성

사단법인 성경한자교육협회 학술위원장
《한자에 숨어 있는 성경 이야기》 저자

사자성어로 된 복음행전(福音行傳)을 엮으면서

1. 성경 말씀 중에서 두 가지 사건을 소개하고자 한다. 하나는 이스라엘 민족이 출애굽 여정의 광야 40년간을 하나님께서 만나로 먹이고 낮에는 구름기둥, 밤에는 불기둥으로 인도하신 것이다. 다른 하나는 열왕기하 7장의 사건이다. 사마리아 성이 아람 군대에게 포위되어 굶주림과 죽음의 공포에 떨고 있을 때 그 성이 구원받게 된 기쁜 소식을 전해준 자는 다름 아닌 네 명의 문둥병자들이었다.

전자는 생명의 말씀과 성령의 인도하심을 따라 하나님과 동행하게 되었고, 후자는 그 사회로부터 버림받은 자들에 의하여 그 아름다운 소식이 전해졌다는 사실이다. 말씀은 우리의 일상생활 속에 우리의 행동과 사고의 기준이 되어야 한다(신 6:8). 복음에는 생명력이 있기 때문이다.

한자 문화권의 나라들은 사자성어를 친숙하게 여긴다. 우리나라 또한 일상생활 속에서도 사자성어가 자연스럽게 친숙한 문장이나 문귀로 사용되고 있다. 역사성이 있는 말의 뜻은 고사성어(故事成語)를 들어 활용되고 있으며, 생활 용어로서는 사자성어(四字成語)를 사용하여 말이 운치 있고 깊은 뜻을 갖게 한다. 그러나 성경 말씀에 대한 사자성어는 거의 찾아보기 힘들다. 넉자로 된 문장이나 말은 오히려 읽기도 쉽고 암기하는 데에도 편리하여 오래토록 기억에 남는다.

그래서 성경에서 자주 대하는 구절을 사자성어화하여 친숙하고, 흥미롭게 익힐 수 있도록 시도해 보았다. 우리나라는 세계에서 그 유례를 찾아볼 수 없을 만큼 짧은 기간에 복음화와 산업화 그리고 민주화를 동시에 이루어냈다.

21세기는 한자문화권의 국가들이 중심축을 이룰 것으로 전망된다. 그 중 한국은 복음과 선교의 주역이 될 것이다. 이에《사자성어로 된 복음행전》은 복음화의 소통기호(疏通記號)로써의 역할과 인성교육(人性敎育)의 역할을 할 수 있을 것으로 본다. 또한 말씀을 암송하고 묵상하며 한자를 익히는데도 도움이 되기를 바란다.

복음을 전하지 않으면 화가 미칠 것이라는(고전 9:16) 바울의 고백처럼 때를 얻든지 못 얻든지, 듣든지 듣지 않든지 복음은 전해져야 한다.

필자는 한학자도 성경학자도 아니다. 다만 하나님의 은혜 가운데서 복음에 빚진 자의 마음으로 썼을 뿐이다.

2. 본문을 대하는 데 일러둘 것은 사자성어를 구성하는 데 근거한 한자 성경은《신구약성경》(新舊約聖經, 1910 상해. 대미국성경회),《신구약성서》(新舊約聖書, 1933 상해. 성서공회인발),《성경》(聖經, 2003. 중국연합기독협의회)을 주 교재로 활용하였으며《성경》(聖經, 1995. 홍콩. 현대중문화역본과 보급판 성경)을 각각 부 교재로 활용하였다.

성경 구절 활용은 '개역개정 성경'을 중심으로 하였으며, 각 권의 제목을 그 책의 주제가 되는 내용을 사자화(四字化)하여 정했다(예: 창세기는 天地創造).

주해(註解) 자료는 다음 주석을 이용하였으며 주석 앞에 편의상 일련번호를 부여하여 주석의 근거를 제시하였다(예: 註解1).

1. 그랜드 종합주석(제자원 2009)
2. 톰슨II 주석성경(기독지혜사 1988)
3. 관주 톰슨성경(기독지혜사 1989)
4. 뉴톰슨 관주 주석성경(성서교재간행사 1985)
5. 베스트성경(성서교재간행사 1995)
6. QA성경(개역개정)(성서원)
7. 성경사전(아가페 1998)

2013년 4월 1일

김인식

성경책명 약자표

■ 구약성경

창	창세기	대하	역대하	단	다니엘
출	출애굽기	스	에스라	호	호세아
레	레위기	느	느헤미야	욜	요엘
민	민수기	에	에스더	암	아모스
신	신명기	욥	욥기	옵	오바냐
수	여호수와	시	시편	욘	요나
삿	사사기	잠	잠언	미	미가
룻	룻기	전	전도사	나	나훔
삼상	사무엘상	아	아가	합	하박국
삼하	사무엘하	사	이사야	습	스바냐
왕상	열왕기상	렘	예레미야	학	학개
왕하	열왕기하	애	예레미야애가	슥	스가랴
대상	역대상	겔	에스겔	말	말라기

■ 신약성경

마	마태복음	엡	에베소서	히	히브리서
막	마가복음	빌	빌립보서	약	야고보서
눅	누가복음	골	골로새서	벧전	베드로전서
요	요한복음	살전	데살로니가전서	벧후	베드로후서
행	사도행전	살후	데살로니가후서	요일	요한일서
롬	로마서	딤전	디모데전서	요이	요한이서
고전	고린도전서	딤후	디모데후서	요삼	요한삼서
고후	고린도후서	딛	디도서	유	유다서
갈	갈라디아서	몬	빌레몬서	계	요한계시록

차례

■ 구약

■ 신약

1부 구약(舊約)

천지창조(天地創造)

창세기

■ 시광위선【視光爲善】: 빛이 하나님 보시기에 좋았더라.

빛이 하나님이 보시기에 좋았더라 하나님이 빛과 어둠을 나누사 (창 1:4)

【註解】 빛은 제4일째 되는 날 창조된 태양의 광명과는 구별되는 일종의 에너지원으로 생각된다. 따라서 3절의 "빛"이 에너지의 발산 원리를 이용한 하나님의 1차적 창조였다면 14절의 "광명"은 2차적으로 창조된 발광체라고 할 수 있다. 빛이 전 우주적인 차원에서 생겨난 것이라면 광명은 지구를 위한 빛의 공급원으로 창조되었음을 알 수 있다. (주해 1)

■ 광주암야【光晝暗夜】: 빛을 낮이라 하고 어두움을 밤이라 칭함.

하나님이 빛을 낮이라 부르시고 어둠을 밤이라 부르시니라 저녁이 되고 아침이 되니 이는 첫째 날이니라 (창 1:5)

創(비롯할 창) 視(볼 시) 晝(낮 주) 暗(어두울 암) 夜(밤 야)

■ 각종기류【各從其類】: 생물을 그 종류대로 냄.

하나님이 땅의 짐승을 그 종류대로, 가축을 그 종류대로, 땅에 기는 모든 것을 그 종류대로 만드시니 하나님이 보시기에 좋았더라 (창 1:25)

【註解】 하나님은 지구상의 모든 생물들을 "그 종류대로" 창조하셨는데, 그것은 애초에 종(種)간에 더 이상의 진화가 필요치 않은 성숙한 개체로 만들었다는 의미이다. 따라서 진화론은 성경적인 이론이 아니다. (주해 6)

■ 주상조인【主像造人】: 하나님의 형상대로 사람을 지으심.

하나님이 자기 형상 곧 하나님의 형상대로 사람을 창조하시되 남자와 여자를 창조하시고 (창 1:27)

【註解】 "형상"이란 육체적인 것을 가리키지 않고 영적인 면을 가리킨다. 양심, 인격, 도덕성, 의로움, 거룩함, 판단력의 기준이 되는 자유의지 등이다. 이것들은 하나님의 속성과 공유되는 것들로서 이러한 영적인 속성들로 인해 사람은 창조주 하나님과 관계도 맺고 상호교제를 나눌 수 있다. (주해 1)

■ 정지치물【征地治物】: 땅을 정복하고 모든 생물을 다스리라.

하나님이 그들에게 복을 주시며 하나님이 그들에게 이르시되 생육하고 번성하여 땅에 충만하라, 땅을 정복하라, 바다의 물고기와 하늘의 새와 땅에 움직이는 모든 생물을 다스리라 하시니라 (창 1:28)

【註解】 본 절에서 언급된 "정복하라"와 "다스리라"는 명령은 신학적 용어로 '문화명령'이라고 한다. 문화는 본래 인간이 자연을 지배하기 위하여 행하는 모든 행동 양식을 의미한다. 인간은 하나님의 형상에 따라 창조되었을 뿐만 아니라 자기 주변의 물질적 환경을 적극적으로 다스리고 활용할 수 있는 지배권(문화명령)을 위임 받았다. (주해 1)

各(각각 각) 從(좇을 종) 其(그 기) 類(무리 류) 像(형상 상) 征(칠 정) 治(다스릴 치)

■ 취기생령【吹氣生靈】: 생기를 코에 불어넣으니 생령이 됨.

여호와 하나님이 땅의 흙으로 사람을 지으시고 생기를 그 코에 불어넣으시니 사람이 생령이 되니라 (창 2:7)

■ 별선악과【別善惡果】: 선악을 알게 하는 나무의 열매.

선악을 알게 하는 나무의 열매는 먹지 말라 네가 먹는 날에는 반드시 죽으리라 하시니라 (창 2:17)

【註解】 본 절은 인간이 선과 악에 관해 아는 것 자체를 싫어했기 때문이 아니라 하나님은 단지 "선악을 알게 하는 나무의 열매" 곧 선악과로서 하나님께 대한 인간의 순종을 시험하고자 하셨다. 결국 인간은 하나님의 명령을 어기고 선악과를 따먹음으로써 선악의 지식을 알게 되었는데, 하나님께 순종하는 일이야말로 선(善)이고, 불순종하는 것이 바로 악(惡)임을 알게 되었다. (주해 6)

■ 골중지골【骨中之骨】: 내 뼈 중의 뼈.

아담이 이르되 이는 내 뼈 중의 뼈요 살 중의 살이라 이것을 남자에게서 취하였은즉 여자라 부르리라 하니라 (창 2:23)

■ 합처일체【合妻一體】: 아내와 합하여 둘이 한 몸이 됨.

이러므로 남자가 부모를 떠나 그의 아내와 합하여 둘이 한 몸을 이룰지로다 (창 2:24)

吹(불 취) 氣(기운 기) 靈(신령 령) 別(나눌 별) 善(착할 선) 惡(악할 악) 果(실과 과) 骨(뼈 골) 妻(아내 처) 體(몸 체) 腹(배 복)

■ 복행식진【腹行食塵】: 배로 다니며 흙을 먹고 삶.

여호와 하나님이 뱀에게 이르시되 네가 이렇게 하였으니 네가 모든 가축과 들의 모든 짐승보다 더욱 저주를 받아 배로 다니고 살아 있는 동안 흙을 먹을지니라 (창 3:14)

■ 한식귀토【汗食歸土】: 땀을 흘려 먹고 살며 죽으면 흙으로 돌아감.

네가 흙으로 돌아갈 때까지 얼굴에 땀을 흘려야 먹을 것을 먹으리니 네가 그것에서 취함을 입었음이라 너는 흙이니 흙으로 돌아갈 것이니라 하시니라 (창 3:19)

■ 용피작의【用皮作衣】: 가죽옷을 지어 입히시다.

여호와 하나님이 아담과 그의 아내를 위하여 가죽옷을 지어 입히시니라 (창 3:21)

【註解】 이 가죽옷을 만들기 위해서는 분명히 죄 없는 짐승의 피 흘림이 있었을 것인데, 그것은 장차 인류의 어린양이 되어 십자가에서 피 흘리신 예수 그리스도의 속죄 사역을 예시한다고 볼 수 있다(히 9:22). (주해 6)

■ 인시유주【人始籲主】: 사람이 비로소 여호와의 이름을 부름.

셋도 아들을 낳고 그의 이름을 에노스라 하였으며 그 때에 사람들이 비로소 여호와의 이름을 불렀더라 (창 4:26)

■ 사복칭인【賜福稱人】: 복을 주어 사람이라 칭함.

남자와 여자를 창조하셨고 그들이 창조되던 날에 하나님이 그들에게 복을 주시고 그들의 이름을 사람이라 일컬으셨더라 (창 5:2)

塵(티끌 진) 汗(땀 한) 歸(돌아갈 귀) 用(쓸 용) 皮(가죽 피) 始(처음 시) 籲(부를 유) 賜(줄 사) 福(복 복) 稱(일컬을 칭)

■ 조인유회【造人有悔】: 사람 지음을 한탄하심.

땅 위에 사람 지으셨음을 한탄하사 마음에 근심하시고 (창 6:6)

■ 여주동행【與主同行】: 하나님과 동행함.

이것이 노아의 족보니라 노아는 의인이요 당대에 완전한 자라 그는 하나님과 동행하였으며 (창 6:9)

■ 활물개몰【活物皆沒】: 땅위에 움직이는 생물이 다 죽음.

땅 위에 움직이는 생물이 다 죽었으니 곧 새와 가축과 들짐승과 땅에 기는 모든 것과 모든 사람이라 (창 7:21)

■ 반합감엽【返鴿橄葉】: 비둘기가 감람나무 잎을 물고 돌아옴.

저녁때에 비둘기가 그에게로 돌아왔는데 그 입에 감람나무 새 잎사귀가 있는지라 이에 노아가 땅에 물이 줄어든 줄을 알았으며 (창 8:11)

【參考】 비둘기는 그 왕성한 번식력과 생명력으로 인해 풍요의 상징으로 여겨왔다. 또한 올리브 가지를 물고 있는 비둘기는 평화의 상징으로 알려지고 있으며, 비둘기는 방향성과 귀소성이 강해, 통신수단의 전서구(傳書鳩)로 이용되기도 했다. 성경에서도 순결성과 진실성을 상징할 때는 비둘기가 등장한다. 사자성어 중 '삼지지례(三枝之禮)'라는 말이 있다. 비둘기는 예의를 지켜 어미 새가 앉은 나뭇가지에서 세 가지 아래 되는 데 앉는다는 것이다.

造(지을 조) 悔(뉘우칠 회) 與(줄 여) 皆(다 개) 沒(가라앉을 몰) 返(돌아올 반)
鴿(집비둘기 합) 橄(감람나무 감) 葉(잎 엽)

■ 이홍입약【以虹立約】: 무지개 언약.

내가 내 무지개를 구름 속에 두었나니 이것이 나와 세상 사이의 언약의 증거니라 (창 9:13)

■ 시농식포【始農植葡】: 농사를 시작하여 포도나무를 심음.

노아가 농사를 시작하여 포도나무를 심었더니 (창 9:20)

■ 노복지복【奴僕之僕】: 종의 종이 됨.

이에 이르되 가나안은 저주를 받아 그의 형제의 종들의 종이 되기를 원하노라 하고 (창 9:25)

■ 천하어동【天下語同】: 온 땅의 말과 언어가 하나였음.

온 땅의 언어가 하나요 말이 하나였더라 (창 11:1)

【註解】 본 절은 바벨탑 사건으로 인류가 세상에 흩어지기 이전까지 온 인류는 모두 동일한 언어를 사용했다는 뜻이다. 결국 이는 인류가 한 조상에서 파생되었음을 말해 주는 좋은 근거가 된다.

■ 고대양명【高臺揚名】: 성읍과 탑을 높게 하여 우리의 이름을 내자.

또 말하되 자, 성읍과 탑을 건설하여 그 탑 꼭대기를 하늘에 닿게 하여 우리 이름을 내고 온 지면에 흩어짐을 면하자 하였더니 (창 11:4)

虹(무지개 홍) 農(농사 농) 植(심을 식) 葡(포도 포) 臺(돈대 대) 揚(드날릴 양)

■ 사이위복【使爾爲福】: 너는 복이 될지라.

내가 너로 큰 민족을 이루고 네게 복을 주어 네 이름을 창대하게 하리니 너는 복이 될지라 (창 12:2)

■ 거목첨방【擧目瞻方】: 눈을 들어 동서남북 사방을 바라보라.

롯이 아브람을 떠난 후에 여호와께서 아브람에게 이르시되 너는 눈을 들어 너 있는 곳에서 북쪽과 남쪽 그리고 동쪽과 서쪽을 바라보라 (창 13:14)

【註解】 롯은 탐욕의 눈으로 멸망의 도시를 택했지만, 아브람은 믿음의 눈으로 약속의 땅 가나안을 선택하였다. 믿음의 눈은 보이지 않는 것을 보는 것이며, 갖지 못한 것을 소유하는 신앙이다(히 11:1). 믿음의 사람들은 아브라함이 믿음으로 바라보는 것을 일컬어 '바라봄의 법칙'이라고도 한다. (주해 1)

■ 십취기일【十取其一】: 멜기세덱에게 십분의 일을 줌.

너희 대적을 네 손에 붙이신 지극히 높으신 하나님을 찬송할지로다 하매 아브람이 그 얻은 것에서 십분의 일을 멜기세덱에게 주었더라 (창 14:20)

■ 신주위의【信主爲義】: 여호와를 믿으니 이를 의로 여김.

아브람이 여호와를 믿으니 여호와께서 이를 그의 의로 여기시고 (창 15:6)

【註解】 '의'는 생각이나 행동이 하나님의 뜻과 일치하는 상태, 즉 타락 이전의 인간 상태를 가리킨다. 모든 사람은 하나님 앞에서 벌거벗은 죄인이다(창 3:10). 오직 '의의 옷'을 입음으로 죄를 가릴 수 있다(칭의). (주해 1)

使(하여금 사) 爾(너 이) 擧(들 거) 瞻(볼 첨) 方(모 방) 取(취할 취) 信(믿을 신) 義(옳을 의)

■ 거화언약【炬火言約】: 횃불 언약.

해가 져서 어두울 때에 연기 나는 화로가 보이며 타는 횃불이 쪼갠 고기 사이로 지나더라 (창 15:17)

■ 열국지조【列國之祖】: 여러 민족의 조상이 됨.

보라 내 언약이 너와 함께 있으니 너는 여러 민족의 아버지가 될지라 (창 17:4)

■ 할례언약【割禮言約】: 할례 언약.

너희 중 남자는 다 할례를 받으라 이것이 나와 너희와 너희 후손 사이에 지킬 내 언약이니라 (창 17:10)

■ 고변염주【顧變鹽柱】: 뒤를 돌아보았으므로 소금 기둥이 됨.

롯의 아내는 뒤를 돌아보았으므로 소금 기둥이 되었더라 (창 19:26)

■ 이양대자【以羊代子】: 양으로 아들을 대신하여 번제를 드림.

아브라함이 눈을 들어 살펴본즉 한 숫양이 뒤에 있는데 뿔이 수풀에 걸려 있는지라 아브라함이 가서 그 숫양을 가져다가 아들을 대신하여 번제로 드렸더라 (창 22:13)

【註解】 12절에서 "네가 네 아들 네 독자까지도 내게 아끼지 아니하였으니"의 표현은 그리스도께서 장차 자신을 희생할 것을 예표한 구절이다. 아브라함의 믿음과 순종은 제사의 정신이 완전히 성취되었기 때문에 구태여 하나님은 제물을 죽일 필요가 없었던 것이다. 따라서 이삭은 죽지 않고 죽었으며 묻히지 않고 다시 살았다. 그래서 성경은 대신(代身)의 역사이다. (주해 2)

炬(횃불 거) 火(불 화) 言(말씀 언) 約(묶을 약) 列(벌일 렬) 祖(조상 조) 割(나눌 할) 禮(예도 례) 顧(돌아볼 고) 變(변할 변) 鹽(소금 염) 柱(기둥 주)

■ 장자사유【長者事幼】: 큰 자가 어린 자를 섬김.

여호와께서 그에게 이르시되 두 국민이 네 태중에 있구나 두 민족이 네 복중에서부터 나누이리라 이 족속이 저 족속보다 강하겠고 큰 자가 어린 자를 섬기리라 하셨더라 (창 25:23)

■ 연확백배【年穫百倍】: 그 해 농사하여 백 배를 수확함.

이삭이 그 땅에서 농사하여 그 해에 백 배나 얻었고 여호와께서 복을 주시므로 / 그 사람이 창대하고 왕성하여 마침내 거부가 되어 (창 26:12~13)

■ 별미축복【別味祝福】: 별미로써 축복을 받음.

내가 즐기는 별미를 만들어 내게로 가져와서 먹게 하여 내가 죽기 전에 내 마음껏 네게 축복하게 하라 (창 27:4)

■ 궤모탈복【詭謀奪福】: 속여 복을 빼앗아 감.

이삭이 이르되 네 아우가 와서 속여 네 복을 빼앗았도다 (창 27:35)

【註解】 에서는 자신의 잘못은 전혀 인식하지 않고 그 모든 책임을 동생의 간교함에만 전가시키는 용서받지 못할 망령된 자(히 12:16)의 전형적이 예를 보이고 있다. 여기서 한 가지 깨달아야 할 교훈은 믿는 자나 믿지 않는 자나 하나님 앞에서 죄악을 저지르기는 마찬가지인데, 그 분명한 차이점은 믿는 자는 자신의 죄악을 깨닫고 진정한 회개를 하는 반면 믿지 않는 자는 그 죄를 다른 사람의 책임으로 돌리거나, 혹은 어설픈 후회로 그친다는 것이다. 베드로와 가룟 유다에게서 그 좋은 예를 살펴볼 수 있다(마 26:75). 또한 장자의 복을 빼앗긴 에서는 복음을 거절한 유대인을, 그 복을 빼앗은

事(섬길 사) 幼(어릴 유) 穫(벼 벨 확) 倍(곱 배) 味(맛 미) 詭(속일 궤) 謀(꾀할 모) 奪(빼앗을 탈)

야곱은 복음을 받아들인 이방인을 예표한다(롬 9:30~33). 실로 천국은 영적으로 침노를 당하고 있으며 또한 침노하는 자가 거기에 들어갈 축복을 쟁취한다(마 11:12). 그러나 그 침노의 무기는 행위가 아니라 약속을 믿는 믿음이요, 값없이 주시는 하나님의 은혜이다. (주해 2)

■ 석침몽제 【石枕夢梯】: 돌베개를 베고 꿈에 사닥다리를 봄.

한 곳에 이르러는 해가 진지라 거기서 유숙하려고 그 곳의 한 돌을 가져다가 베개로 삼고 거기 누워 자더니 / 꿈에 본즉 사닥다리가 땅 위에 서 있는데 그 꼭대기가 하늘에 닿았고 또 본즉 하나님의 사자들이 그 위에서 오르락내리락하고 (창 28:11~12)

■ 하왕비호 【何往庇護】: 어디로 가든지 지켜 주심.

내가 너와 함께 있어 네가 어디로 가든지 너를 지키며 너를 이끌어 이 땅으로 돌아오게 할지라 내가 네게 허락한 것을 다 이루기까지 너를 떠나지 아니하리라 하신지라 (창 28:15)

■ 단장제강 【單杖濟江】: 지팡이만 가지고 요단강을 건넘.

나는 주께서 주의 종에게 베푸신 모든 은총과 모든 진실하심을 조금도 감당할 수 없사오나 내가 내 지팡이만 가지고 이 요단을 건넜더니 지금은 두 떼나 이루었나이다 (창 32:10)

■ 여명각력 【黎明角力】: 밤이 새도록 씨름을 함.

야곱은 홀로 남았더니 어떤 사람이 날이 새도록 야곱과 씨름하다가 (창 32:24)

枕(베개 침) 夢(꿈 몽) 梯(사다리 제) 庇(덮을 비) 護(보호할 호) 單(홑 단) 杖(지팡이 장) 濟(건널 제) 黎(검을 려) 明(밝을 명) 角(뿔 각)

■ 생민출왕【生民出王】: 네게서 백성이 나오고 왕이 나올 것임.

하나님이 그에게 이르시되 나는 전능한 하나님이라 생육하며 번성하라 한 백성과 백성들의 총회가 네게서 나오고 왕들이 네 허리에서 나오리라 (창 35:11)

■ 백사순리【百事順利】: 하나님께서 함께 하시니 모든 일이 형통함.

여호와께서 요셉과 함께 하시므로 그가 형통한 자가 되어 그의 주인 애굽 사람의 집에 있으니 (창 39:2)

■ 여세백삽【旅世百卅】: 나그네 세월이 130년임.

야곱이 바로에게 아뢰되 내 나그네 길의 세월이 백삼십 년이니이다 내 나이가 얼마 못 되니 우리 조상의 나그네 길의 연조에 미치지 못하나 험악한 세월을 보내었나이다 하고 (창 47:9)

■ 이량역지【以糧易地】: 가뭄으로 전답을 양곡과 바꿔 먹음.

그러므로 요셉이 애굽의 모든 토지를 다 사서 바로에게 바치니 애굽의 모든 사람들이 기근에 시달려 각기 토지를 팔았음이라 땅이 바로의 소유가 되니라 (창 47:20)

■ 교수축복【交手祝福】: 손을 엇바꾸어 축복함.

이스라엘이 오른손을 펴서 차남 에브라임의 머리에 얹고 왼손을 펴서 므낫세의 머리에 얹으니 므낫세는 장자라도 팔을 엇바꾸어 얹었더라 (창 48:14)

事(섬길 사) 順(순할 순) 利(이로울 리) 旅(나그네 려) 卅(서른 삽) 糧(양식 량)
易(바꿀 역) 地(땅 지) 交(사귈 교) 手(손 수)

■ 무지유장【茂枝踰牆】: 무성한 가지가 담을 넘음.

요셉은 무성한 가지 곧 샘 곁의 무성한 가지라 그 가지가 담을 넘었도다 (창 49:22)

■ 각량축복【各量祝福】: 각 사람의 분량대로 축복함.

이들은 이스라엘의 열두 지파라 이와 같이 그들의 아버지가 그들에게 말하고 그들에게 축복하였으니 곧 그들 각 사람의 분량대로 축복하였더라 (창 49:28)

茂(우거질 무) 枝(가지 지) 踰(넘을 유) 牆(담 장) 各(각각 각) 量(헤아릴 량) 祝(빌 축) 福(복 복)

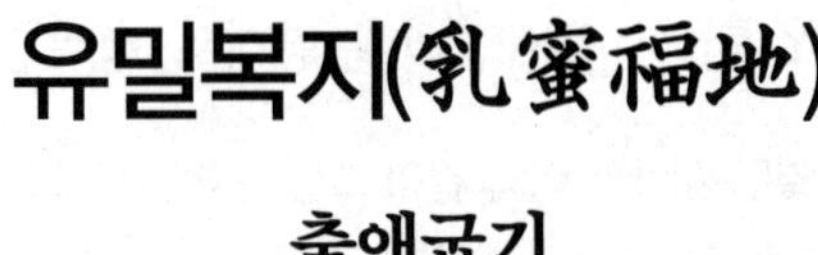

유밀복지(乳蜜福地)

출애굽기

■ 가학익번 【加虐益蕃】 : 학대를 받을수록 더욱 번성하고 창성함.

그러나 학대를 받을수록 더욱 번성하여 퍼져나가니 애굽 사람이 이스라엘 자손으로 말미암아 근심하여 (출 1:12)

■ 유밀복지 【乳蜜福地】 : 젖과 꿀이 흐르는 땅.

내가 내려가서 그들을 애굽인의 손에서 건져내고 그들을 그 땅에서 인도하여 아름답고 광대한 땅, 젖과 꿀이 흐르는 땅 곧 가나안 족속, 헷 족속, 아모리 족속, 브리스 족속, 히위 족속, 여부스 족속의 지방에 데려가려 하노라 (출 3:8)

加(더할 가) 虐(사나울 학) 益(더할 익) 蕃(우거질 번) 乳(젖 유) 蜜(꿀 밀)

■ 자유항유【自有恒有】: 나는 스스로 있는 자임.

하나님이 모세에게 이르시되 나는 스스로 있는 자이니라 또 이르시되 너는 이스라엘 자손에게 이같이 이르기를 스스로 있는 자가 나를 너희에게 보내셨다 하라 (출 3:14)

■ 척장위사【擲杖爲蛇】: 지팡이를 던지니 뱀이 됨.

여호와께서 이르시되 그것을 땅에 던지라 하시매 곧 땅에 던지니 그것이 뱀이 된지라 모세가 뱀 앞에서 피하매 (출 4:3)

■ 집주지장【執主之杖】: 모세가 하나님의 지팡이를 잡다.

모세가 그의 아내와 아들들을 나귀에 태우고 애굽으로 돌아가는데 모세가 하나님의 지팡이를 손에 잡았더라 (출 4:20)

■ 전능지주【全能之主】: 전능의 하나님.

내가 아브라함과 이삭과 야곱에게 전능의 하나님으로 나타났으나 나의 이름을 여호와로는 그들에게 알리지 아니하였고 (출 6:3)

■ 이민위주【爾民爲主】: 너희는 내 백성이 되고 나는 너희 하나님이 됨.

너희를 내 백성으로 삼고 나는 너희의 하나님이 되리니 나는 애굽 사람의 무거운 짐 밑에서 너희를 빼낸 너희의 하나님 여호와인 줄 너희가 알지라 (출 6:7)

恒(항상 항) 擲(던질 척) 蛇(뱀 사) 主(주 주)(기독교에서는 "하나님" 또는 "그리스도"로 통용)
執(잡을 집) 全(온전할 전) 能(능할 능) 爲(할 위)

■ 견혈유월【見血逾越】: 피를 보고 넘어가 재앙을 면함.

내가 애굽 땅을 칠 때에 그 피가 너희가 사는 집에 있어서 너희를 위하여 표적이 될지라 내가 피를 볼 때에 너희를 넘어가리니 재앙이 너희에게 내려 멸하지 아니하리라 (출 12:13)

■ 초생귀주【初生歸主】: 처음 난 것은 구별하여 내게 돌리라.

이스라엘 자손 중에서 사람이나 짐승을 막론하고 태에서 처음 난 모든 것은 다 거룩히 구별하여 내게 돌리라 이는 내 것이니라 하시니라 (출 13:2)

■ 운주화주【雲柱火柱】: 구름 기둥과 불기둥.

낮에는 구름 기둥, 밤에는 불기둥이 백성 앞에서 떠나지 아니하니라 (출 13:22)

■ 위이관구【爲爾觀救】: 너희를 위하여 행하시는 구원을 보라.

모세가 백성에게 이르되 너희는 두려워하지 말고 가만히 서서 여호와께서 오늘 너희를 위하여 행하시는 구원을 보라 너희가 오늘 본 애굽 사람을 영원히 다시 보지 아니하리라 (출 14:13)

■ 수퇴여륙【水退如陸】: 물이 갈라져 바다가 마른 땅이 됨.

모세가 바다 위로 손을 내밀매 여호와께서 큰 동풍이 밤새도록 바닷물을 물러가게 하시니 물이 갈라져 바다가 마른 땅이 된지라 (출 14:21)

血(피 혈) 逾(넘을 유) 越(넘을 월) 初(처음 초) 歸(돌아갈 귀) 雲(구름 운) 柱(기둥 주) 觀(볼 관) 救(건질 구) 退(물러날 퇴) 陸(뭍 륙)

■ 의이지주 【醫爾之主】 : 너희를 치료하는 여호와.

이르시되 너희가 너희 하나님 나 여호와의 말을 들어 순종하고 내가 보기에 의를 행하며 내 계명에 귀를 기울이며 내 모든 규례를 지키면 내가 애굽 사람에게 내린 모든 질병 중 하나도 너희에게 내리지 아니하리니 나는 너희를 치료하는 여호와임이라 (출 15:26)

■ 무여무결 【無餘無缺】 : 남지도 않고 부족하지도 않음.

오멜로 되어 본즉 많이 거둔 자도 남음이 없고 적게 거둔 자도 부족함이 없이 각 사람은 먹을 만큼만 거두었더라 (출 16:18)

■ 격반수출 【擊磐水出】 : 반석을 쳐서 물이 나오게 함.

내가 호렙 산에 있는 그 반석 위 거기서 네 앞에 서리니 너는 그 반석을 치라 그것에서 물이 나오리니 백성이 마시리라 모세가 이스라엘 장로들의 목전에서 그대로 행하니라 (출 17:6)

■ 거승수패 【擧勝垂敗】 : 손을 들면 이기고 내리면 패함.

모세가 손을 들면 이스라엘이 이기고 손을 내리면 아말렉이 이기더니 (출 17:11)

■ 주아지기 【主我之旗】 : 여호와는 나의 깃발.(여호와 닛시)

모세가 제단을 쌓고 그 이름을 여호와 닛시라 하고 (출 17:15)

醫(의원 의) 餘(남을 여) 缺(이지러질 결) 擊(부딪칠 격) 磐(반석 반) 垂(드리울 수) 敗(깨뜨릴 패) 旗(기 기)

■ 사국성민【司國聖民】: 제사장 나라와 거룩한 백성.

너희가 내게 대하여 제사장 나라가 되며 거룩한 백성이 되리라 너는 이 말을 이스라엘 자손에게 전할지니라 (출 19:6)

【註解】 "제사장 나라"가 될 것이라는 말은 그들이 하나님과 온 세상 나라들 사이에서 중재자로서의 거룩한 역할을 감당할 것이라는 뜻이다.

■ 십계지명【十誡之命】: 십계명

너는 나 외에는 다른 신들을 네게 두지 말라 / 너를 위하여 새긴 우상을 만들지 말고 또 위로 하늘에 있는 것이나 아래로 땅에 있는 것이나 땅 아래 물 속에 있는 것의 어떤 형상도 만들지 말며 / 그것들에게 절하지 말며 그것들을 섬기지 말라 나 네 하나님 여호와는 질투하는 하나님인즉 나를 미워하는 자의 죄를 갚되 아버지로부터 아들에게로 삼사 대까지 이르게 하거니와 / 〈중략〉 / 너는 네 하나님 여호와의 이름을 망령되게 부르지 말라 여호와는 그의 이름을 망령되게 부르는 자를 죄 없다 하지 아니하리라 / 안식일을 기억하여 거룩하게 지키라 / 엿새 동안은 힘써 네 모든 일을 행할 것이나 / 일곱째 날은 네 하나님 여호와의 안식일인즉 너나 네 아들이나 네 딸이나 네 남종이나 네 여종이나 네 가축이나 네 문안에 머무는 객이라도 아무 일도 하지 말라 / 이는 엿새 동안에 나 여호와가 하늘과 땅과 바다와 그 가운데 모든 것을 만들고 일곱째 날에 쉬었음이라 그러므로 나 여호와가 안식일을 복되게 하여 그 날을 거룩하게 하였느니라 / 네 부모를 공경하라 그리하면 네 하나님 여호와가 네게 준 땅에서 네 생명이 길리라 / 살인하지 말라 / 간음하지 말라 / 도둑질하지 말라 / 네 이웃에 대하여 거짓 증거하지 말라 / 네 이웃의 집을 탐내지 말라 네 이웃의 아내나 그의 남종이나 그의 여종이나 그의 소나 그의 나귀나 무릇 네 이웃의 소유를 탐내지 말라 (출 20:3~17)

여외별신(余外別神) : 나 외에 다른 신들을 네게 두지 말라.

무사우상(毋事偶像) : 우상을 섬기지 말라.

司(맡을 사) 國(나라 국) 聖(성스러울 성) 戒(경계할 계)

기안식일(記安息日) : 안식일을 거룩하게 지키라.

경이부모(敬爾父母) : 네 부모를 공경하라.

무위살인(毋爲殺人) : 살인하지 말라.

무위간음(毋爲姦淫) : 간음하지 말라.

무위투도(毋爲偸盜) : 도적질하지 말라.

무망증린(毋妄證隣) : 이웃에게 거짓 증거 하지 말라.

무탐인택(毋探隣宅) : 이웃의 집을 탐내지 말라.

■ 사은천대【賜恩千代】: 천 대까지 은혜를 베풂.

나를 사랑하고 내 계명을 지키는 자에게는 천 대까지 은혜를 베푸느니라 (출 20:6)

■ 이목상목【以目償目】: 눈은 눈으로, 이는 이로.

눈은 눈으로, 이는 이로, 손은 손으로, 발은 발로, (출 21:24)

【註解】 동해보복법(同害報服法)으로 알려진 이 법은 필요 이상의 과도한 보복을 삼가고, 해를 가한 만큼만 처벌을 받는 공의로운 대가를 치르게 함으로써 올바른 사회 질서를 수립하는 데 그 목적이 있었다. (주해 6)

■ 질의반모【質衣返暮】: 옷을 전당 잡거든 해지기 전에 돌려줌.

네가 만일 이웃의 옷을 전당 잡거든 해가 지기 전에 그에게 돌려보내라 (출 22:26)

偶(짝 우) 像(형상 상) 妄(허망할 망) 息(숨쉴 식) 敬(공경할 경) 殺(죽일 살)
淫(음란할 음) 偸(훔칠 투) 盜(훔칠 도) 隣(이웃 린) 探(찾을 탐) 恩(은혜 은)
代(대신할 대) 償(갚을 상) 質(바탕 질) 返(돌아올 반) 暮(저물 모)

■ 맹목곡언【盲目曲言】: 뇌물은 눈을 어둡게 하고 말을 굽게 함.

너는 뇌물을 받지 말라 뇌물은 밝은 자의 눈을 어둡게 하고 의로운 자의 말을 굽게 하느니라 (출 23:8)

■ 초실헌주【初實獻主】: 처음 익은 열매의 첫 것을 드림.

네 토지에서 처음 거둔 열매의 가장 좋은 것을 가져다가 너의 하나님 여호와의 전에 드릴지니라 너는 염소 새끼를 그 어미의 젖으로 삶지 말지니라 (출 23:19)

【註解】 그 해 첫 소산물 중 가장 충실한 최상품을 가리킨다(출 23:19). 한편, "첫 것"이란 모든 소산물의 대표격이므로 첫 것을 드림은 만물의 창조주와 소유주이신 하나님께 모든 산물을 돌려드린다는 의미가 담겨 있다.

■ 언약지혈【言約之血】: 언약의 피.

모세가 그 피를 가지고 백성에게 뿌리며 이르되 이는 여호와께서 이 모든 말씀에 대하여 너희와 세우신 언약의 피니라 (출 24:8)

【註解】 생명의 근원인 피는 제사나 계약 체결에 있어 가장 필수적이고 핵심적인 요소였다. 이 피를 제단과 백성들을 향하여 반씩 뿌린 것은 ① 같은 희생제물의 피를 공유하게 됨으로써 두 계약 당사자가 언약 안에서 하나님의 유기적인 생명체로 연합되었다는 뜻이며 ② 피의 반은 공의의 하나님 앞에서 인간의 죽음을 상징하고, 나머지 반은 사랑의 하나님 앞에서 거듭난 인간의 새 생명을 상징한다(그리스도의 죽음을 상징하는 구속의 피).

■ 상소지향【常燒之香】: 향은 대대로 끊지 못함.

또 저녁 때 등불을 켤 때에 사를지니 이 향은 너희가 대대로 여호와 앞에 끊지 못할지며 (출 30:8)

盲(소경 맹) 曲(굽을 곡) 初(처음 초) 實(열매 실) 獻(바칠 헌) 血(피 혈)

■ 생명속전 【生命贖錢】 : 생명 속전을 드림.

네가 이스라엘 자손의 수효를 조사할 때에 조사 받은 각 사람은 그들을 계수할 때에 자기의 생명의 속전을 여호와께 드릴지니 이는 그것을 계수할 때에 그들 중에 질병이 없게 하려 함이라 (출 30:12)

■ 주독위신 【鑄犢爲神】 : 송아지 형상을 수호신으로 섬김.

아론이 그들의 손에서 금 고리를 받아 부어서 조각칼로 새겨 송아지 형상을 만드니 그들이 말하되 이스라엘아 이는 너희를 애굽 땅에서 인도하여 낸 너희의 신이로다 하는지라 (출 32:4)

■ 주대여우 【主對如友】 : 여호와께서 모세와 친구처럼 대면함.

사람이 자기의 친구와 이야기함같이 여호와께서는 모세와 대면하여 말씀하시며 모세는 진으로 돌아오나 눈의 아들 젊은 수종자 여호수아는 회막을 떠나지 아니하니라 (출 33:11)

■ 시은자은 【施恩者恩】 : 은혜를 베풀 자에게 은혜를 베풂.

여호와께서 이르시되 내가 내 모든 선한 것을 네 앞으로 지나가게 하고 여호와의 이름을 네 앞에 선포하리라 나는 은혜 베풀 자에게 은혜를 베풀고 긍휼히 여길 자에게 긍휼을 베푸느니라 (출 33:19)

常(항상 상) 燒(사를 소) 香(향기 향) 贖(속바칠 속) 錢(돈 전) 鑄(쇠 부어 만들 주)
犢(송아지 독) 對(대답할 대) 施(베풀 시) 恩(은혜 은)

■ 질투지주【嫉妬之主】: 질투의 하나님.

너는 다른 신에게 절하지 말라 여호와는 질투라 이름하는 질투의 하나님임이니라 (출 34:14)

【註解】 여기서 질투에 해당하는 히브리어는 '강렬한 사랑'을 뜻한다. 이 질투는 인간이 느끼는 그러한 질투가 아니라 하나님께서 당신의 영광을 빼앗기지 않으시려는 것이며 동시에 우상 숭배를 절대적으로 용납할 수 없는 하나님의 속성을 의미한다. 하나님은 자기 백성과의 관계를 혼인 관계로 자주 묘사하신다. (주해 3, 6)

■ 해주사순【偕主四旬】: 여호와와 함께 40주야를 보냄.

모세가 여호와와 함께 사십 일 사십 야를 거기 있으면서 떡도 먹지 아니하였고 물도 마시지 아니하였으며 여호와께서는 언약의 말씀 곧 십계명을 그 판들에 기록하셨더라 (출 34:28)

■ 사지능작【賜智能作】: 지혜를 주사 능히 공작하게 함.

지혜로운 마음을 그들에게 충만하게 하사 여러 가지 일을 하게 하시되 조각하는 일과 세공하는 일과 청색 자색 홍색 실과 가는 베 실로 수 놓는 일과 짜는 일과 그 외에 여러 가지 일을 하게 하시고 정교한 일을 고안하게 하셨느니라 (출 35:35)

■ 부경작분【婦鏡作盆】: 수종드는 여인들의 거울로 물두멍을 만듦.

그가 놋으로 물두멍을 만들고 그 받침도 놋으로 하였으니 곧 회막 문에서 수종드는 여인들의 거울로 만들었더라 (출 38:8)

嫉(시기할 질) 妬(강샘할 투) 偕(함께 해) 旬(열흘 순) 賜(줄 사) 智(슬기 지) 能(능할 능) 作(지을 작) 婦(며느리 부) 鏡(거울 경) 盆(동이 분)

■ 주영영막【主榮盈幕】: 여호와의 영광이 성막에 충만함.

구름이 회막에 덮이고 여호와의 영광이 성막에 충만하매 (출 40:34)

榮(영화 영)　盈(찰 영)　幕(막 막)

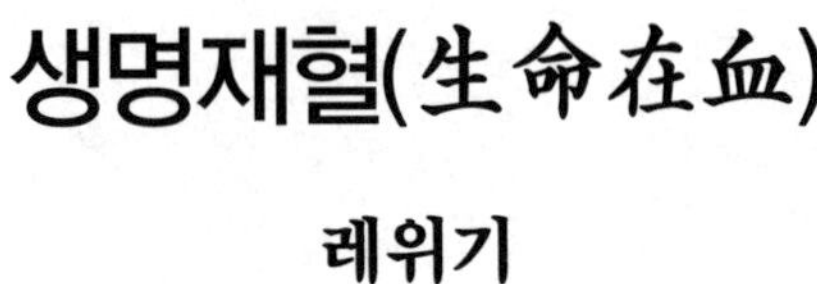

생명재혈(生命在血)

레위기

■ 화제향취【火祭香臭】: 화제는 여호와께 향기로운 냄새가 됨.

그 내장과 정강이를 물로 씻을 것이요 제사장은 그 전부를 제단 위에서 불살라 번제를 드릴지니 이는 화제라 여호와께 향기로운 냄새니라 (레 1:9)

■ 물식지혈【勿食脂血】: 기름과 피는 먹지 말라.

너희는 기름과 피를 먹지 말라 이는 너희의 모든 처소에서 너희 대대로 지킬 영원한 규례니라 (레 3:17)

■ 단화영연【壇火永燃】: 제단의 불을 꺼지지 않게 함.

불은 끊임이 없이 제단 위에 피워 꺼지지 않게 할지니라 (레 6:13)

命(목숨 명) 祭(제사 제) 香(향기 향) 臭(냄새 취) 脂(기름 지) 壇(단 단)

■ 생명재혈【生命在血】: 생명은 피에 있음.

육체의 생명은 피에 있음이라 내가 이 피를 너희에게 주어 제단에 뿌려 너희의 생명을 위하여 속죄하게 하였나니 생명이 피에 있으므로 피가 죄를 속하느니라 (레 17:11)

■ 주성이성【主聖爾聖】: 하나님이 거룩하니 너희도 거룩하라.

너는 이스라엘 자손의 온 회중에게 말하여 이르라 너희는 거룩하라 이는 나 여호와 너희 하나님이 거룩함이니라 (레 19:2)

【註解】 "거룩"이라는 말의 원뜻은 '분리'이다. 즉 모든 죄악된 것과 부정한 것으로부터 분리된 상태가 곧 거룩한 상태인 것이다. 그러므로 본질적으로 거룩하신 하나님과 교제하는 성도는 반드시 거룩해야 된다. 또한 거룩한 산 제사를 드리기 위하여(롬 12:1), 성도는 하나님의 성전이 됨으로(고전 3:16~17), 하나님이 쓰시는 합당한 그릇이 되기 위해(딤후 2:21) 거룩해야 된다. (주해 2)

■ 애인여기【愛人如己】: 네 이웃을 네 몸과같이 사랑하라.

원수를 갚지 말며 동포를 원망하지 말며 네 이웃 사랑하기를 네 자신과같이 사랑하라 나는 여호와이니라 (레 19:18)

■ 무이혼파【毋異混播】: 이종 교배와 종자를 섞어 뿌리지 말라.

너희는 내 규례를 지킬지어다 네 가축을 다른 종류와 교미시키지 말며 네 밭에 두 종자를 섞어 뿌리지 말며 두 재료로 직조한 옷을 입지 말지며 (레 19:19)

燃(사를 연) 聖(성스러울 성) 爾(너 이) 愛(사랑 애) 如(같을 여) 己(자기 기) 毋(말 무)
異(다를 이) 混(섞을 혼) 播(뿌릴 파)

■ 물자문신【勿刺文身】: 몸에 문신을 하지 말라.

죽은 자 때문에 너희의 살에 문신을 하지 말며 무늬를 놓지 말라 나는 여호와이니라 (레19:28)

■ 경로외주【敬老畏主】: 노인을 공경하고 하나님을 경외함.

너는 센 머리 앞에서 일어서고 노인의 얼굴을 공경하며 네 하나님을 경외하라 나는 여호와이니라 (레 19:32)

■ 유자불납【有疵不納】: 흠 있는 것은 열납되지 않음.

흠 있는 것은 무엇이나 너희가 드리지 말 것은 그것이 기쁘게 받으심이 되지 못할 것임이니라 (레 22:20)

■ 물독성호【勿瀆聖號】: 성호를 속되게 하지 말라.

너희는 내 성호를 속되게 하지 말라 나는 이스라엘 자손 중에서 거룩하게 함을 받을 것이니라 나는 너희를 거룩하게 하는 여호와요 (레 22:32)

■ 불습유수【不拾遺穗】: 수확할 때 떨어진 이삭을 줍지 아니함.

너희 땅의 곡물을 벨 때에 밭 모퉁이까지 다 베지 말며 떨어진 것을 줍지 말고 그것을 가난한 자와 거류민을 위하여 남겨두라 나는 너희의 하나님 여호와이니라 (레 23:22)

刺(찌를 자) 疵(흠 자) 納(바칠 납) 瀆(더럽힐 독) 號(부르짖을 호) 拾(주울 습) 遺(끼칠 유) 穗(이삭 수)

■ 지불영매【地不永賣】: 토지는 영구히 팔지 못함.

토지를 영구히 팔지 말 것은 토지는 다 내 것임이니라 너희는 거류민이요 동거하는 자로서 나와 함께 있느니라 (레 25:23)

■ 이오축백【以五逐百】: 다섯이 백을 쫓음.

또 너희 다섯이 백을 쫓고 너희 백이 만을 쫓으리니 너희 대적들이 너희 앞에서 칼에 엎드러질 것이며 (레 26:8)

■ 헌주위성【獻主爲聖】: 여호와께 바친 것은 거룩함이 됨.

어떤 사람이 자기 소유 중에서 오직 여호와께 온전히 바친 모든 것은 사람이든지 가축이든지 기업의 밭이든지 팔지도 못하고 무르지도 못하나니 바친 것은 다 여호와께 지극히 거룩함이며 (레 27:28)

地(땅 지) 不(아닐 불) 永(길 영) 賣(팔 매) 以(써 이) 五(다섯 오) 逐(쫓을 축) 百(일백 백) 獻(바칠 헌) 主(주인 주) 爲(할 위) 聖(성스러울 성)

계수임전(計數臨戰)

민수기

■ 원복혜강【願福惠康】: 복을 주시고 은혜를 베풀며 평강 주시기를 원함.

여호와는 네게 복을 주시고 너를 지키시기를 원하며 / 여호와는 그의 얼굴을 네게 비추사 은혜 베푸시기를 원하며 / 여호와는 그 얼굴을 네게로 향하여 드사 평강 주시기를 원하노라 할지니라 하라 (민 6:24~26)

【註解】 이 짧은 축도문 속에 "여호와"라는 말이 세 번이나 언급되어 있다. 후대의 발전된 계시에 따르면, 세 번 언급된 신의 명칭은 삼위로 존재하시지만 일체로 역사하시는 삼위일체(三位一體) 하나님과 관련되었다고 볼 수 있다(요일 5:8). 그렇게 볼 때, 축도문 속에는 복의 근원으로서 택한 백성을 보호하시는 성부 하나님의 사역(24절)과 죄인에게 구원의 은혜를 베푸시는 성자 하나님의 사역(25절), 그리고 구원의 은혜를 성도들 각자에게 적용시켜 평강을 가져다 주는 성령 하나님의 사역(26절)이 잘 나타나 있다(주해 6).

數(셀 수) 臨(임할 림) 戰(싸울 전) 願(원할 원) 惠(은혜 혜) 康(편안할 강)

■ 이진운폐 【離陣雲蔽】 : 진영을 떠날 때는 여호와의 구름이 그 위를 덮음.

그들이 진영을 떠날 때에 낮에는 여호와의 구름이 그 위에 덮였었더라 (민 10:34)

■ 악언발원 【惡言發】 : 악한 말로 여호와를 원망함.

여호와께서 들으시기에 백성이 악한 말로 원망하매 여호와께서 들으시고 진노하사 여호와의 불을 그들 중에 붙여서 진영 끝을 사르게 하시매 (민 11:1)

■ 사풍강순 【使風降鶉】 : 바람으로 메추라기를 몰아 진영에 내리심.

바람이 여호와에게서 나와 바다에서부터 메추라기를 몰아 진영 곁 이쪽 저쪽 곧 진영 사방으로 각기 하룻길 되는 지면 위 두 규빗쯤에 내리게 한지라 (민 11:31)

■ 탐지미지 【探地美地】 : 탐지한 땅이 심히 아름다움.

이스라엘 자손의 온 회중에게 말하여 이르되 우리가 두루 다니며 정탐한 땅은 심히 아름다운 땅이라 (민 14:7)

■ 십시불청 【十試不聽】 : 열 번이나 시험하고서도 불청함.

내 영광과 애굽과 광야에서 행한 내 이적을 보고서도 이같이 열 번이나 나를 시험하고 내 목소리를 청종하지 아니한 그 사람들은 (민 14:22)

陣(줄 진) 蔽(덮을 폐) 怨(원망할 원) 降(내릴 강) 鶉(메추라기 순) 探(찾을 탐)

■ 문이행이【聞耳行爾】: 내 귀에 들린 대로 너희에게 행함.

그들에게 이르기를 여호와의 말씀에 내 삶을 두고 맹세하노라 너희 말이 내 귀에 들린 대로 내가 너희에게 행하리니 (민 14:28)

■ 초숙지호【初熟至好】: 첫 소산 중에 제일 좋은 것.

그들이 여호와께 드리는 첫 소산 곧 제일 좋은 기름과 제일 좋은 포도주와 곡식을 네게 주었은즉 (민 18:12)

■ 영원염약【永遠鹽約】: 영원한 소금 언약.

이스라엘 자손이 여호와께 거제로 드리는 모든 성물은 내가 영구한 몫의 음식으로 너와 네 자녀에게 주노니 이는 여호와 앞에 너와 네 후손에게 영원한 소금 언약이니라 (민 18:19)

■ 무흠미액【無欠未軛】: 흠이 없고 아직 멍에를 메지 아니한 암송아지.

여호와께서 명령하시는 법의 율례를 이제 이르노니 이스라엘 자손에게 일러서 온전하여 흠이 없고 아직 멍에 메지 아니한 붉은 암송아지를 네게로 끌어오게 하고 (민 19:2)

■ 생망동사【生望銅蛇】: 놋뱀을 쳐다본즉 모두 살더라.

모세가 놋뱀을 만들어 장대 위에 다니 뱀에게 물린 자가 놋뱀을 쳐다본즉 모두 살더라 (민 21:9)

聞(들을 문) 初(처음 초) 熟(익을 숙) 好(좋을 호) 遠(멀 원) 鹽(소금 염) 約(묶을 약) 欠(하품 흠) 軛(멍에 액) 望(바랄 망) 銅(구리 동) 蛇(뱀 사)

■ 주불식언【主不食言】: 하나님은 식언치 않으심.

하나님은 사람이 아니시니 거짓말을 하지 않으시고 인생이 아니시니 후회가 없으시도다 어찌 그 말씀하신 바를 행하지 않으시며 하신 말씀을 실행하지 않으시랴 (민 23:19)

■ 위축견복【爲祝見福】: 축복해 주면 축복을 받음.

꿇어 앉고 누움이 수사자와 같고 암사자와도 같으니 일으킬 자 누구이랴 너를 축복하는 자마다 복을 받을 것이요 너를 저주하는 자마다 저주를 받을지로다 (민 24:9)

■ 부종불견【不從不見】: 불순종으로 맹세한 땅을 보지 못함.

애굽에서 나온 자들이 이십 세 이상으로는 한 사람도 내가 아브라함과 이삭과 야곱에게 맹세한 땅을 결코 보지 못하리니 이는 그들이 나를 온전히 따르지 아니하였음이니라 (민 32:11)

■ 불축위자【不逐爲刺】: 거민을 쫓아내지 않으면 가시가 될 것임.

너희가 만일 그 땅의 원주민을 너희 앞에서 몰아내지 아니하면 너희가 남겨둔 자들이 너희의 눈에 가시와 너희의 옆구리에 찌르는 것이 되어 너희가 거주하는 땅에서 너희를 괴롭게 할 것이요 (민 33:55)

爲(할 위) 祝(빌 축) 見(당할 견) 福(복 복) 不(아닐 불) 從(좇을 종) 逐(쫓을 축) 刺(찌를 자)

신명이세(申命二世)

신명기

■ 심판속주【審判屬主】: 재판은 하나님께 속함.

재판은 하나님께 속한 것인즉 너희는 재판할 때에 외모를 보지 말고 귀천을 차별 없이 듣고 사람의 낯을 두려워하지 말 것이며 스스로 결단하기 어려운 일이 있거든 내게로 돌리라 내가 들으리라 하였고 (신 1:17)

■ 위이쟁전【爲爾爭戰】: 너희를 위하여 싸우심.

너희보다 먼저 가시는 너희의 하나님 여호와께서 애굽에서 너희를 위하여 너희 목전에서 모든 일을 행하신 것같이 이제도 너희를 위하여 싸우실 것이며 (신 1:30)

申(거듭할 신) 審(살필 심) 判(판가름할 판) 屬(붙일 속) 爭(다툴 쟁)

■ 무일견지【無一見地】: 맹세한 땅을 볼 자가 하나도 없음.

이 악한 세대 사람들 중에는 내가 그들의 조상에게 주기로 맹세한 좋은 땅을 볼 자가 하나도 없으리라 (신 1:35)

■ 도시주근【禱時主近】: 기도할 때마다 우리에게 가까이하심.

우리 하나님 여호와께서 우리가 그에게 기도할 때마다 우리에게 가까이하심과 같이 그 신이 가까이함을 얻은 큰 나라가 어디 있느냐 (신 4:7)

■ 유문불견【惟聞不見】: 말소리만 듣고 형상은 보지 못함.

여호와께서 불길 중에서 너희에게 말씀하시되 음성뿐이므로 너희가 그 말소리만 듣고 형상은 보지 못하였느니라 (신 4:12)

■ 진심봉주【盡心逢主】: 마음을 다하고 뜻을 다하여 그를 찾으면 만남.

그러나 네가 거기서 네 하나님 여호와를 찾게 되리니 만일 마음을 다하고 뜻을 다하여 그를 찾으면 만나리라 (신 4:29)

■ 피성보명【避城保命】: 도피성으로 피한 자는 생명을 보전함.

이는 과거에 원한이 없이 부지중에 살인한 자가 그 곳으로 도피하게 하기 위함이며 그 중 한 성읍으로 도피한 자가 그의 생명을 보전하게 하기 위함이라 (신 4:42)

禱(빌 도) 時(때 시) 近(가까울 근) 惟(생각할 유) 聞(들을 문) 盡(다될 진) 逢(만날 봉)
避(피할 피) 城(성 성) 保(지킬 보) 命(목숨 명)

■ 요유심청【要留心聽】: 이스라엘아 들으라.

이스라엘아 들으라 우리 하나님 여호와는 오직 유일한 여호와이시니 / 너는 마음을 다하고 뜻을 다하고 힘을 다하여 네 하나님 여호와를 사랑하라 / 오늘 내가 네게 명하는 이 말씀을 너는 마음에 새기고 / 네 자녀에게 부지런히 가르치며 집에 앉았을 때에든지 길을 갈 때에든지 누워 있을 때에든지 일어날 때에든지 이 말씀을 강론할 것이며 / 너는 또 그것을 네 손목에 매어 기호를 삼으며 네 미간에 붙여 표로 삼고 / 또 네 집 문설주와 바깥 문에 기록할지니라 (신 6:4~9)

【註解】 본문은 일반적으로 '쉐마'라 부르는 율법의 대강령을 서술하고 있는 부분이다. '쉐마'란 히브리어로 '들으라'는 뜻으로 인간이 반드시 하나님의 말씀에 귀기울이고 그것에 순종해야 함을 시사해 주는 단어이다. 이러한 '쉐마'의 내용은 하나님을 사랑하라는 명령과 하나님의 계명을 자손들에게 가르쳐야 한다는 명령으로 이루어져 있다. 특히 하나님의 말씀을 기호로 삼는다는 것은 하나님의 말씀이 행동의 지침이 되어야 한다. 즉 인간 모든 삶의 원칙으로 삼아야 한다(생각, 계획, 판단의 원칙과 기준이 됨). (주해 1)

■ 칠족축멸【七族逐滅】: 가나안 땅의 7족을 쫓아 진멸함.

네 하나님 여호와께서 너를 인도하사 네가 가서 차지할 땅으로 들이시고 네 앞에서 여러 민족 헷 족속과 기르가스 족속과 아모리 족속과 가나안 족속과 브리스 족속과 히위 족속과 여부스 족속 곧 너보다 많고 힘이 센 일곱 족속을 쫓아내실 때에 / 네 하나님 여호와께서 그들을 네게 넘겨 네게 치게 하시리니 그 때에 너는 그들을 진멸할 것이라 그들과 어떤 언약도 하지 말 것이요 그들을 불쌍히 여기지도 말 것이며 (신 7:1~2)

■ 심교망주【心驕忘主】: 마음이 교만하여 하나님을 잊음.

네 마음이 교만하여 네 하나님 여호와를 잊어버릴까 염려하노라 여호와는 너를 애굽 땅 종 되었던 집에서 이끌어내시고 (신 8:14)

要(구할 요) 留(머무를 류) 聽(들을 청) 族(겨레 족) 逐(쫓을 축) 滅(멸망할 멸)
驕(교만할 교) 忘(잊을 망)

■ 비시위복 【卑試爲福】: 낮추고 시험하사 마침내 복을 주심.

네 조상들도 알지 못하던 만나를 광야에서 네게 먹이셨나니 이는 다 너를 낮추시며 너를 시험하사 마침내 네게 복을 주려 하심이었느니라 (신 8:16)

■ 물부강항 【勿復强項】: 마음의 할례로 목을 곧게 하지 말 것.

그러므로 너희는 마음에 할례를 행하고 다시는 목을 곧게 하지 말라 (신 10:16)

■ 화복상병 【禍福常倂】: 화복은 항상 병행함.

내가 오늘 복과 저주를 너희 앞에 두나니 (신 11:26)

■ 상학외주 【常學畏主】: 하나님 경외하기를 항상 배워야 함.

네 하나님 여호와 앞 곧 여호와께서 그의 이름을 두시려고 택하신 곳에서 네 곡식과 포도주와 기름의 십일조를 먹으며 또 네 소와 양의 처음 난 것을 먹고 네 하나님 여호와 경외하기를 항상 배울 것이니라 (신 14:23)

■ 가대불차 【可貸不借】: 꾸어줄지라도 꾸지 아니함.

네 하나님 여호와께서 네게 허락하신 대로 네게 복을 주시리니 네가 여러 나라에 꾸어줄지라도 너는 꾸지 아니하겠고 네가 여러 나라를 통치할지라도 너는 통치를 당하지 아니하리라 (신 15:6)

卑(낮을 비) 試(시험할 시) 强(굳셀 강) 項(목 항) 禍(재화 화) 倂(아우를 병)
畏(두려워할 외) 貸(빌릴 대) 借(빌 차)

■ 시제불석【施濟不惜】: 구제할 때 아끼는 마음을 품지 말 것.

너는 반드시 그에게 줄 것이요, 줄 때에는 아끼는 마음을 품지 말 것이니라 이로 말미암아 네 하나님 여호와께서 네가 하는 모든 일과 네 손이 닿는 모든 일에 네게 복을 주시리라 (신 15:10)

■ 수력헌물【隨力獻物】: 주신 복을 따라 그 힘대로 드림.

각 사람이 네 하나님 여호와께서 주신 복을 따라 그 힘대로 드릴지니라 (신 16:17)

■ 불병우려【不竝牛驢】: 소와 나귀를 겨리하여 갈지 말며.

너는 소와 나귀를 겨리하여 갈지 말며 (신 22:10)

■ 변저위복【變詛爲福】: 저주를 변하여 복이 되게 하심.

네 하나님 여호와께서 너를 사랑하시므로 네 하나님 여호와께서 발람의 말을 듣지 아니하시고 네 하나님 여호와께서 그 저주를 변하여 복이 되게 하셨나니 (신 23:5)

■ 창전견금【娼錢犬金】: 창기의 돈과 개 같은 자의 소득.

창기가 번 돈과 개 같은 자의 소득은 어떤 서원하는 일로든지 네 하나님 여호와의 전에 가져오지 말라 이 둘은 다 네 하나님 여호와께 가증한 것임이니라 (신 23:18)

施(베풀 시) 濟(건널 제) 惜(아낄 석) 隨(따를 수) 獻(바칠 헌) 竝(아우를 병) 驢(나귀 려) 變(변할 변) 詛(저주할 저) 娼(창기 창) 錢(돈 전)

■ 미조축단【未雕築壇】: 다듬지 않는 돌로 제단을 쌓음.

너는 다듬지 않은 돌로 네 하나님 여호와의 제단을 쌓고 그 위에 네 하나님 여호와께 번제를 드릴 것이며 (신 27:6)

■ 경친수저【輕親受詛】: 부모를 경홀히 여기는 자는 저주를 받음.

그의 부모를 경홀히 여기는 자는 저주를 받을 것이라 할 것이요 모든 백성은 아멘 할지니라 (신 27:16)

■ 근청준계【謹聽遵誡】: 말씀을 삼가 듣고 그 명령을 지켜 행함.

네가 네 하나님 여호와의 말씀을 삼가 듣고 내가 오늘 네게 명령하는 그의 모든 명령을 지켜 행하면 네 하나님 여호와께서 너를 세계 모든 민족 위에 뛰어나게 하실 것이라 (신 28:1)

■ 순종지복【順從之福】: 순종의 복.

네가 네 하나님 여호와의 말씀을 청종하면 이 모든 복이 네게 임하며 네게 이르리니 (신 28:2)

【註解】 구약 시대의 복의 개념은 외형적이고 물질적인 측면이 강조되었지만 신약 시대에는 내적이고 영적인 측면으로 강조되었다. 그러나 신구약시대를 막론하고 복에 대한 성경의 근본 개념은 동일하다. 참된 복은 인간이 추구함으로써 얻어지는 것이 아니고 하나님 자신으로부터 인간에게 주어지는 것인데, 이것은 곧 순종에 기반을 둔 하나님과 인간 사이의 올바른 관계에서부터 비롯된다. 이는 하나님 자신이 참된 복의 근원이요 복 그 자체이기 때문이다. (주해 2)

雕(새길 조) 築(쌓을 축) 壇(단 단) 輕(가벼울 경) 謹(삼갈 근) 遵(좇을 준) 誡(경계할 계) 順(순할 순) 從(좇을 종)

■ 입복출복 【入福出福】 : 들어와도 복을 받고 나가도 복을 받음.

네가 들어와도 복을 받고 나가도 복을 받을 것이니라 (신 28:6)

■ 불훼불폐 【不毁不敝】 : 옷이 낡아지지 아니하고 신이 해어지지 아니함.

주께서 사십 년 동안 너희를 광야에서 인도하게 하셨거니와 너희 몸의 옷이 낡아지지 아니하였고 너희 발의 신이 해어지지 아니하였으며 (신 29:5)

■ 비난비원 【非難非遠】 : 이 명령은 어려운 것도, 먼 것도 아님.

내가 오늘 네게 명령한 이 명령은 네게 어려운 것도 아니요 먼 것도 아니라 (신 30:11)

■ 진실무가 【眞實無假】 : 진실하고 거짓이 없음.

그는 반석이시니 그가 하신 일이 완전하고 그의 모든 길이 정의롭고 진실하고 거짓이 없으신 하나님이시니 공의로우시고 바르시도다 (신 32:4)

■ 보원재주 【報冤在主】 : 원수 갚는 것은 내게 있음.

그들이 실족할 그 때에 내가 보복하리라 그들의 환난날이 가까우니 그들에게 닥칠 그 일이 속히 오리로다 (신 32:35)

毁(헐 훼) 敝(해질 폐) 難(어려울 난) 遠(멀 원) 眞(참 진) 實(열매 실) 假(거짓 가) 報(갚을 보) 冤(원통할 원) 在(있을 재) 主(주인 주)

■ 유관불입【惟觀不入】: 그 땅을 바라보기는 하되 들어가지는 못함.

네가 비록 내가 이스라엘 자손에게 주는 땅을 맞은편에서 바라보기는 하려니와 그리로 들어가지는 못하리라 하시니라 (신 32:52)

【註解】 이스라엘 민족을 400년간의 노예생활로부터 구해 낸 지도자, 모세 오경의 주인공인 이스라엘 민족의 영웅 모세는 고별 강론에서 그의 위대한 인품을 드러내고 있다. 가나안 땅 정복을 다 할 것을 부탁하고, 각 지파를 축복한 다음 느보산에 올라가 가나안 땅을 바라보는 은혜만으로 만족하며 무덤을 모르는 최후를 맞이한다. 공을 이룩한 다음에는 물러가는 공성신퇴(功成身退)는 하나의 진리인 것 같다. 모세는 왜 가나안 땅에 들어갈 수 없었을까? 직접적인 이유는 모세가 신광야의 가데스에서 불평하는 백성을 향해 크게 혈기를 부림으로써 하나님의 거룩함을 나타내지 않은데 있지만(민 20:1~3), 거기에는 보다 깊은 구속사적인 이유가 있다. 곧 하나님은 "모세"로 상징되는 "율법"으로는 아무도 하늘나라에 들어갈 수 없고, 오직 예수 그리스도의 보혈 공로에 의지하는 믿음으로서만 천국에 들어갈 수 있음을 예표적으로 교훈하기 위해 모세의 가나안 입성을 불허하셨다(갈 3:24).(주해 6)(1273)

惟(생각할 유) 觀(볼 관) 不(아닐 불) 入(들 입)

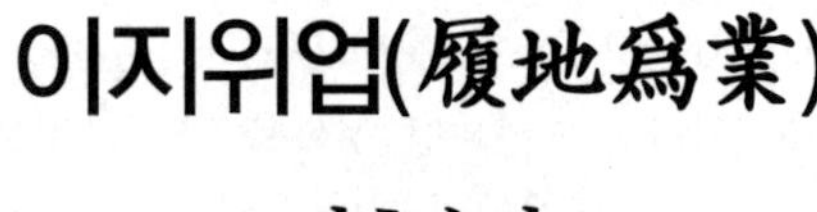

이지위업(履地爲業)

여호수아

■ 제사형통 【諸事亨通】 : 길이 평탄하고 모든 것이 형통함.

이 율법책을 네 입에서 떠나지 말게 하며 주야로 그것을 묵상하여 그 안에 기록된 대로 다 지켜 행하라 그리하면 네 길이 평탄하게 될 것이며 네가 형통하리라 (수 1:8)

■ 취함성붕 【吹喊城崩】 : 백성이 외치고 제사장이 나팔을 불매 성벽이 무너짐.

이에 백성은 외치고 제사장들은 나팔을 불매 백성이 나팔 소리를 들을 때에 크게 소리 질러 외치니 성벽이 무너져 내린지라 백성이 각기 앞으로 나아가 그 성에 들어가서 그 성을 점령하고 (수 6:20)

履(신 리) 諸(모든 제) 亨(형통할 형) 通(통할 통) 吹(불 취) 喊(소리 함) 城(성 성) 崩(무너질 붕)

■ 부수무당【付手無當】: 그들을 네 손에 붙였으니 너를 당할 자가 없음.

그 때에 여호와께서 여호수아에게 이르시되 그들을 두려워하지 말라 내가 그들을 네 손에 넘겨 주었으니 그들 중에서 한 사람도 너를 당할 자 없으리라 하신지라 (수 10:8)

■ 일정월지【日停月止】: 태양이 중천에 머물고 달이 골짜기에 머무름.

여호와께서 아모리 사람을 이스라엘 자손에게 넘겨 주시던 날에 여호수아가 여호와께 아뢰어 이스라엘의 목전에서 이르되 태양아 너는 기브온 위에 머무르라 달아 너도 아얄론 골짜기에서 그리할지어다 하매 (수 10:12)

【註解】〈지구 공전 과정에서 없어진 하루〉 우주 개발의 해럴드 힐(Harold Hill)의 연구팀은 인공위성의 궤도를 작성하기 위하여 태양과 달의 궤도를 살피던 중 놀라운 사실 하나를 발견하게 되었다. 그것은 그 궤도 진행상에서 꼭 하루가 없어졌다는 사실이다. 그러나 과학자들이 아무리 계산을 해보아도 도저히 알 길이 없었다. 그런데 이 해답을 성경의 여호수아서에서 태양이 정지했다는 기록을 추적한 결과 정확히 23시간 20분 동안 궤도가 정지했었던 사실을 밝혀냈다. 그러나 이는 없어진 하루와 완전히 일치하는 수치가 아니었다. 아직도 40분의 행방이 묘연한 것이었다. 그러나 이에 대한 해답도 성경에서 히스기야의 기도에 대한 응답으로 하나님께서 태양의 그림자를 10도 뒤로 물러가게 하신 사실을 찾아냈다(왕상 20:11). 그런데 그 10도는 시간으로 계산하면 정확히 40분에 해당된다. 이로써 그들은 여호수아 때의 23시간 20분과 합하면 정확히 궤도 진행상에 없어진 하루의 원인을 알게 된 것이다. (주해 1)

■ 유기진멸【有氣盡滅】: 호흡이 있는 자는 모두 진멸함.

이와같이 여호수아가 그 온 땅 곧 산지와 네겝과 평지와 경사지와 그 모든 왕을 쳐서

付(줄 부) 當(당할 당) 停(머무를 정) 止(머무를 지) 氣(기운 기) 盡(다될 진) 滅(멸망할 멸)

하나도 남기지 아니하고 호흡이 있는 모든 자는 다 진멸하여 바쳤으니 이스라엘의 하나님 여호와께서 명령하신 것과 같았더라 (수 10:40)

■ 무불준행【無不遵行】: 명하신 모든 것을 하나도 행하지 아니한 것이 없음.

여호와께서 그의 종 모세에게 명령하신 것을 모세는 여호수아에게 명령하였고 여호수아는 그대로 행하여 여호와께서 모세에게 명하신 모든 것을 하나도 행하지 아니한 것이 없었더라 (수 11:15)

【註解】〈순종의 원칙〉 명령대로 순종하며, 온전히 순종하며, 자신이 원치 않는 경우에도 순종한다. 자신의 일보다 하나님께 먼저 순종하며, 이해되지 않는 경우에도 순종하고 의심하지 말고 순종한다. 즐겨 순종하되 하나님의 방법으로 순종하며 마음과 성품을 다하여 순종한다. (주해 1)

■ 이지위업【履地爲業】: 발로 밟는 땅은 기업이 됨.

그 날에 모세가 맹세하여 이르되 네가 내 하나님 여호와께 충성하였은즉 네 발로 밟는 땅은 영원히 너와 네 자손의 기업이 되리라 하였나이다 (수 14:9)

■ 도피지성【逃避之城】: 도피성을 정함.

이스라엘 자손에게 말하여 이르기를 내가 모세를 통하여 너희에게 말한 도피성들을 너희를 위해 정하여 / 부지중에 실수로 사람을 죽인 자를 그리로 도망하게 하라 이는 너희를 위해 피의 보복자를 피할 곳이니라 (수 20:2~3)

遵(좇을 준) 地(땅 지) 爲(할 위) 業(업 업) 逃(달아날 도) 避(피할 피) 城(성 성)

■ 위기축단 【爲己築壇】: 자기를 위하여 단을 쌓고 여호와를 거역함.

여호와의 온 회중이 말하기를 너희가 어찌하여 이스라엘 하나님께 범죄하여 오늘 여호와를 따르는 데서 돌아서서 너희를 위하여 제단을 쌓아 너희가 오늘 여호와께 거역하고자 하느냐 (수 22:16)

■ 일능구천 【一能驅千】: 한 사람이 천 명을 쫓음.

너희 중 한 사람이 천 명을 쫓으리니 이는 너희의 하나님 여호와 그가 너희에게 말씀하신 것같이 너희를 위하여 싸우심이라 (수 23:10)

■ 강복전화 【降福轉禍】: 복을 내린 후라도 돌이켜 재앙을 내림.

만일 너희가 여호와를 버리고 이방 신들을 섬기면 너희에게 복을 내리신 후에라도 돌이켜 너희에게 재앙을 내리시고 너희를 멸하시리라 하니 (수 24:20)

築(쌓을 축) 壇(단 단) 一(한 일) 能(능할 능) 驅(몰 구) 千(일천 천) 降(내릴 강)
福(복 복) 轉(구를 전) 禍(재화 화)

재사구적(在師救敵)

사사기, 룻기

■ 위형작망【爲荊作網】: 옆구리의 가시가 되고 올무가 됨.

그러므로 내가 또 말하기를 내가 그들을 너희 앞에서 쫓아내지 아니하리니 그들이 너희 옆구리에 가시가 될 것이며 그들의 신들이 너희에게 올무가 되리라 하였노라 (삿 2:3)

【註解】 1장에서만 '쫓아내지 못하였다'는 말이 7번 반복된다. 이는 역사의 화근이 되었고 올무가 되었다. 가나안을 진멸하라(신 7:2)는 하나님의 말씀에 불순종한 결과였고, 후에 우상 숭배에 빠지는 원인이 되고, 사사시대의 혼돈과 암흑의 역사를 암시하는 것이 된다. (주해 5)

■ 재사구적【在師救敵】: 사사가 있는 동안은 여호와가 그들을 대적의 손에서 구원하심.

師(스승 사) 救(건질 구) 敵(원수 적) 師(스승 사) 救(건질 구) 敵(원수 적)
荊(모형나무 형) 網(그물 망)

여호와께서 그들을 위하여 사사들을 세우실 때에는 그 사사와 함께 하셨고 그 사사가 사는 날 동안에는 여호와께서 그들을 대적의 손에서 구원하셨으니 이는 그들이 대적에게 압박과 괴롭게 함을 받아 슬피 부르짖으므로 여호와께서 뜻을 돌이키셨음이거늘 (삿 2:18)

■ 여일방승【如日方昇】: 해가 힘 있게 돋음같이.

여호와여 주의 원수들은 다 이와같이 망하게 하시고 주를 사랑하는 자들은 해가 힘 있게 돋음 같게 하시옵소서 하니라 그 땅이 사십 년 동안 평온하였더라 (삿 5:31)

■ 수첨삼백【手餂三百】: 손으로 물을 떠서 핥는 자 삼백 명.

손으로 움켜 입에 대고 핥는 자의 수는 삼백 명이요 그 외의 백성은 다 무릎을 꿇고 물을 마신지라 (삿 7:6)

■ 좌거우각【左炬右角】: 왼손에 횃불 오른손에 나팔을 들고.

세 대가 나팔을 불며 항아리를 부수고 왼손에 횃불을 들고 오른손에 나팔을 들어 불며 외쳐 이르되 여호와와 기드온의 칼이다 하고 (삿 7:20)

【註解】 기드온의 횃불 성전(聖戰)에서 보면, 사람의 수나 무기에 의존하는 작전이 아니라 전쟁에 능하신 하나님께 의존하는 작전을 세워야 하며, 대적을 쳐부수는 무기는 복음의 나팔과 진리의 횃불임을 명시하고 있다. (주해 1)

昇(오를 승) 手(손 수) 餂(핥을 첨) 左(왼 좌) 炬(횃불 거) 右(오른쪽 우) 角(뿔 각)

■ 형극위왕【荊棘爲王】: 가시나무를 왕으로 삼음.

가시나무가 나무들에게 이르되 만일 너희가 참으로 내게 기름을 부어 너희 위에 왕으로 삼겠거든 와서 내 그늘에 피하라 그리하지 아니하면 불이 가시나무에서 나와서 레바논의 백향목을 사를 것이니라 하였느니라 (삿 9:15)

■ 부악부적【復惡付敵】: 악을 다시 행하므로 적의 손에 붙임.

이스라엘 자손이 다시 여호와의 목전에 악을 행하였으므로 여호와께서 그들을 사십년 동안 블레셋 사람의 손에 넘겨 주시니라 (삿 13:1)

■ 호미연화【狐尾燃禾】: 여우 꼬리에 횃불을 달고 곡식밭을 사름.

삼손이 가서 여우 삼백 마리를 붙들어서 그 꼬리와 꼬리를 매고 홰를 가지고 그 두 꼬리 사이에 한 홰를 달고 (삿 15:4)

■ 무왕각행【無王各行】: 왕이 없으므로 자기 소견대로 행함.

그 때에 이스라엘에 왕이 없으므로 사람이 각기 자기의 소견에 옳은 대로 행하였더라 (삿 21:25)

■ 사외불리【死外不離】: 죽음 외에는 어머니를 떠나지 아니함.

어머니께서 죽으시는 곳에서 나도 죽어 거기 묻힐 것이라 만일 내가 죽는 일 외에 어머니를 떠나면 여호와께서 내게 벌을 내리시고 더 내리시기를 원하나이다 하는지라 (룻 1:17)

荊(모형나무 형) 棘(가시나무 극) 復(다시 부) 狐(여우 호) 尾(꼬리 미) 燃(사를 연) 禾(벼 화) 各(각각 각) 離(떼놓을 리)

■ 습수지은【拾穗之恩】: 이삭을 줍는 은혜.

모압 여인 룻이 나오미에게 이르되 원하건대 내가 밭으로 가서 내가 누구에게 은혜를 입으면 그를 따라서 이삭을 줍겠나이다 하니 나오미가 그에게 이르되 내 딸아 갈지어다 하매 (룻 2:2)

■ 속업지자【贖業之者】: 기업 무를 자.

나오미가 자기 며느리에게 이르되 그가 여호와로부터 복 받기를 원하노라 그가 살아 있는 자와 죽은 자에게 은혜 베풀기를 그치지 아니하도다 하고 나오미가 또 그에게 이르되 그 사람은 우리와 가까우니 우리 기업을 무를 자 중의 하나이니라 하니라 (룻 2:20)

【註解】 기업 무를 자에 해당하는 히브리어 '고엘'은 '되찾는다', '무르다', '구속(救贖)하다' 등의 뜻을 가지고 있다. 이스라엘의 고엘 제도는 하나님께로부터 할당 받은 기업을 영구히 보존하고 혈족을 유지하며 그리고 부당한 피해를 당했을 경우 제도적 장치를 마련한 제도이다. (주해 2 서론)

拾(주울 습) 穗(이삭 수) 恩(은혜 은) 贖(속바칠 속) 業(업 업) 之(갈 지) 者(놈 자)

인모주심(人貌主心)

사무엘 상·하

■ 유어십자【愈於十子】: 내가 그대에게 열 아들보다 낫지 아니하뇨.

그의 남편 엘가나가 그에게 이르되 한나여 어찌하여 울며 어찌하여 먹지 아니하며 어찌하여 그대의 마음이 슬프냐 내가 그대에게 열 아들보다 낫지 아니하냐 하니라 (삼상 1:8)

■ 중자비기【重子肥己】: 아들을 더 중히 여기고 제물로 자기만 살찌게 함.

너희는 어찌하여 내가 내 처소에서 명령한 내 제물과 예물을 밟으며 네 아들들을 나보다 더 중히 여겨 내 백성 이스라엘이 드리는 가장 좋은 것으로 너희들을 살지게 하느냐 (삼상 2:29)

貌(얼굴 모) 愈(나을 유) 於(어조사 어) 重(무거울 중) 肥(살찔 비)

■ 입왕이치 【立王以治】 : 왕을 세워 우리를 다스리게 함.

그에게 이르되 보소서 당신은 늙고 당신의 아들들은 당신의 행위를 따르지 아니하니 모든 나라와같이 우리에게 왕을 세워 우리를 다스리게 하소서 한지라 (삼상 8:5)

■ 갱신기심 【更新其心】 : 하나님이 새 마음을 주심.

그가 사무엘에게서 떠나려고 몸을 돌이킬 때에 하나님이 새 마음을 주셨고 그 날 그 징조도 다 응하니라 (삼상 10:9)

■ 구불재수 【救不在數】 : 여호와의 구원은 사람의 많고 적음에 있지 아니함.

요나단이 자기의 무기를 든 소년에게 이르되 우리가 이 할례 받지 않은 자들에게로 건너가자 여호와께서 우리를 위하여 일하실까 하노라 여호와의 구원은 사람이 많고 적음에 달리지 아니하였느니라 (삼상 14:6)

■ 사소위수 【自小爲首】 : 스스로 작게 여길 때 머리가 됨.

사무엘이 이르되 왕이 스스로 작게 여길 그 때에 이스라엘 지파의 머리가 되지 아니하셨나이까 여호와께서 왕에게 기름을 부어 이스라엘 왕을 삼으시고 (삼상 15:17)

■ 순종승제 【順從勝祭】 : 순종이 제사보다 나음.

사무엘이 이르되 여호와께서 번제와 다른 제사를 그의 목소리를 청종하는 것을 좋아하심같이 좋아하시겠나이까 순종이 제사보다 낫고 듣는 것이 숫양의 기름보다 나으니 (삼상 15:22)

治(다스릴 치) 更(다시 갱) 新(새 신) 救(건질 구) 數(셀 수) 小(작을 소) 首(머리 수) 順(순할 순) 從(좇을 종) 勝(이길 승) 祭(제사 제)

■ 인모주심 【人貌主心】: 사람은 외모를 보지만 하나님은 중심을 보심.

여호와께서 사무엘에게 이르시되 그의 용모와 키를 보지 말라 내가 이미 그를 버렸노라 내가 보는 것은 사람과 같지 아니하니 사람은 외모를 보거니와 나 여호와는 중심을 보느니라 하시더라 (삼상 16:7)

■ 탄금해우 【彈琴解憂】: 수금을 타 악신을 몰아냄.

하나님께서 부리시는 악령이 사울에게 이를 때에 다윗이 수금을 들고 와서 손으로 탄즉 사울이 상쾌하여 낫고 악령이 그에게서 떠나더라 (삼상 16:23)

■ 유시주명 【惟恃主名】: 만군의 여호와 이름으로 나아감.

다윗이 블레셋 사람에게 이르되 너는 칼과 창과 단창으로 내게 나아오거니와 나는 만군의 여호와의 이름 곧 네가 모욕하는 이스라엘 군대의 하나님의 이름으로 네게 나아가노라 (삼상 17:45)

■ 전사속주 【戰事屬主】: 전쟁은 여호와께 속함.

또 여호와의 구원하심이 칼과 창에 있지 아니함을 이 무리에게 알게 하리라 전쟁은 여호와께 속한 것인즉 그가 너희를 우리 손에 넘기시리라 (삼상 17:47)

■ 위애여명 【爲愛如命】: 그를 자기 생명같이 사랑함.

다윗이 사울에게 말하기를 마치매 요나단의 마음이 다윗의 마음과 하나가 되어 요나단이 그를 자기 생명같이 사랑하니라 (삼상 18:1)

彈(탄알 탄) 琴(거문고 금) 解(풀 해) 憂(근심할 우) 惟(생각할 유) 恃(믿을 시)
屬(붙을 속)

■ 빙폐양피【聘幣陽皮】: 폐백으로 블레셋 사람의 양피를 요구함.

사울이 이르되 너희는 다윗에게 이같이 말하기를 왕이 아무것도 원하지 아니하고 다만 왕의 원수의 보복으로 블레셋 사람들의 포피 백 개를 원하신다 하라 하였으니 이는 사울의 생각에 다윗을 블레셋 사람들의 손에 죽게 하리라 함이라 (삼상 18:25)

■ 평생구적【平生仇敵】: 다윗을 평생에 걸쳐 적대시함.

사울이 다윗을 더욱더욱 두려워하여 평생에 다윗의 대적이 되니라 (삼상 18:29)

■ 이악보선【以惡報善】: 악으로 선을 갚음.

다윗이 이미 말하기를 내가 이 자의 소유물을 광야에서 지켜 그 모든 것을 하나도 손실이 없게 한 것이 진실로 허사라 그가 악으로 나의 선을 갚는도다 (삼상 25:21)

■ 물해수고【勿害受膏】: 기름 부은 자를 해지치 않음.

다윗이 아비새에게 이르되 죽이지 말라 누구든지 손을 들어 여호와의 기름 부음 받은 자를 치면 죄가 없겠느냐 하고 (삼상 26:9)

■ 색조여순【索蚤如鶉】: 메추리를 사냥하듯이 벼룩을 쫓음.

그런즉 청하건대 여호와 앞에서 먼 이 곳에서 이제 나의 피가 땅에 흐르지 말게 하옵소서 이는 산에서 메추라기를 사냥하는 자와같이 이스라엘 왕이 한 벼룩을 수색하러 나오셨음이니이다 (삼상 26:20)

聘(찾아갈 빙) 幣(비단 폐) 陽(볕 양) 仇(원수 구) 敵(원수 적) 報(갚을 보) 害(해칠 해) 膏(살찔 고) 索(찾을 색) 蚤(벼룩 조) 鶉(메추라기 순)

■ 우승부애 【友勝婦愛】 : 우정이 여인의 사랑보다 더함.

내 형 요나단이여 내가 그대를 애통함은 그대는 내게 심히 아름다움이라 그대가 나를 사랑함이 기이하여 여인의 사랑보다 더하였도다 (삼하 1:26)

■ 가여국견 【家與國堅】 : 네 집과 네 나라가 영원히 보존되고 견고하게 됨.

네 집과 네 나라가 내 앞에서 영원히 보전되고 네 왕위가 영원히 견고하리라 하셨다 하라 (삼하 7:16)

【註解】 일찍이 하나님께서 나단 선지자를 통해 다윗에게 주신 영원한 언약, 이른바 '다윗 언약'이다. 이 언약의 핵심은 '다윗 왕조의 견고함과 영원한 보전' 인데, 궁극적으로 이 약속은 장차 다윗의 후손으로 오실 '메시아'를 통해 영원히 실현됨의 약속이다. (주해 1)

■ 하왕득승 【何往得勝】 : 어디로 가든지 이기게 하심.

다윗이 에돔에 수비대를 두되 온 에돔에 수비대를 두니 에돔 사람이 다 다윗의 종이 되니라 다윗이 어디로 가든지 여호와께서 이기게 하셨더라 (삼하 8:14)

■ 병공행의 【秉公行義】 : 백성에게 공과 의를 행함.

다윗이 온 이스라엘을 다스려 다윗이 모든 백성에게 정의와 공의를 행할새 (삼하 8:15)

■ 취빈고팽 【取貧羔烹】 : 가난한 자의 양 새끼를 빼앗아 잔치를 행함.

어떤 행인이 그 부자에게 오매 부자가 자기에게 온 행인을 위하여 자기의 양과 소를

婦(며느리 부) 家(집 가) 與(더불 여) 國(나라 국) 堅(굳을 견) 秉(잡을 병) 取(취할 취) 貧(가난할 빈) 羔(새끼 양 고) 烹(삶을 팽)

아껴 잡지 아니하고 가난한 사람의 양 새끼를 빼앗아다가 자기에게 온 사람을 위하여 잡았나이다 하니 (삼하 12:4)

■ 종정무하【踵頂無瑕】: 발바닥부터 정수리까지 흠이 없음.

온 이스라엘 가운데에서 압살롬같이 아름다움으로 크게 칭찬받는 자가 없었으니 그는 발바닥부터 정수리까지 흠이 없음이라 (삼하 14:25)

■ 주아지등【主我之燈】: 여호와는 나의 등불임.

여호와여 주는 나의 등불이시니 여호와께서 나의 어둠을 밝히시리이다 (삼하 22:29)

■ 무불완전【無不完全】: 하나님의 도는 완전하고 여호와의 말씀은 진실함.

하나님의 도는 완전하고 여호와의 말씀은 진실하니 그는 자기에게 피하는 모든 자에게 방패시로다 (삼하 22:31)

■ 모사급수【冒死汲水】: 생명을 무릅쓰고 물을 길어 옴.

세 용사가 블레셋 사람의 진영을 돌파하고 지나가서 베들레헴 성문 곁 우물 물을 길어 가지고 다윗에게로 왔으나 다윗이 마시기를 기뻐하지 아니하고 그 물을 여호와께 부어 드리며 / 이르되 여호와여 내가 나를 위하여 결단코 이런 일을 하지 아니하리이다 이는 목숨을 걸고 갔던 사람들의 피가 아니니이까 하고 마시기를 즐겨하지 아니하니라 세 용사가 이런 일을 행하였더라 (삼하 23:16~17)

踵(발꿈치 종) 頂(정수리 정) 瑕(티 하) 燈(등잔 등) 完(완전할 완) 全(온전할 전)
冒(무릅쓸 모) 死(죽을 사) 汲(기를 급) 水(물 수)

■ 삼재택일 【三災擇一】 : 네게 세 가지(재앙)를 보이노니 그 중에서 하나를 택하라.

가서 다윗에게 말하기를 여호와께서 이와같이 말씀하시기를 내가 네게 세 가지를 보이노니 너를 위하여 너는 그 중에서 하나를 택하라 내가 그것을 네게 행하리라 하셨다 하라 하시니 (삼하 24:12)

【註解】 다윗은 인구 조사를 통해 자기의 세력과 영광스러운 번영을 확인하고 자랑하려 했다. 즉 민수기의 인구 조사와는 그 배경과 동기가 전연 다르다. 자신의 군사력에 대한 실세 파악(9절)을 함으로써 강대국으로서의 위치를 굳히고, 하나님보다는 인간의 육체를 더욱 신뢰하려 했던 다윗의 교만을 반영한 것이다. (주해 2)

그러나 인구 조사에 대한 다윗의 만족은 오래가지 못했다. 그는 하나님이 내리시는 3대 재앙 중 하나를 택해야만 했다.

■ 불비불헌 【不費不獻】 : 값없이는 번제를 드릴 수 없음.

왕이 아라우나에게 이르되 그렇지 아니하다 내가 값을 주고 네게서 사리라 값없이는 내 하나님 여호와께 번제를 드리지 아니하리라 하고 다윗이 은 오십 세겔로 타작마당과 소를 사고 (삼하 24:24)

【註解】 "아라우나"의 타작마당은 아브라함이 자기 아들 이삭으로 제사를 드리려 했던 모리아산의 그 곳이며, 솔로몬이 성전을 건축한 장소이다(아라우나는 여부스족의 말이며, '오르난'이라고도 한다). (주해 4)

三(석 삼) 災(재앙 재) 擇(가릴 택) 費(쓸 비) 獻(드릴 헌)

열왕무비(列王無比)

열왕기 상·하

■ 무불형통【無不亨通】: 무엇을 하든지 어디로 가든지 형통함.

네 하나님 여호와의 명령을 지켜 그 길로 행하여 그 법률과 계명과 율례와 증거를 모세의 율법에 기록된 대로 지키라 그리하면 네가 무엇을 하든지 어디로 가든지 형통할지라 (왕상 2:3)

■ 단구지혜【但求智慧】: 솔로몬이 오직 지혜만 구함.

이에 하나님이 그에게 이르시되 네가 이것을 구하도다 자기를 위하여 장수하기를 구하지 아니하며 부도 구하지 아니하며 자기 원수의 생명을 멸하기도 구하지 아니하고 오직 송사를 듣고 분별하는 지혜를 구하였으니 (왕상 3:11)

列(벌일 렬) 無(없을 무) 比(견줄 비) 亨(형통할 형) 通(통할 통) 但(다만 단) 求(구할 구) 智(슬기 지) 慧(슬기로울 혜)

■ 열왕무비【列王無比】: 열왕 중에 너와 같은 자가 없을 것임.

내가 또 네가 구하지 아니한 부귀와 영광도 네게 주노니 네 평생에 왕들 중에 너와 같은 자가 없을 것이라 (왕상 3:13)

■ 지단쟁해【智斷爭孩】: 아이의 소유권 다툼을 모성애를 이용하여 판결함.

왕이 이르되 산 아이를 둘로 나누어 반은 이 여자에게 주고 반은 저 여자에게 주라 / 그 산 아들의 어머니 되는 여자가 그 아들을 위하여 마음이 불붙는 것 같아서 왕께 아뢰어 청하건대 내 주여 산 아이를 그에게 주시고 아무쪼록 죽이지 마옵소서 하되 다른 여자는 말하기를 내 것도 되게 말고 네 것도 되게 말고 나누게 하라 하는지라 / 왕이 대답하여 이르되 산 아이를 저 여자에게 주고 결코 죽이지 말라 저가 그의 어머니이니라 하매 (왕상 3:25~27)

【註解】 본문은 한 어린 아이를 두 창기가 서로 자신의 아이라고 주장하는 것을 솔로몬이 참 어미의 모성애를 알아봄으로써 지혜롭게 해결하며 자신의 통치 능력을 널리 드러내고 왕권을 강화한 사건을 기록하고 있다. 한편 솔로몬이 예수 그리스도를 예표한다는 점을 감안한다면 그의 지혜로운 판결은 장차 그리스도가 인간들을 공의로 의로운 자와 불의한 자를 가려 그 행위대로 보응하실 최후 심판을 예표한다고 볼 수 있다(계 20:11~25). (주해 1)

■ 사방무적【四方無敵】: 적도 없고 재앙도 없는 태평시대를 맞이함.

이제 내 하나님 여호와께서 내게 사방의 태평을 주시매 원수도 없고 재앙도 없도다 (왕상 5:4)

斷(끊을 단) 爭(다툴 쟁) 孩(어린아이 해) 敵(원수 적)

■ 능수신비【能手伸臂】: 능한 손과 펴신 팔.

그들이 주의 크신 이름과 주의 능한 손과 주의 펴신 팔의 소문을 듣고 와서 이 성전을 향하여 기도하거든 (왕상 8:42)

■ 일무불성【一無不成】: 말씀이 하나도 이루지 않음이 없음.

여호와를 찬송할지로다 그가 말씀하신 대로 그의 백성 이스라엘에게 태평을 주셨으니 그 종 모세를 통하여 무릇 말씀하신 그 모든 좋은 약속이 하나도 이루어지지 아니함이 없도다 (왕상 8:56)

■ 기명개금【器皿皆金】: 왕이 마시는 그릇은 다 금이요.

솔로몬 왕이 마시는 그릇은 다 금이요 레바논 나무 궁의 그릇들도 다 정금이라 은 기물이 없으니 솔로몬의 시대에 은을 귀히 여기지 아니함은 (왕상 10:21)

■ 달국사신【奪國賜臣】: 나라를 빼앗아 신복에게 줄 것임.

여호와께서 솔로몬에게 말씀하시되 네게 이러한 일이 있었고 또 네가 내 언약과 내가 네게 명령한 법도를 지키지 아니하였으니 내가 반드시 이 나라를 네게서 빼앗아 네 신하에게 주리라 (왕상 11:11)

■ 민립사제【民立司祭】: 일반 백성을 제사장으로 삼음.

여로보암이 이 일 후에도 그의 악한 길에서 떠나 돌이키지 아니하고 다시 일반 백성을 산당의 제사장으로 삼되 누구든지 자원하면 그 사람을 산당의 제사장으로 삼았으므로 (왕상 13:33)

能(능할 능) 伸(펼 신) 臂(팔 비) 成(이룰 성) 器(그릇 기) 皿(그릇 명) 皆(다 개)
奪(빼앗을 탈) 賜(줄 사) 臣(신하 신) 祭(제사 제)

■ 진후미성【震後微聲】: 지진 후에 세미한 음성이 들림.

또 지진 후에 불이 있으나 불 가운데에도 여호와께서 계시지 아니하더니 불 후에 세미한 소리가 있는지라 (왕상 19:12)

■ 무목지양【無牧之羊】: 목자 없는 양 떼.

그가 이르되 내가 보니 온 이스라엘이 목자 없는 양같이 산에 흩어졌는데 여호와의 말씀이 이 무리에게 주인이 없으니 각각 평안히 자기의 집으로 돌아갈 것이니라 하셨나이다 (왕상 22:17)

■ 승선승천【乘颴昇天】: 회오리바람을 타고 승천함.

두 사람이 길을 가며 말하더니 불수레와 불말들이 두 사람을 갈라놓고 엘리야가 회오리바람으로 하늘로 올라가더라 (왕하 2:11)

■ 투염정수【投鹽淨水】: 소금을 던져 물을 깨끗하게 함.

엘리사가 물 근원으로 나아가서 소금을 그 가운데에 던지며 이르되 여호와의 말씀이 내가 이 물을 고쳤으니 이로부터 다시는 죽음이나 열매 맺지 못함이 없을지니라 하셨느니라 하니 (왕하 2:21)

■ 칠체개안【七嚏開眼】: 일곱 번 재채기하고 눈을 뜸.

엘리사가 내려서 집 안에서 한 번 이리 저리 다니고 다시 아이 위에 올라 엎드리니 아이가 일곱 번 재채기하고 눈을 뜨는지라 (왕하 4:35)

震(벼락 진) 微(작을 미) 颴(회오리바람 선) 昇(오를 승) 投(던질 투) 鹽(소금 염)
淨(깨끗할 정) 嚏(재채기 체) 開(열 개) 眼(눈 안)

■ 칠욕성결【七浴成潔】: 일곱 번 몸을 물에 잠그니 문둥병이 깨끗하게 됨.

나아만이 이에 내려가서 하나님의 사람의 말대로 요단 강에 일곱 번 몸을 잠그니 그의 살이 어린 아이의 살같이 회복되어 깨끗하게 되었더라 (왕하 5:14)

【註解】 "요단강에 몸을 일곱 번 씻으라"는 엘리사의 명령은 나만의 교만을 분쇄하기 위한 것이었다. 교만한 자에게는 하나님께서 결코 자신의 능력과 은총을 베푸시지 않는다(잠 16:5). (주해 2)

■ 투목부부【投木浮斧】: 나뭇가지를 물에 던져 도끼를 떠오르게 함.

하나님의 사람이 이르되 어디 빠졌느냐 하매 그 곳을 보이는지라 엘리사가 나뭇가지를 베어 물에 던져 쇠도끼를 떠오르게 하고 (왕하 6:6)

■ 역자이식【易子以食】: 굶주림으로 아들을 서로 먹음.

또 이르되 무슨 일이냐 하니 여인이 대답하되 이 여인이 내게 이르기를 네 아들을 내놓아라 우리가 오늘 먹고 내일은 내 아들을 먹자 하매 (왕하 6:28)

■ 훼당작측【毁堂作厠】: 신당을 헐어서 변소를 만듦.

바알의 목상을 헐며 바알의 신당을 헐어서 변소를 만들었더니 오늘까지 이르니라 (왕하 10:27)

■ 주우형통【主佑亨通】: 여호와께서 함께 하시매 어디로 가든지 형통함.

여호와께서 그와 함께 하시매 그가 어디로 가든지 형통하였더라 저가 앗수르 왕을 배반하고 섬기지 아니하였고 (왕하 18:7)

浴(목욕할 욕) 潔(깨끗할 결) 浴(목욕할 욕) 潔(깨끗할 결) 浮(뜰 부) 斧(도끼 부)
易(바꿀 역) 毁(헐 훼) 堂(집 당) 厠(뒷간 측) 佑(도울 우)

■ 면벽기도【面壁祈禱】: 벽을 향하여 기도함.

히스기야가 낯을 벽으로 향하고 여호와께 기도하여 이르되 (왕하 20:2)

■ 일영퇴십【日影退十】: 해 그림자가 10도를 물러감.

선지자 이사야가 여호와께 간구하매 아하스의 해시계 위에 나아갔던 해 그림자를 십도 뒤로 물러가게 하셨더라 (왕하 20:11)

■ 진심지종【盡心志從】: 마음을 다하고 뜻을 다하여 여호와께 순종함.

왕이 단 위에 서서 여호와 앞에서 언약을 세우되 마음을 다하고 뜻을 다하여 여호와께 순종하고 그의 계명과 법도와 율례를 지켜 이 책에 기록된 이 언약의 말씀을 이루게 하리라 하매 백성이 다 그 언약을 따르기로 하니라 (왕하 23:3)

■ 결목로견【抉目擄牽】: 두 눈을 뽑고 포로로 끌려감.

그들이 시드기야의 아들들을 그의 눈앞에서 죽이고 시드기야의 두 눈을 빼고 놋사슬로 그를 결박하여 바벨론으로 끌고 갔더라 (왕하 25:7)

壁(벽 벽) 禱(빌 도) 影(그림자 영) 退(물러날 퇴) 盡(다될 진) 抉(도려낼 결) 目(눈 목) 擄(사로잡을 로) 牽(끌 견)

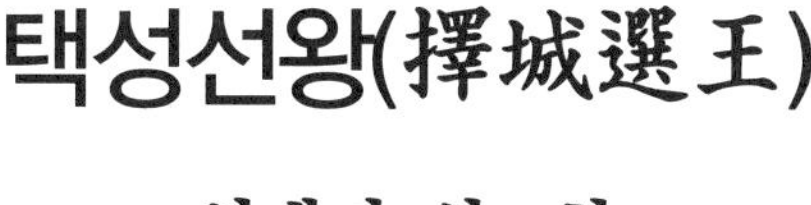

택성선왕(擇城選王)

역대기 상·하

■ 사복확경 【賜福擴境】: 복을 주시고 지경을 넓혀 주심.

야베스가 이스라엘 하나님께 아뢰어 이르되 주께서 내게 복을 주시려거든 나의 지역을 넓히시고 주의 손으로 나를 도우사 나로 환난을 벗어나 내게 근심이 없게 하옵소서 하였더니 하나님이 그가 구하는 것을 허락하셨더라 (대상 4:10)

■ 재궤사복 【在櫃賜福】: 법궤가 머무는 곳엔 복을 내리심.

하나님의 궤가 오벧에돔의 집에서 그의 가족과 함께 석 달을 있으니라 여호와께서 오벧에돔의 집과 그의 모든 소유에 복을 내리셨더라 (대상 13:14)

擇(가릴 택) 城(성 성) 選(가릴 선) 擴(넓힐 확) 境(지경 경) 櫃(함 궤)

■ 구주심환【求主心歡】: 여호와를 구하는 자는 마음의 즐거움이 됨.

그의 성호를 자랑하라 여호와를 구하는 자마다 마음이 즐거울지로다 (대상 16:10)

■ 주명합영【主名合榮】: 여호와의 이름에 합당한 영광을 돌림.

여호와의 이름에 합당한 영광을 그에게 돌릴지어다 제물을 들고 그 앞에 들어갈지어다 아름답고 거룩한 것으로 여호와께 경배할지어다 (대상 16:29)

■ 천희지환【天喜地歡】: 하늘은 기뻐하고, 땅은 즐거워함.

하늘은 기뻐하고 땅은 즐거워하며 모든 나라 중에서는 이르기를 여호와께서 통치하신다 할지로다 (대상 16:31)

■ 공아구민【攻我救民)】: 나를 치시고 백성을 구하여 주십시오.

하나님께 아뢰되 명령하여 백성을 계수하게 한 자가 내가 아니니이까 범죄하고 악을 행한 자는 곧 나이니이다 이 양 떼는 무엇을 행하였나이까 청하건대 나의 하나님 여호와여 주의 손으로 나와 내 아버지의 집을 치시고 주의 백성에게 재앙을 내리지 마옵소서 하니라 (대상 21:17)

■ 갈력비전【竭力備殿】: 성전 건축을 위하여 힘을 다하여 준비함.

내가 이미 내 하나님의 성전을 위하여 힘을 다하여 준비하였나니 곧 기구를 만들 금과 은과 놋과 철과 나무와 또 마노와 가공할 검은 보석과 채석과 다른 모든 보석과 옥돌이 매우 많으며 (대상 29:2)

歡(기뻐할 환) 榮(영화 영) 喜(기쁠 희) 賜(줄 사) 攻(칠 공) 救(건질 구) 竭(다할 갈) 備(갖출 비) 殿(큰 집 전)

■ 성심락헌 【誠心樂獻】 : 성심으로 여호와께 즐거이 드림.

백성들은 자원하여 드렸으므로 기뻐하였으니 곧 그들이 성심으로 여호와께 자원하여 드렸으므로 다윗 왕도 심히 기뻐하니라 (대상 29:9)

【註解】 여기서 우리는 진정한 기쁨의 원리를 발견하게 된다. 그것은 바로 하나님을 위하여 즐거이 드리는 것이다. 물론 여기서 하나님께 "드린다"함은 비단 물질적인 것만을 의미하는 것은 아니다. 그것은 마음과 정성이 포함된 모든 것을 말하며, 그것을 드리는 양태도 다양하게 나타날 수 있다. 다만 본 절은 하나님의 백성이 하나님의 영광과 그 나라의 확장을 위해서 일할 때 진정한 기쁨을 누리게 된다는 사실을 보여 준다. 한편 "성심으로"는 준비된 마음으로 하나님께 드리는 자의 정성어린 자세를 의미한다. (주해 1)

■ 부귀유주 【富貴由主】 : 부귀가 주께로부터 말미암음.

부와 귀가 주께로 말미암고 또 주는 만물의 주재가 되사 손에 권세와 능력이 있사오니 모든 사람을 크게 하심과 강하게 하심이 주의 손에 있나이다 (대상 29:12)

■ 재세여영 【在世如影】 : 세상에 있는 날이 그림자 같음.

우리는 우리 조상들과같이 주님 앞에서 이방 나그네와 거류민들이라 세상에 있는 날이 그림자 같아서 희망이 없나이다 (대상 29:15)

■ 택성선왕 【擇城選王】 : 예루살렘과 다윗을 택함.

예루살렘을 택하여 내 이름을 거기 두고 또 다윗을 택하여 내 백성 이스라엘을 다스리게 하였노라 하신지라 (대하 6:6)

誠(정성 성) 樂(즐길 락) 獻(드릴 헌) 富(가멸 부) 貴(귀할 귀) 由(말미암을 유)
如(같을 여) 影(그림자 영) 城(성 성)

■ 목심재전【目心在殿】: 내 눈과 마음을 항상 성전에 둠.

이는 내가 이미 이 성전을 택하고 거룩하게 하여 내 이름을 여기에 영원히 있게 하였음이라 내 눈과 내 마음이 항상 여기에 있으리라 (대하 7:16)

■ 궤처개성【櫃處皆聖】: 법궤가 이른 곳도 다 거룩함.

솔로몬이 바로의 딸을 데리고 다윗 성에서부터 그를 위하여 건축한 왕궁에 이르러 이르되 내 아내가 이스라엘 왕 다윗의 왕궁에 살지 못하리니 이는 여호와의 궤가 이른 곳은 다 거룩함이니라 하였더라 (대하 8:11)

■ 입사독상【立司犢像】: 송아지 우상을 위해 제사장을 세움.

여로보암이 여러 산당과 숫염소 우상과 자기가 만든 송아지 우상을 위하여 친히 제사장들을 세움이라 (대하 11:15)

■ 독일양칠【犢一羊七】: 송아지 한 마리와 양 일곱 마리로 제사장이 됨.

너희가 아론 자손인 여호와의 제사장들과 레위 사람들을 쫓아내고 이방 백성들의 풍속을 따라 제사장을 삼지 아니하였느냐 누구를 막론하고 어린 수송아지 한 마리와 숫양 일곱 마리를 끌고 와서 장립을 받고자 하는 자마다 허무한 신들의 제사장이 될 수 있도다 (대하 13:9)

■ 시맹어주【恃盟於主】: 하나님보다 동맹국을 더 의지함.

그 때에 선견자 하나니가 유다 왕 아사에게 나와서 그에게 이르되 왕이 아람 왕을

在(있을 재) 殿(큰 집 전) 櫃(함 궤) 處(살 처) 皆(다 개) 聖(성스러울 성) 立(설 립) 司(맡을 사) 犢(송아지 독) 像(형상 상) 恃(믿을 시) 盟(맹세할 맹)

의지하고 왕의 하나님 여호와를 의지하지 아니하였으므로 아람 왕의 군대가 왕의 손에서 벗어났나이다 (대하 16:7)

■ 신위외주【愼爲畏主】: 여호와를 두려워하는 마음으로 삼가 행함.

그런즉 너희는 여호와를 두려워하는 마음으로 삼가 행하라 우리의 하나님 여호와께서는 불의함도 없으시고 치우침도 없으시고 뇌물을 받는 일도 없으시니라 하니라 (대하 19:7)

■ 유주앙망【惟主仰望】: 대적할 능력이 없어 오직 주만 바라봄.

우리 하나님이여 그들을 징벌하지 아니하시나이까 우리를 치러 오는 이 큰 무리를 우리가 대적할 능력이 없고 어떻게 할 줄도 알지 못하옵고 오직 주만 바라보나이다 하고 (대하 20:12)

■ 찬주격병【讚主擊兵】: 찬양으로 적을 물리침.

그 노래와 찬송이 시작될 때에 여호와께서 복병을 두어 유다를 치러 온 암몬 자손과 모압과 세일 산 주민들을 치게 하시므로 그들이 패하였으니 (대하 20:22)

【註解】 모압과 연합군에 대한 유다의 승리는 하나님이 직접 전쟁을 지휘하신 결과로서 여호사밧은 단지 백성들로 하여금 여호와만을 신뢰토록 하고 성가대를 앞세워 여호와께 감사의 찬송을 부르자 여호와께서 침략군들에게 혼란을 일으켜 자기들끼리 서로 치게 하셨다. (주해 5)

우리가 찬송을 부를 때에는 마음의 중심이 하나님께 있어야 되고 찬송 내용이 신앙 고백이 되어야 한다. 여호와는 나의 능력과 찬송이시요 또 나의 구원이 되신다(시 118:14).

愼(삼갈 신) 畏(두려워할 외) 惟(생각할 유) 仰(우러를 앙) 望(바랄 망) 讚(기릴 찬) 擊(부딪칠 격) 兵(군사 병)

■ 죄인불노【罪人不孥】: 그 한 몸에만 죄를 주고 처가에겐 미치지 않게 함.

그들의 자녀들은 죽이지 아니하였으니 이는 모세의 율법책에 기록된 대로 함이라 곧 여호와께서 명령하여 이르시기를 자녀로 말미암아 아버지를 죽이지 말 것이요 아버지로 말미암아 자녀를 죽이지 말 것이라 오직 각 사람은 자기의 죄로 말미암아 죽을 것이니라 하셨더라 (대하 25:4)

■ 불편좌우【不偏左右】: 좌우로 치우치지 아니함.

여호와 보시기에 정직하게 행하여 그의 조상 다윗의 길로 걸으며 좌우로 치우치지 아니하고 (대하 34:2)

■ 강항경심【強項硬心】: 목을 곧게 하며 마음이 완악하여 여호와께 돌아오지 아니함.

또한 느부갓네살 왕이 그를 그의 하나님을 가리켜 맹세하게 하였으나 그가 왕을 배반하고 목을 곧게 하며 마음을 완악하게 하여 이스라엘 하나님 여호와께로 돌아오지 아니하였고 (대하 36:13)

孥(자식 노) 偏(치우칠 편) 左(왼 좌) 右(오른쪽 우) 強(굳셀 강) 項(목 항) 硬(굳을 경) 心(마음 심)

선수우아(善手祐我)

에스라, 느헤미야, 에스더

■ 반급성물【返給聖物】: 성전의 성물을 되돌려줌.

바사 왕 고레스가 창고지기 미드르닷에게 명령하여 그 그릇들을 꺼내어 세어서 유다 총독 세스바살에게 넘겨주니 /11 금, 은 그릇이 모두 오천사백 개라 사로잡힌 자를 바벨론에서 예루살렘으로 데리고 갈 때에 세스바살이 그 그릇들을 다 가지고 갔더라 (스 1:8/11)

■ 노주작로【怒主作擄】: 하나님을 노엽게 하여 바벨론의 포로가 되게 함.

우리 조상들이 하늘에 계신 하나님을 노엽게 하였으므로 하나님이 그들을 갈대아 사람 바벨론 왕 느부갓네살의 손에 넘기시매 그가 이 성전을 헐며 이 백성을 사로잡아 바벨론으로 옮겼더니 (스 5:12)

祐(도울 우) 返(돌아올 반) 給(넉넉할 급) 聖(성스러울 성) 物(만물 물) 怒(성낼 노) 擄(사로잡을 로)

■ 죄정급천【罪頂及天】: 죄악이 정수리에서 하늘까지 미침.

말하기를 나의 하나님이여 내가 부끄럽고 낯이 뜨거워서 감히 나의 하나님을 향하여 얼굴을 들지 못하오니 이는 우리 죄악이 많아 정수리에 넘치고 우리 허물이 커서 하늘에 미침이니이다 (스 9:6)

■ 선수우아【善手祐我】: 하나님의 선한 손이 나를 도우심.

또 왕의 삼림 감독 아삽에게 조서를 내리사 그가 성전에 속한 영문의 문과 성곽과 내가 들어갈 집을 위하여 들보로 쓸 재목을 내게 주게 하옵소서 하매 내 하나님의 선한 손이 나를 도우시므로 왕이 허락하고 (느 2:8)

■ 집병공작【執兵工作】: 한 손으로는 일하며 한 손으로는 병기를 잡음.

성을 건축하는 자와 짐을 나르는 자는 다 각각 한 손으로 일을 하며 한 손에는 병기를 잡았는데 (느 4:17)

■ 주작야방【晝作夜防】: 낮에는 일하고 밤에는 파수함.

그 때에 내가 또 백성에게 말하기를 사람마다 그 종자와 함께 예루살렘 안에서 잘지니 밤에는 우리를 위하여 파수하겠고 낮에는 일하리라 하고 (느 4:22)

■ 인주이락【因主而樂】: 여호와를 인하여 기뻐함.

느헤미야가 또 그들에게 이르기를 너희는 가서 살진 것을 먹고 단 것을 마시되 준비하지 못한 자에게는 나누어 주라 이 날은 우리 주의 성일이니 근심하지 말라 여호와로 인하여 기뻐하는 것이 너희의 힘이니라 하고 (느 8:10)

頂(정수리 정) 及(미칠 급) 執(잡을 집) 兵(군사 병) 工(장인 공) 晝(낮 주) 夜(밤 야) 防(둑 방) 因(인할 인)

■ 득안부악 【得安復惡】 : 평안해지면 다시 악을 행함.

그들이 평강을 얻은 후에 다시 주 앞에서 악을 행하므로 주께서 그들을 원수들의 손에 버려두사 원수들에게 지배를 당하게 하시다가 그들이 돌이켜 주께 부르짖으매 주께서 하늘에서 들으시고 여러 번 주의 긍휼로 건져내시고 (느 9:28)

■ 각양금배 【各樣金杯】 : 금 잔의 모양이 각각 다름.

금 잔으로 마시게 하니 잔의 모양이 각기 다르고 왕이 풍부하였으므로 어주가 한이 없으며 (에 1:7)

■ 약망즉망 【若亡則亡】 : 죽으면 죽으리라.

당신은 가서 수산에 있는 유다인을 다 모으고 나를 위하여 금식하되 밤낮 삼 일을 먹지도 말고 마시지도 마소서 나도 나의 시녀와 더불어 이렇게 금식한 후에 규례를 어기고 왕에게 나아가리니 죽으면 죽으리이다 하니라 (에 4:16)

■ 사국지반 【賜國之半】 : 나라의 절반이라도 주겠노라.

왕이 이르되 왕후 에스더여 그대의 소원이 무엇이며 요구가 무엇이냐 나라의 절반이라도 그대에게 주겠노라 하니 (에 5:3)

■ 입목현기 【立木懸己】 : 자신이 세운 나무에 자신을 매닮.

모르드개를 매달려고 한 나무에 하만을 다니 왕의 노가 그치니라 (에 7:10)

得(얻을 득) 復(다시 부, 돌아올 복) 各(각각 각) 樣(모양 양) 杯(잔 배) 若(같을 약) 則(곧 즉) 半(반 반) 立(설 립) 木(나무 목) 懸(매달 현) 己(자기 기)

■ 전우위희【轉憂爲喜】: 슬픔이 변하여 기쁨이 됨.

이 달 이 날에 유다인들이 대적에게서 벗어나서 평안함을 얻어 슬픔이 변하여 기쁨이 되고 애통이 변하여 길한 날이 되었으니 이 두 날을 지켜 잔치를 베풀고 즐기며 서로 예물을 주며 가난한 자를 구제하라 하매 (에 9:22)

轉(구를 전) 憂(근심할 우) 爲(할 위) 喜(기쁠 희)

시미종창(始微終昌)

욥기

■ 온전이악【穩全離惡】: 순전하고 악에서 떠남.

우스 땅에 욥이라 불리는 사람이 있었는데 그 사람은 온전하고 정직하여 하나님을 경외하며 악에서 떠난 자더라 (욥 1:1)

■ 나출나귀【裸出裸歸】: 적신으로 왔으니 적신으로 돌아감.

이르되 내가 모태에서 알몸으로 나왔사온즉 또한 알몸이 그리로 돌아가올지라 주신 이도 여호와시요 거두신 이도 여호와시오니 여호와의 이름이 찬송을 받으실지니이다 하고 (욥 1:21)

微(작을 미) 終(끝날 종) 昌(창성할 창) 穩(평온할 온) 離(떼놓을 리) 裸(벌거숭이 라) 歸(돌아갈 귀)

■ 이순불죄【以脣不罪】: 입술로 범죄하지 아니함.

그가 이르되 그대의 말이 한 어리석은 여자의 말 같도다 우리가 하나님께 복을 받았은즉 화도 받지 아니하겠느냐 하고 이 모든 일에 욥이 입술로 범죄하지 아니하니라 (욥 2:10)

■ 저기생일【詛己生日】: 자기 생일을 저주함.

그 후에 욥이 입을 열어 자기의 생일을 저주하니라 (욥 3:1)

■ 구사부득【求死不得】: 죽음을 구해도 얻지 못함.

이러한 자는 죽기를 바라도 오지 아니하니 땅을 파고 숨긴 보배를 찾음보다 죽음을 구하는 것을 더하다가 (욥 3:21)

■ 경악종독【耕惡種毒】: 악을 갈고 독을 뿌림.

내가 보건대 악을 밭 갈고 독을 뿌리는 자는 그대로 거두나니 (욥 4:8)

■ 견징유복【見懲有福】: 징계 받는 자는 복이 있음.

볼지어다 하나님께 징계 받는 자에게는 복이 있나니 그런즉 너는 전능자의 징계를 업신여기지 말지니라 (욥 5:17)

■ 육환칠난【六患七難】: 6가지 환난과 7가지 환난을 면케 하심.

여섯 가지 환난에서 너를 구원하시며 일곱 가지 환난이라도 그 재앙이 네게 미치지 않게 하시며 (욥 5:19)

脣(입술 순) 耕(밭갈 경) 播(뿌릴 파) 毒(독 독) 懲(혼날 징) 患(근심 환) 難(어려울 난)

■ 육충부농【肉蟲膚膿】: 살에는 구더기가, 피부에는 농이 터짐.

내 살에는 구더기와 흙 덩이가 의복처럼 입혀졌고 내 피부는 굳어졌다가 터지는구나 (욥 7:5)

■ 일속어사【日速於梭】: 나의 날은 베틀의 북보다 빠름.

나의 날은 베틀의 북보다 빠르니 희망 없이 보내는구나 (욥 7:6)

■ 시미종창【始微終昌】: 시작은 미약하나 나중은 창대함.

네 시작은 미약하였으나 네 나중은 심히 창대하리라 (욥 8:7)

■ 문수필교【問獸必敎】: 짐승에게 물어보면 가르쳐 주리라.

이제 모든 짐승에게 물어 보라 그것들이 네게 가르치리라 공중의 새에게 물어보라 그것들이 또한 네게 말하리라 (욥 12:7)

■ 흥망재주【興亡在主】: 만국의 흥망이 하나님께 있음.

민족들을 커지게도 하시고 다시 멸하기도 하시며 민족들을 널리 퍼지게도 하시고 다시 끌려가게도 하시며 (욥 12:23)

■ 자구정죄【自口定罪】: 너를 정죄하는 것은 네 입임.

너를 정죄한 것은 내가 아니요 네 입이라 네 입술이 네게 불리하게 증언하느니라 (욥 15:6)

肉(고기 육) 蟲(벌레 충) 膚(살갗 부) 膿(고름 농) 速(빠를 속) 梭(북 사) 獸(짐승 수) 敎(가르칠 교) 興(일 흥)

■ 폐심불각【蔽心不覺】: 마음을 가리어 깨닫지 못하게 함.

주께서 그들의 마음을 가리어 깨닫지 못하게 하셨사오니 그들을 높이지 마소서 (욥 17:4)

■ 겸자필구【謙者必救】: 겸손한 자를 구원하심.

사람들이 너를 낮추거든 너는 교만했노라고 말하라 하나님은 겸손한 자를 구원하시리라 (욥 22:29)

■ 연후정금【煉後精金】: 단련한 후 정금같이 나옴.

그러나 내가 가는 길을 그가 아시나니 그가 나를 단련하신 후에는 내가 순금같이 되어 나오리라 (욥 23:10)

■ 여충지인【如蟲之人】: 벌레 같은 인생.

하물며 구더기 같은 사람, 벌레 같은 인생이랴 (욥 25:6)

■ 밀운불렬【密雲不裂】: 구름은 물을 싸나 찢어지지 아니함.

물을 빽빽한 구름에 싸시나 그 밑의 구름이 찢어지지 아니하느니라 (욥 26:8)

■ 외주즉지【畏主卽智】: 주를 경외함이 지혜임.

또 사람에게 말씀하셨도다 보라 주를 경외함이 지혜요 악을 떠남이 명철이니라 (욥 28:28)

蔽(덮을 폐) 覺(깨달을 각) 謙(겸손할 겸) 煉(불릴 련) 精(쓿은 쌀 정) 密(빽빽할 밀) 雲(구름 운) 裂(찢을 렬) 畏(두려워할 외) 卽(곧 즉) 禍(재화 화) 異(다를 이) 畏(두려워할 외) 卽(곧 즉)

■ 망복반화【望福反禍】: 복을 바랐더니 화가 미침.

내가 복을 바랐더니 화가 왔고 광명을 기다렸더니 흑암이 왔구나 (욥 30:26)

■ 주전무이【主前無異】: 하나님 앞에서는 나와 네가 동일함.

나와 그대가 하나님 앞에서 동일하니 나도 흙으로 지으심을 입었은즉 / 내 위엄으로는 그대를 두렵게 하지 못하고 내 손으로는 그대를 누르지 못하느니라 (욥 33:6~7)

■ 주도감보【注道鑑步】: 사람의 길을 주목하고 그 발걸음을 감찰하심.

그는 사람의 길을 주목하시며 사람의 모든 걸음을 감찰하시나니 (욥 34:21)

■ 허사불청【虛辭不聽】: 헛된 것은 하나님이 결코 듣지 아니함.

헛된 것은 하나님이 결코 듣지 아니하시며 전능자가 돌아보지 아니하심이라 (욥 35:13)

【參考】 헛된 제물을 다시 가져오지 말라 분향은 내가 가증히 여기는 바요 월삭과 안식일과 대회로 모이는 것도 그러하니 성회와 아울러 악을 행하는 것을 내가 견디지 못하겠노라 /15 너희가 손을 펼 때에 내가 내 눈을 너희에게서 가리고 너희가 많이 기도할지라도 내가 듣지 아니하리니 이는 너희의 손에 피가 가득함이라 (이사야 1:13/15)

■ 무소불능【無所不能】: 주께서는 못 하실 일이 없음.

주께서는 못 하실 일이 없사오며 무슨 계획이든지 못 이루실 것이 없는 줄 아오니 (욥 42:2)

禍(재화 화) 異(다를 이) 注(물 댈 주) 道(길 도) 鑑(거울 감) 步(걸음 보) 虛(빌 허) 辭(말 사) 聽(들을 청) 無(없을 무)

■ 석문금알【昔聞今謁】: 듣기만 하다가 이제 눈으로 주를 봄.

내가 주께 대하여 귀로 듣기만 하였사오나 이제는 눈으로 주를 뵈옵나이다 (욥 42:5)

【註解】욥은 폭풍 가운데 나타나신 하나님과의 직접적인 대화를 통하여 욥의 영적인 눈이 열려 하나님의 절대 주권과 놀라운 섭리를 깨닫게 되었다는 의미이다. 즉, 하나님을 체험함으로써 그분에 관한 진리를 깨닫게 되었다. (주해 6)

昔(예 석) 聞(들을 문) 今(이제 금) 謁(아뢸 알)

주아지목(主我之牧)

시편

■ 계수시과【溪樹時果】: 시냇가에 심은 나무가 철을 따라 열매를 맺음.

그는 시냇가에 심은 나무가 철을 따라 열매를 맺으며 그 잎사귀가 마르지 아니함 같으니 그가 하는 모든 일이 다 형통하리로다 (시 1:3)

【註解】 시냇가에서 자생하는 나무가 아니라 시냇가로 옮겨져 심기운 나무를 말한다. 본문이 주는 교훈은 인간의 영적 행복은 아무 곳에서나 획득되는 것이 아니라 하나님께서 허락하신 영역 안에서만 얻을 수 있는 것이라는 데 있다. 팔레스틴의 메마른 지형이 세상을 상징하는 것이라면 이 시냇가는 하나님이 공급하시는 영혼의 생수를 가리키는 것으로 생각해 볼 수 있다. 따라서 여기 시냇가는 단순한 안식처의 차원을 넘어선 유일한 생명의 근원을 암시하고 있다(요 15:2). 즉, 뿌리를 내림에 있어 뿌리의 낮고 깊은 것보다는, 그 뿌리를 세상에 뻗고 있느냐, 하나님 나라에 뻗고 있느냐가 중요하다. (주해 2)

溪(시내 계) 樹(나무 수)

■ 변영위욕【變榮爲辱】: 영광을 변하여 욕되게 함.

인생들아 어느 때까지 나의 영광을 바꾸어 욕되게 하며 헛된 일을 좋아하고 거짓을 구하려는가 (셀라). (시 4:2)

■ 의제의주【義祭倚主】: 의의 제사를 드리고 여호와를 의지함.

의의 제사를 드리고 여호와를 의지할지어다 (시 4:5)

■ 청도어신【聽禱於晨】: 새벽에 기도를 들으심.

여호와여 아침에 주께서 나의 소리를 들으시리니 아침에 내가 주께 기도하고 바라리이다 (시 5:3)

■ 단악수의【斷惡竪義】: 악인을 끊고 의인을 세움.

악인의 악을 끊고 의인을 세우소서 의로우신 하나님이 사람의 마음과 양심을 감찰하시나이다 (시 7:9)

■ 불망핍기【不忘乏祈】: 가난한 자의 부르짖음을 잊지 않으심.

피 흘림을 심문하시는 이가 그들을 기억하심이여 가난한 자의 부르짖음을 잊지 아니하시도다 (시 9:12)

■ 첨순과설【諂脣誇舌】: 아첨하는 입술과 자랑하는 혀.

여호와께서 모든 아첨하는 입술과 자랑하는 혀를 끊으시리니 (시 12:3)

變(변할 변) 榮(영화 영) 辱(욕될 욕) 倚(의지할 의) 晨(새벽 신) 斷(끊을 단) 竪(세울 수)
忘(잊을 망) 乏(가난할 핍) 祈(빌 기) 諂(아첨할 첨) 脣(입술 순) 誇(자랑할 과) 舌(혀 설)

■ 우위무주【愚爲無主】: 어리석은 자는 하나님이 없다고 함.

어리석은 자는 그의 마음에 이르기를 하나님이 없다 하는도다 그들은 부패하고 그 행실이 가증하니 선을 행하는 자가 없도다 (시 14:1)

■ 입서불변【立誓不變】: 서원한 것은 해로울지라도 변하지 아니함.

그의 눈은 망령된 자를 멸시하며 여호와를 두려워하는 자들을 존대하며 그의 마음에 서원한 것은 해로울지라도 변하지 아니하며 (시 15:4)

■ 주아지복【主我之福】: 주 밖에는 나의 복이 없음.

내가 여호와께 아뢰되 주는 나의 주님이시오니 주 밖에는 나의 복이 없다 하였나이다 (시 16:2)

■ 주아지력【主我之力】: 나의 힘이 되신 여호와.

나의 힘이신 여호와여 내가 주를 사랑하나이다 (시 18:1)

■ 천창주영【天彰主榮】: 하늘이 하나님의 영광을 선포함.

하늘이 하나님의 영광을 선포하고 궁창이 그의 손으로 하신 일을 나타내는도다 (시 19:1)

【註解】 하나님이 창조하시고 보시기에 좋았던 우주는 모두 함께 어우러져 창조주의 영광에 대하여 조용하면서도 장엄하고, 순수하면서도 찬란한 천지창조의 교향곡을 연주한다. 비록 하나님에 대한 지식이 없는 자라도 이 자연의 질서와 조화를 발견한 자들은 그 앞에서 경건한 마음을 금할 수 없을 것이다. (주해 3)

愚(어리석을 우) 誓(맹세할 서) 變(변할 변) 彰(밝을 창) 榮(영화 영)

■ 무성가청【無聲可聽】: 들리는 소리가 없어도 온 땅에 통함.

날은 날에게 말하고 밤은 밤에게 지식을 전하니 / 언어도 없고 말씀도 없으며 들리는 소리도 없으나 / 그의 소리가 온 땅에 통하고 그의 말씀이 세상 끝까지 이르도다 하나님이 해를 위하여 하늘에 장막을 베푸셨도다 (시 19:2~4)

【註解】 부모를 섬기는 도리 가운데, 청어무성(聽於無聲)이라는 말이 있다. 청어무성은 소리 없이 듣는다는 뜻으로 이는 곧, 자식이 어버이를 섬기는 데 지극한 주의를 기울여서 함을 이름.

■ 소원수성【所願遂成】: 마음의 소원대로 이뤄 주심.

네 마음의 소원대로 허락하시고 네 모든 계획을 이루어 주시기를 원하노라 (시 20:4)

■ 주아지목【主我之牧】: 여호와는 나의 목자가 되심.

여호와는 나의 목자시니 내게 부족함이 없으리로다 (시 23:1)

【註解】 23편은 시편 중에서 가장 많이 애송되는 아름다운 노래이며, 그 중 1절은 이 시의 요절이다. 다윗은 하나님과 자신과의 관계를 단순한 언약 관계를 넘어서 목자와 양의 관계로 보다 발전시켜 표현한다. 양과 목자의 관계는 단순히 상하의 종속관계가 아니다. 목자는 양의 일상 생활 전체를 관장하며 양의 생명까지 돌보아 주는 자이고, 양은 이러한 목자에게 순순히 따를 때 안전과 평안이 보장되며, 풍족함으로 채워주시기 때문에 부족함이 없다는 체험을 통한 다윗의 신앙 고백이다. (주해 1)

■ 주상재아【主常在我】: 주와 항상 함께 하심.

내가 사망의 음침한 골짜기로 다닐지라도 해를 두려워하지 않을 것은 주께서 나와 함께 하심이라 주의 지팡이와 막대기가 나를 안위하시나이다 (시 23:4)

聲(소리 성) 可(옳을 가) 聽(들을 청) 所(바 소) 願(원할 원) 遂(이를 수) 牧(칠 목) 常(항상 상)

■ 평강지복【平康之福】: 평강의 복을 주심.

여호와께서 자기 백성에게 힘을 주심이여 여호와께서 자기 백성에게 평강의 복을 주시리로다 (시 29:11)

■ 노순은구【怒瞬恩久】: 노염은 잠깐이며 은총은 평생임.

그의 노염은 잠깐이요 그의 은총은 평생이로다 저녁에는 울음이 깃들일지라도 아침에는 기쁨이 오리로다 (시 30:5)

■ 인죄즉사【認罪卽赦】: 죄를 자백하면 주께서 죄악을 사하심.

내가 이르기를 내 허물을 여호와께 자복하리라 하고 주께 내 죄를 아뢰고 내 죄악을 숨기지 아니하였더니 곧 주께서 내 죄악을 사하셨나이다 (셀라) (시 32:5)

■ 사금송슬【謝琴頌瑟】: 수금으로 감사하고 비파로 찬송함.

수금으로 여호와께 감사하고 열 줄 비파로 찬송할지어다 (시 33:2)

■ 심상주근【心傷主近】: 여호와는 마음이 상한 자를 가까이 하심.

여호와는 마음이 상한 자를 가까이 하시고 충심으로 통회하는 자를 구원하시는도다 (시 34:18)

平(평평할 평) 康(편안할 강) 福(복 복) 怒(성낼 노) 瞬(눈 깜작일 순) 恩(은혜 은) 久(오랠 구) 認(알 인) 罪(허물 죄) 赦(용서할 사) 傷(상처 상) 近(가까울 근)

■ 중도귀기 【仲禱歸己】: 중보기도가 내게 돌아옴.

나는 그들이 병 들었을 때에 굵은 베옷을 입으며 금식하여 내 영혼을 괴롭게 하였더니 내 기도가 내 품으로 돌아왔도다 (시 35:13)

【註解】 중보기도의 그 대상이 합당하지 않을 때에는 그 본래의 기도자에게 되돌아감(마 10:13, 롬 12:20~21). (주해 5)

■ 위열시주 【爲悅是主】: 여호와를 기뻐하라.

또 여호와를 기뻐하라 그가 네 마음의 소원을 네게 이루어 주시리로다 (시 37:4)

■ 주법재심 【主法在心】: 마음에 하나님의 법이 있음.

그의 마음에는 하나님의 법이 있으니 그의 걸음은 실족함이 없으리로다 (시 37:31)

■ 소망재주 【所望在主】: 나의 소망은 주께 있음.

주여 이제 내가 무엇을 바라리요 나의 소망은 주께 있나이다 (시 39:7)

■ 녹갈모주 【鹿渴慕主】: 사슴이 시냇물을 갈급해함.

하나님이여 사슴이 시냇물을 찾기에 갈급함같이 내 영혼이 주를 찾기에 갈급하니이다 (시 42:1)

【註解】 주를 찾는 영혼의 목마름을 신선한 물을 찾는 사슴에 비유한 표현이다. 사슴은 열이 높고 다혈질의 체질을 가졌기 때문에 건조한 팔레스틴 지방에서는 특히 갈증을 느낄 수밖에 없다. 사슴은 풀을 1주일 정도 먹지 않아도 견딜 수 있지만 물은 하루만 먹지 않아도 심한 갈증을 느낀다. (주해 3)

仲(버금 중) 禱(빌 도) 歸(돌아갈 귀) 悅(기쁠 열) 是(옳을 시) 法(법 법) 在(있을 재) 謝(사례할 사) 琴(거문고 금) 頌(기릴 송) 瑟(큰 거문고 슬) 望(바랄 망) 鹿(사슴 록) 渴(목마를 갈) 慕(그리워할 모)

■ 감사헌제【感謝獻祭】: 감사로 제사를 드림.

감사로 하나님께 제사를 드리며 지존하신 이에게 네 서원을 갚으며 (시 50:14)

【註解】 하나님께 드리는 제사는 제물보다는 제물을 드리는 마음을 요구하신다. 즉, 예배가 하나님께 상달되기 위해서는 마음 중심으로부터 흘러나오는 감사와 찬양이 요구된다. 이런 예배에 하나님께서는 그의 은혜와 임재를 베푸시며 열납하신다. (주해 2)

■ 호주환일【呼主患日】: 환난 날에 나를 부르라.

환난 날에 나를 부르라 내가 너를 건지리니 네가 나를 영화롭게 하리로다 (시 50:15)

■ 욕제상심【欲祭傷心】: 하나님이 바라시는 제사는 상한 심령.

하나님께서 구하시는 제사는 상한 심령이라 하나님이여 상하고 통회하는 마음을 주께서 멸시하지 아니하시리이다 (시 51:17)

【註解】 누구든지 마음이 상한 자는 주님께서 베푸시는 은혜를 흡수할 수 있는 마음의 여백을 가지고 있다. "애통하는 자는 복이 있나니", 이것은 복음의 기본 전제이다. 하나님은 외형적인 제사보다는 심령의 변화를 요구하신다. 즉, 통회하고 자복하는 마음과 회개하는 심정으로 드리는 제사이다. (주해 2)

■ 구복심저【口福心詛】: 입으로는 축복하고 속으로는 저주함.

그들이 그를 그의 높은 자리에서 떨어뜨리기만 꾀하고 거짓을 즐겨 하니 입으로는 축복이요 속으로는 저주로다 (셀라) (시 62:4)

感(느낄 감) 獻(바칠 헌) 呼(부를 호) 傷(상처 상)

■ 의주토심【倚主吐心】: 하나님을 의지하고 모든 문제를 털어놓음.

백성들아 시시로 그를 의지하고 그의 앞에 마음을 토하라 하나님은 우리의 피난처시로다 (셀라) (시 62:8)

■ 수만주하【水滿主河】: 하나님의 강에 물이 가득함.

땅을 돌보사 물을 대어 심히 윤택하게 하시며 하나님의 강에 물이 가득하게 하시고 이같이 땅을 예비하신 후에 그들에게 곡식을 주시나이다 (시 65:9)

■ 회죄불청【懷罪不聽】: 마음에 죄악을 품으면 듣지 않으심.

내가 나의 마음에 죄악을 품었더라면 주께서 듣지 아니하시리라 (시 66:18)

■ 위빈비은【爲貧備恩】: 가난한 자를 위해 은택을 준비하심.

주의 회중을 그 가운데에 살게 하셨나이다 하나님이여 주께서 가난한 자를 위하여 주의 은택을 준비하셨나이다 (시 68:10)

■ 주부아하【主負我荷】: 우리의 짐을 지시는 하나님.

날마다 우리 짐을 지시는 주 곧 우리의 구원이신 하나님을 찬송할지로다 (셀라) (시 68:19)

■ 교위항련【驕爲項鏈】: 교만이 그들의 목걸이가 됨.

그러므로 교만이 그들의 목걸이요 강포가 그들의 옷이며 (시 73:6)

倚(의지할 의) 吐(토할 토) 滿(찰 만) 河(강 이름 하) 懷(품을 회) 貧(가난할 빈)
備(갖출 비) 荷(연 하) 驕(교만할 교) 項(목 항) 鏈(쇠사슬 련)

■ 근주위복【近主爲福】: 하나님께 가까이 하면 복이 됨.

하나님께 가까이 함이 내게 복이라 내가 주 여호와를 나의 피난처로 삼아 주의 모든 행적을 전파하리이다 (시 73:28)

■ 장구주충【張口主充】: 입을 크게 열라 내가 채우리라.

나는 너를 애굽 땅에서 인도하여 낸 여호와 네 하나님이니 네 입을 크게 열라 내가 채우리라 하였으나 (시 81:10)

■ 주선락사【主善樂赦】: 주는 선하사 사죄하기를 즐거워함.

주는 선하사 사죄하기를 즐거워하시며 주께 부르짖는 자에게 인자함이 후하심이니이다 (시 86:5)

■ 수모강질【壽耄康耋】: 연수가 70이요, 건강하면 80이라.

우리의 연수가 칠십이요 강건하면 팔십이라도 그 연수의 자랑은 수고와 슬픔뿐이요 신속히 가니 우리가 날아가나이다 (시 90:10)

■ 주위지성【主爲至聖】: 하나님은 거룩하심.

너희는 여호와 우리 하나님을 높이고 그 성산에서 예배할지어다 여호와 우리 하나님은 거룩하심이로다 (시 99:9)

近(가까울 근) 張(베풀 장) 充(찰 충) 樂(즐길 락) 壽(목숨 수) 耄(늙은이 모, 일흔 살)
康(편안할 강) 耋(늙은이 질, 여든 살) 聖(성스러울 성)

■ 희이사주【喜以事主】: 기쁨으로 여호와를 섬김.

기쁨으로 여호와를 섬기며 노래하면서 그의 앞에 나아갈지어다 (시 100:2)

■ 이미족원【以美足願】: 좋은 것으로 소원을 만족게 하심.

좋은 것으로 네 소원을 만족하게 하사 네 청춘을 독수리같이 새롭게 하시는도다 (시 103:5)

■ 주선자영【主善慈永】: 여호와는 선하시며 인자하심이 영원함.

여호와께 감사하라 그는 선하시며 그 인자하심이 영원함이로다 (시 107:1)

■ 호저임기【好詛臨己】: 저주하기를 좋아하면 그것이 자신에게 옴.

그가 저주하기를 좋아하더니 그것이 자기에게 임하고 축복하기를 기뻐하지 아니하더니 복이 그를 멀리 떠났으며 (시 109:17)

■ 기석수석【棄石首石】: 버린 돌이 머릿돌이 됨.

건축자가 버린 돌이 집 모퉁이의 머릿돌이 되었나니 (시 118:22)

■ 주언자미【主言滋味】: 주의 말씀은 맛이 있음.

주의 말씀의 맛이 내게 어찌 그리 단지요 내 입에 꿀보다 더 다니이다 (시 119:103)

喜(기쁠 희) 願(원할 원) 慈(사랑할 자) 臨(임할 임) 棄(버릴 기) 滋(불을 자) 味(맛 미)

■ 족등로광【足燈路光】: 주의 말씀은 발의 등불이며, 길의 빛임.

주의 말씀은 내 발에 등이요 내 길에 빛이니이다 (시 119:105)

■ 일칠찬주【日七讚主】: 하루에 일곱 번씩 찬양함.

주의 의로운 규례들로 말미암아 내가 하루 일곱 번씩 주를 찬양하나이다 (시 119:164)

【註解】 항상 주를 찬양하는 태도, 즉, 온전하게 찬양함을 뜻한다. 시편 12:6에는 "여호와의 말씀은 순결함이며 흙 도가니에 일곱 번 단련한 은 같도다"라고 말씀하셨다. (주해 5)

■ 누파희확【淚播喜穫】: 눈물로써 씨를 뿌리고 기쁨으로 거둠.

눈물을 흘리며 씨를 뿌리는 자는 기쁨으로 거두리로다 (시 126:5)

■ 비우도로【非祐徒勞】: 여호와께서 도우지 아니하시면 그 모든 것이 헛됨.

여호와께서 집을 세우지 아니하시면 세우는 자의 수고가 헛되며 여호와께서 성을 지키지 아니하시면 파수꾼의 깨어 있음이 헛되도다 (시 127:1)

■ 주불수성【主不守城】: 여화와께서 성을 지키지 아니하면 파수꾼의 깨어 있음이 허사.

여호와께서 집을 세우지 아니하시면 세우는 자의 수고가 헛되며 여호와께서 성을 지키지 아니하시면 파수꾼의 깨어 있음이 헛되도다 (시 127:1)

燈(등잔 등) 讚(기릴 찬) 淚(눈물 루) 播(뿌릴 파) 喜(기쁠 희) 穫(벼 벨 확) 徒(무리 도) 勞(일할 로) 守(지킬 수)

■ 소애안면【所愛安眠】: 사랑하는 자에게 잠을 주심.

너희가 일찍이 일어나고 늦게 누우며 수고의 떡을 먹음이 헛되도다 그러므로 여호와께서 그의 사랑하시는 자에게는 잠을 주시는도다 (시 127:2)

■ 자녀주업【子女主業】: 자식들은 여호와의 기업.

보라 자식들은 여호와의 기업이요 태의 열매는 그의 상급이로다 (시 127:3)

■ 노식복형【勞食福亨】: 수고한 대로 먹고 복되고 형통함.

네가 네 손이 수고한 대로 먹을 것이라 네가 복되고 형통하리로다 (시 128:2)

■ 목우선미【睦友善美】: 형제간의 화목이 제일 아름다움.

보라 형제가 연합하여 동거함이 어찌 그리 선하고 아름다운고 (시 133:1)

■ 무소부지【無所不知】: 주는 알지 못하는 것이 하나도 없음.

주께서 내가 앉고 일어섬을 아시고 멀리서도 나의 생각을 밝히 아시오며 / 나의 모든 길과 내가 눕는 것을 살펴보셨으므로 나의 모든 행위를 익히 아시오니 / 여호와여 내 혀의 말을 알지 못하시는 것이 하나도 없으시니이다 (시 139:2~4)

■ 무소부재【無所不在】: 주는 어디든지 계시지 않는 곳이 없음.

내가 주의 영을 떠나 어디로 가며 주의 앞에서 어디로 피하리이까 / 내가 하늘에 올라갈지라도 거기 계시며 스올에 내 자리를 펼지라도 거기 계시니이다 (시 139:7~8)

眠(잠잘 면) 子(아들 자) 女(여자 녀) 業(업 업) 食(밥 식) 亨(형통할 형) 睦(화목할 목) 旣(이미 기) 定(정할 정) 所(바 소) 在(있을 재)

■ 미생기정 【未生旣定】: 태어나기 전에 이미 정해짐.

내 형질이 이루어지기 전에 주의 눈이 보셨으며 나를 위하여 정한 날이 하루도 되기 전에 주의 책에 다 기록이 되었나이다 (시 139:16)

【註解】 우리의 탄생은 스스로의 소원으로 인한 것도 우연의 산물도 아닌 하나님의 작정 가운데서 이루어졌다. 뿐만 아니라 성도의 구속 또한 영원하신 섭리 가운데 나타난 것이다(롬 8:29). (주해 2)

■ 주전무의 【主前無義】: 주 앞에는 의로운 인생이 하나도 없음.

주의 종에게 심판을 행하지 마소서 주의 눈 앞에는 의로운 인생이 하나도 없나이다 (시 143:2)

■ 아주지복 【我主之僕】: 나는 주의 종임.

주의 인자하심으로 나의 원수들을 끊으시고 내 영혼을 괴롭게 하는 자를 다 멸하소서 나는 주의 종이니이다 (시 143:12)

■ 성구주근 【誠求主近】: 진실로 간구하는 자에게 가까이 하심.

여호와께서는 자기에게 간구하는 모든 자 곧 진실하게 간구하는 모든 자에게 가까이 하시는도다 (시 145:18)

前(앞 전) 義(옳을 의) 我(나 아) 主(주인 주) 之(갈 지) 僕(종 복) 誠(정성 성) 求(구할 구) 近(가까울 근)

외주지본(畏主智本)

잠언

■ 외주지본 【畏主智本】 : 여호와를 경외하는 것이 지식의 근본임.

여호와를 경외하는 것이 지식의 근본이거늘 미련한 자는 지혜와 훈계를 멸시하느니라 (잠 1:7)

【註解】 지혜는 단순한 인간적 처세술이 아니다. 반드시 절대자 여호와께 귀결되는 신본주의적 생활 원리이다. 즉, 여기서 말하는 지혜는 여호와 하나님을 창조주이며 역사의 섭리자로 인정하고 그 뜻을 성실히 순복하는 자세를 말하는 것이다. 히브리어의 '호크마'로 표현되는 지혜는, 아는 것을 바르게 실천하는 능력으로써 하나님의 말씀을 따를 뿐만 아니라, 그 말씀을 생활에 적용시켜 나가는 것이다. 즉, 지혜로운 사람은 자신의 삶을 하나님의 방식에 맞춰서 살아갈 수 있는 기술을 갖춘 사람이다. 하나님은 지혜의 원천이시기 때문에, 하나님을 경외하는 삶이란 경건한 마음으로 하나님께 존경을 표하는 삶이야말로 진정한 지혜의 삶인 것이다. (주해 1)

畏(두려워할 외) 本(밑 본)

■ 부훈모법【父訓母法】: 아비의 훈계와 어미의 법.

내 아들아 네 아비의 훈계를 들으며 네 어미의 법을 떠나지 말라 (잠 1:8)

【註解】가정은 신앙 교육의 장으로 하나님의 창조 질서를 유지 발전시키는 일차적인 기관이며 교회의 원형(Prototype)이라고 할 수 있다. 따라서 자녀를 하나님의 진리로 양육하는 근본적인 책임을 가정에 있다. 따라서 자녀는 하나님께서 주신 은총의 선물로 자신의 혈통적인 자녀이기 이전에 하나님의 자녀라는 점이다. (주해 2)

■ 탐리상명【貪利喪命】: 이익을 탐하면 생명을 잃게 됨.

이익을 탐하는 모든 자의 길은 다 이러하여 자기의 생명을 잃게 하느니라 (잠 1:19)

■ 식자행과【食自行果】: 자기 행위의 열매를 먹음.

그러므로 자기 행위의 열매를 먹으며 자기 꾀에 배부르리라 (잠 1:31)

■ 무시기철【毋恃己哲】: 여호와를 신뢰하고 명철을 의지하지 아니함.

너는 마음을 다하여 여호와를 신뢰하고 네 명철을 의지하지 말라 (잠 3:5)

■ 범사인주【凡事認主】: 범사에 그를 인정함.

너는 범사에 그를 인정하라 그리하면 네 길을 지도하시리라 (잠 3:6)

畏(두려워할 외) 本(밑 본) 訓(가르칠 훈) 貪(탐할 탐) 利(날카로울 리) 喪(죽을 상) 命(목숨 명) 食(밥 식) 果(실과 과) 毋(말 무) 恃(믿을 시) 哲(밝을 철) 凡(무릇 범) 認(알 인)

■ 책기소애【責其所愛】: 사랑하는 자를 징계함.

대저 여호와께서 그 사랑하시는 자를 징계하시기를 마치 아비가 그 기뻐하는 아들을 징계함같이 하시느니라 (잠 3:12)

■ 시은겸자【施恩謙者】: 겸손한 자에게 은혜를 베푸심.

진실로 그는 거만한 자를 비웃으시며 겸손한 자에게 은혜를 베푸시나니 (잠 3:34)

■ 지수무구【智首務求】: 지혜가 제일이니 지혜를 얻으라.

지혜가 제일이니 지혜를 얻으라 네가 얻은 모든 것을 가지고 명철을 얻을지니라 (잠 4:7)

【註解】 지혜의 근본은 여호와를 경외하는 것이다(잠 1:7). 여호와를 경외한다는 것은 여호와의 법도를 깨달아 알고, 두렵고 경건한 자세로 그 법도를 좇아 행함으로써 여호와의 영광을 위하여 살아가는 것을 말한다. 지혜는 이 같은 목표에 이를 수 있도록 우리를 올바로 인도해 주기 때문에, 인생의 가장 우선 순위를 차지하는 가치이다. (주해 6)

■ 우보수심【尤保守心】: 무엇보다도 마음을 지키라.

모든 지킬 만한 것 중에 더욱 네 마음을 지키라 생명의 근원이 이에서 남이니라 (잠 4:23)

■ 관의득지【觀蟻得智】: 개미에게 지혜를 배움.

게으른 자여 개미에게 가서 그가 하는 것을 보고 지혜를 얻으라 (잠 6:6)

施(베풀 시) 謙(겸손할 겸) 智(슬기 지) 務(일 무) 尤(더욱 우) 保(지킬 보) 守(지킬 수) 觀(볼 관) 蟻(개미 의)

【註解】 개미는 동서고금을 통해 부지런한 곤충으로 알려져 있다. 감시자 없이 자발적으로 열심히 일하며, 어려울 때를 대비하는 개미의 모습은, 비록 미물이지만 만물의 영장인 사람으로써 배워야 할 점이 많다. 원래 노동은 하나님의 명령이자 축복으로서(창 1:8). 사람은 일을 통해 자아를 실현하며 삶의 기쁨을 발견하게 된다. (주해 2)

■ 부귀재주【富貴在主】: 부귀가 하나님께 있음.

부귀가 내게 있고 장구한 재물과 공의도 그러하니라 (잠 8:18)

■ 도병유미【盜餠有味】: 몰래 먹는 떡이 맛이 있음.

도둑질한 물이 달고 몰래 먹는 떡이 맛이 있다 하는도다 (잠 9:17)

■ 태빈근부【怠貧勤富】: 게으르면 가난해지고 부지런하면 부하게 됨.

손을 게으르게 놀리는 자는 가난하게 되고 손이 부지런한 자는 부하게 되느니라 (잠 10:4)

■ 증쟁애엄【憎爭愛掩】: 미움은 다툼을 일으키고, 사랑은 허물을 가림.

미움은 다툼을 일으켜도 사랑은 모든 허물을 가리느니라 (잠 10:12)

■ 제순유지【制脣有智】: 입술을 제어하는 자는 지혜가 있음.

말이 많으면 허물을 면하기 어려우나 그 입술을 제어하는 자는 지혜가 있느니라 (잠 10:19)

餠(떡 병) 味(맛 미) 怠(게으름 태) 勤(부지런할 근) 憎(미워할 증) 掩(가릴 엄) 脣(입술 순)

■ 교래수욕【驕來受辱】: 교만이 오면 욕도 오게 됨.

교만이 오면 욕도 오거니와 겸손한 자에게는 지혜가 있느니라 (잠 11:2)

■ 호제득풍【好濟得豊】: 구제를 좋아하는 자는 풍족하여짐.

구제를 좋아하는 자는 풍족하여질 것이요 남을 윤택하게 하는 자는 자기도 윤택하여지리라 (잠 11:25)

■ 현부부면【賢婦夫冕】: 어진 여인은 지아비의 면류관임.

어진 여인은 그 지아비의 면류관이나 욕을 끼치는 여인은 그 지아비의 뼈가 썩음 같게 하느니라 (잠 12:4)

■ 지장우현【智藏愚顯】: 슬기로운 자는 지식을 감추고 미련한 자는 드러냄.

슬기로운 자는 지식을 감추어도 미련한 자의 마음은 미련한 것을 전파하느니라 (잠 12:23)

■ 수구보명【守口保命】: 입을 지키는 자는 생명을 보전함.

입을 지키는 자는 자기의 생명을 보전하나 입술을 크게 벌리는 자에게는 멸망이 오느니라 (잠 13:3)

■ 반우수해【伴愚受害】: 미련한 자와 사귀면 해를 입음.

지혜로운 자와 동행하면 지혜를 얻고 미련한 자와 사귀면 해를 받느니라 (잠 13:20)

驕(교만할 교) 濟(건널 제) 豊(풍성할 풍) 賢(어질 현) 冕(면류관 면) 藏(감출 장) 愚(어리석을 우) 顯(나타날 현) 伴(짝 반) 害(해칠 해)

■ 무우정조 【無牛淨槽】 : 소가 없으면 구유는 깨끗함.

소가 없으면 구유는 깨끗하려니와 소의 힘으로는 얻는 것이 많으니라 (잠 14:4)

■ 이노행우 【易怒行愚】 : 노하기를 속히 하면 어리석은 일을 행함.

노하기를 속히 하는 자는 어리석은 일을 행하고 악한 계교를 꾀하는 자는 미움을 받느니라 (잠 14:17)

■ 다언치빈 【多言致貧】 : 말이 많으면 가난해짐.

모든 수고에는 이익이 있어도 입술의 말은 궁핍을 이룰 뿐이니라 (잠 14:23)

■ 적시언미 【適時言美】 : 때에 맞는 말은 아름다움이 됨.

사람은 그 입의 대답으로 말미암아 기쁨을 얻나니 때에 맞는 말이 얼마나 아름다운고 (잠 15:23)

■ 겸지휘존 【謙之撝尊】 : 겸손은 존귀의 길잡이.

여호와를 경외하는 것은 지혜의 훈계라 겸손은 존귀의 길잡이니라 (잠 15:33)

■ 성사재주 【成事在主】 : 말의 응답은 여호와께로부터 나옴.

마음의 경영은 사람에게 있어도 말의 응답은 여호와께로부터 나오느니라 (잠 16:1)

淨(깨끗할 정) 槽(구유 조) 易(바꿀 역) 適(갈 적) 謙(겸손할 겸) 撝(찢을 휘) 尊(높을 존)

■ 개조용적【皆造用適】: 모든 것을 쓰임에 적당하게 지으심.

여호와께서 온갖 것을 그 쓰임에 적당하게 지으셨나니 악인도 악한 날에 적당하게 하셨느니라 (잠 16:4)

【註解】 이는 우주 안에 있는 모든 만물들이 하나님의 계획과 섭리를 따라 각자의 목적에 알맞게 지음 받았음을 의미한다. (주해 1)

■ 교지패선【驕之敗先】: 교만은 패망의 선봉.

교만은 패망의 선봉이요 거만한 마음은 넘어짐의 앞잡이니라 (잠 16:18)

■ 치심취성【治心取城】: 마음을 다스리는 자는 성을 빼앗는 자보다 나음.

노하기를 더디하는 자는 용사보다 낫고 자기의 마음을 다스리는 자는 성을 빼앗는 자보다 나으니라 (잠 16:32)

■ 연금단심【鍊金鍛心】: 풀무는 금을, 여호와는 마음을 연단함.

도가니는 은을, 풀무는 금을 연단하거니와 여호와는 마음을 연단하시느니라 (잠 17:3)

【註解】 뜨거운 열이 금과 은을 제련하여 불순물을 제거해 내듯, 힘든 고난과 역경의 시련을 통해 하나님은 우리의 인격과 신앙을 보다 성숙하게 다듬어 나가신다. 연단을 받을 때 우리는 우리 자신의 약함을 깨닫는 반면, 하나님의 무한한 능력을 깨닫고, 하나님을 더욱 의지하는 법을 배우게 된다. (주해 6)

皆(다 개) 適(갈 적) 治(다스릴 치) 城(성 성) 驕(교만할 교) 敗(깨뜨릴 패) 鍊(불릴 련) 金(쇠 금) 鍛(쇠 불릴 단)

■ 조핍멸주 【嘲乏蔑主】: 가난한 자를 조롱하는 자는 조물주를 멸시하는 자임.

가난한 자를 조롱하는 자는 그를 지으신 주를 멸시하는 자요 사람의 재앙을 기뻐하는 자는 형벌을 면하지 못할 자니라 (잠 17:5)

■ 심락양약 【心樂良藥】: 마음의 즐거움은 양약이 됨.

마음의 즐거움은 양약이라도 심령의 근심은 뼈를 마르게 하느니라 (잠 17:22)

■ 미청선응 【未聽先應】: 사연을 듣기 전에 답하는 자는 욕을 당함.

사연을 듣기 전에 대답하는 자는 미련하여 욕을 당하느니라 (잠 18:13)

■ 생사재설 【生死在舌】: 생사가 혀의 권세에 달렸음.

죽고 사는 것이 혀의 힘에 달렸나니 혀를 쓰기 좋아하는 자는 혀의 열매를 먹으리라 (잠 18:21)

■ 서과기영 【恕過己榮】: 허물을 용서하는 것이 자기의 영광이 됨.

노하기를 더디 하는 것이 사람의 슬기요 허물을 용서하는 것이 자기의 영광이니라 (잠 19:11)

嘲(비웃을 조) 乏(가난할 핍) 蔑(업신여길 멸) 良(좋을 량) 聽(들을 청) 應(응할 응)

■ 연빈대주 【憐貧貸主】 : 가난한 자를 불쌍히 여기는 것은 여호와께 꾸이는 것임.

가난한 자를 불쌍히 여기는 것은 여호와께 꾸어 드리는 것이니 그의 선행을 그에게 갚아 주시리라 (잠 19:17)

【註解】 가난한 사람에게 자비를 베푸는 자에게는 하나님께서 반드시 갚아 주신다. 여기서 "불쌍히 여기는"이란 말은 단순한 동정심이 아니라 사랑을 베풀고 실제적으로 도움을 주는 구제의 행위를 가리킨다.

성경은 가난하고 연약한 자에 대한 이러한 구제 행위를 사람이 힘써 해야 할 의무로 규정하고 있다(신 15:7~11). 따라서 구제는 하나님을 경외하는 자가 당연히 실천해야 할 규범이다. (주해 1)

■ 탐수치빈 【貪睡致貧】 : 잠자기를 좋아하면 가난해짐.

너는 잠자기를 좋아하지 말라 네가 빈궁하게 될까 두려우니라 네 눈을 뜨라 그리하면 양식이 족하리라 (잠 20:13)

■ 불공권형 【不公權衡】 : 한결같지 않은 추.

한결같지 않은 저울 추는 여호와께서 미워하시는 것이요 속이는 저울은 좋지 못한 것이니라 (잠 20:23)

■ 행의어제 【行義於祭】 : 공의를 행하는 것은 제사보다 여호와께서 기쁘게 여김.

공의와 정의를 행하는 것은 제사 드리는 것보다 여호와께서 기쁘게 여기시느니라 (잠 21:3)

憐(불쌍히 여길 련) 貸(빌릴 대) 恕(용서할 서) 過(지날 과) 榮(영화 영) 睡(잘 수) 致(보낼 치) 權(저울추 권) 衡(저울대 형)

■ 근풍조궁【勤豊躁窮】: 부지런하면 풍부에 이르고, 조급하면 궁핍이 따름.

부지런한 자의 경영은 풍부함에 이를 것이나 조급한 자는 궁핍함에 이를 따름이니라 (잠 21:5)

■ 축거식쟁【逐倨息爭】: 거만한 자를 쫓아내면 다툼이 쉼.

거만한 자를 쫓아내면 다툼이 쉬고 싸움과 수욕이 그치느니라 (잠 22:10)

■ 불희구도【不喜仇倒】: 원수가 넘어질 때 즐거워하지 않음.

네 원수가 넘어질 때에 즐거워하지 말며 그가 엎드러질 때에 마음에 기뻐하지 말라 (잠 24:17)

■ 하설색우【夏雪穡雨】: 여름의 눈과 추수 때 비 오는 것.

미련한 자에게는 영예가 적당하지 아니하니 마치 여름에 눈 오는 것과 추수 때에 비 오는 것 같으니라 (잠 26:1)

■ 견부식토【犬復食吐】: 개는 토한 것을 다시 먹음.

개가 그 토한 것을 도로 먹는 것같이 미련한 자는 그 미련한 것을 거듭 행하느니라 (잠 26:11)

躁(성급할 조) 窮(다할 궁) 逐(쫓을 축) 倨(거만할 거) 息(숨 쉴 식) 仇(원수 구)
倒(넘어질 도) 雪(눈 설) 穡(거둘 색) 犬(개 견)

■ 신진화멸【薪盡火滅】: 나무가 다하면 불이 꺼짐.

나무가 다하면 불이 꺼지고 말쟁이가 없어지면 다툼이 쉬느니라 (잠 26:20)

■ 이철예철【以鐵銳鐵】: 철이 철을 날카롭게 함.

철이 철을 날카롭게 하는 것같이 사람이 그의 친구의 얼굴을 빛나게 하느니라 (잠 27:17)

【註解】 철이 철을 날카롭게 하듯이 사람은 주구나 사회생활에서 맺는 인간관계를 통해 자신의 인격과 능력을 성장시키는 데 많은 도움을 받게 된다.

《시경(詩經)》의 빈풍편(豳風篇)에 보면 집가벌가(執柯伐柯)라는 말이 나온다. 즉, 나무를 찍어 도끼자루를 만들 때 만들 도끼 자루의 표본은 바로 지금 손에 들고 있는 도끼의 자루라는 뜻이다. (주해 1)

■ 연금칭인【鍊金稱人】: 풀무로 금을, 칭찬으로 사람을 단련함.

도가니로 은을, 풀무로 금을, 칭찬으로 사람을 단련하느니라 (잠 27:21)

■ 탐심기쟁【貪心起爭) : 탐심은 다툼을 일으킴.

욕심이 많은 자는 다툼을 일으키나 여호와를 의지하는 자는 풍족하게 되느니라 (잠 28:25)

■ 시자심우【恃自心愚】: 자신을 믿는 자는 미련한 자임.

자기의 마음을 믿는 자는 미련한 자요 지혜롭게 행하는 자는 구원을 얻을 자니라 (잠 28:26)

薪(섶나무 신) 盡(다될 진) 滅(멸망할 멸) 鐵(쇠 철) 銳(날카로울 예) 鍊(불릴 련) 稱(일컬을 칭) 起(일어날 기) 恃(믿을 시)

■ 교비겸영【驕卑謙榮】: 교만하면 낮아지고, 겸손하면 영예를 얻음.

사람이 교만하면 낮아지게 되겠고 마음이 겸손하면 영예를 얻으리라 (잠 29:23)

■ 정사유주【定事由主】: 사람의 일의 작정은 여호와로 말미암음.

주권자에게 은혜를 구하는 자가 많으나 사람의 일의 작정은 여호와께로 말미암느니라 (잠 29:26)

■ 물빈물부【勿貧勿富】: 가난하게도, 부하게도 마옵소서.

곧 헛된 것과 거짓말을 내게서 멀리 하옵시며 나를 가난하게도 마옵시고 부하게도 마옵시고 오직 필요한 양식으로 나를 먹이시옵소서 (잠 30:8)

驕(교만할 교) 卑(낮을 비) 謙(겸손할 겸) 榮(영화 영) 定(정할 정) 事(일 사) 勿(말 물) 貧(가난할 빈) 富(가멸 부)

만사유시(萬事有時)

전도서, 아가서

■ 공허우허【空虛又虛】: 헛되고 헛됨.

전도자가 이르되 헛되고 헛되며 헛되고 헛되니 모든 것이 헛되도다 (전 1:2)

【註解】 전도자의 고백은 인생 자체가 무의미하고 허무한 것이 아니라 다만 하나님을 떠난 인생의 결국이 허무한 것뿐이기 때문이다. 그러므로 전도자는 지금껏 자기가 살아온 길이 하나님 중심주의가 아니라 자기 중심주의와 세속주의로 삶으로써, 최후가 얼마나 허무한 것이었는지를 철저하게 깨닫고 그에 대하여 고백함으로써 자신의 전철을 밟는 자가 생기지 않도록 권고하는 내용이다. (주해 2)

萬(일만 만) 事(일 사) 時(때 시) 空(빌 공) 虛(빌 허) 又(또 우)

■ 해불만일【海不滿溢】: 강물은 바다를 채우지 못함.

모든 강물은 다 바다로 흐르되 바다를 채우지 못하며 강물은 어느 곳으로 흐르든지 그리로 연하여 흐르느리라 (전 1:7)

■ 일하무신【日下無新】: 해 아래 새 것이 없음.

이미 있던 것이 후에 다시 있겠고 이미 한 일을 후에 다시 할지라 해 아래에는 새 것이 없나니 (전 1:9)

【註解】 여기서 새 것이 없다 함도 인간 문명의 현상이 아니라 본질에 전혀 새로운 것이 끼어들 소지가 없다는 것이다(사 65:17). 그러나 이처럼 절대적 불가능을 깨뜨리는 방법이 있으니 그것은 우리가 그리스도와 연합하여 새로운 피조물이 되는 것이다(고후 5:17). (주해 2)

■ 만사유시【萬事有時】: 만사가 때가 있음.

범사에 기한이 있고 천하 만사가 다 때가 있나니 (전 3:1)

■ 모영지심【慕永之心】: 영원을 사모하는 마음.

하나님이 모든 것을 지으시되 때를 따라 아름답게 하셨고 또 사람들에게는 영원을 사모하는 마음을 주셨느니라 그러나 하나님이 하시는 일의 시종을 사람으로 측량할 수 없게 하셨도다 (전 3:11)

■ 이로향복【以勞享福】: 수고하므로 낙을 누림.

사람마다 먹고 마시는 것과 수고함으로 낙을 누리는 그것이 하나님의 선물인 줄도 또한 알았도다 (전 3:13)

海(바다 해) 滿(찰 만) 溢(넘칠 일) 新(새 신) 慕(그리워할 모) 永(길 영) 享(누릴 향)

■ 영승혼강【靈昇魂降】: 인생의 혼은 위로 올라가고 짐승의 혼은 땅으로 내려감.

인생들의 혼은 위로 올라가고 짐승의 혼은 아래 곧 땅으로 내려가는 줄을 누가 알랴 (전 3:21)

【註解】 죽음 이후의 인간과 동물은 하늘과 땅 만큼이나 차이가 있다. 혼은 생명의 근원(창 2:7)이다. 모든 생명은 인간이든 동물이든 다 하나님께로부터 왔다. 그런데 인간은 동물과 달리 영혼을 지녔으며 육체적 죽음 이후에도 이는 소멸하지 않고 영원히 존재하게 된다. 바로 이러한 특성으로 인해 인간은 만물의 영장이 될 수 있었던 것이다. (주해 2)

■ 왕상유연【往喪愈宴】: 초상집에 가는 것이 잔칫집에 가는 것보다 나음.

초상집에 가는 것이 잔칫집에 가는 것보다 나으니 모든 사람의 끝이 이와같이 됨이라 산 자는 이것을 그의 마음에 둘지어다 (전 7:2)

【註解】 《탈무드》를 보면 유대인들은 상가 집에 문상하러 갈 때에는 꼭 아들을 데리고 가서 인생을 배우게 한다는 것이다.

■ 지혜비신【智慧庇身】: 지혜가 지혜 있는 자를 살림.

지혜의 그늘 아래에 있음은 돈의 그늘 아래에 있음과 같으나, 지혜에 관한 지식이 더 유익함은 지혜가 그 지혜 있는 자를 살리기 때문이니라 (전 7:12)

■ 병행형곤【倂行亨困】: 형통함과 곤고함을 병행케 하심.

형통한 날에는 기뻐하고 곤고한 날에는 되돌아보아라 이 두 가지를 하나님이 병행하게 하사 사람이 그의 장래 일을 능히 헤아려 알지 못하게 하셨느니라 (전 7:14)

昇(오를 승) 魂(넋 혼) 降(내릴 강) 愈(나을 유) 宴(잔치 연) 慧(슬기로울 혜) 庇(덮을 비) 倂(아우를 병) 亨(형통할 형) 困(괴로울 곤)

■ 조인정직 【造人正直】: 하나님은 사람을 정직하게 지으심.

내가 깨달은 것은 오직 이것이라 곧 하나님은 사람을 정직하게 지으셨으나 사람이 많은 꾀들을 낸 것이니라 (전 7:29)

■ 경륜막측 【經綸莫測】: 하나님의 행사는 사람이 알 수 없음.

또 내가 하나님의 모든 행사를 살펴보니 해 아래에서 행해지는 일을 사람이 능히 알아낼 수 없도다 사람이 아무리 애써 알아보려고 할지라도 능히 알지 못하나니 비록 지혜자가 아노라 할지라도 능히 알아내지 못하리로다 (전 8:17)

■ 사승악향 【死蠅惡香】: 죽은 파리가 향 기름을 악취 나게 만듦.

죽은 파리들이 향기름을 악취가 나게 만드는 것같이 적은 우매가 지혜와 존귀를 난처하게 만드느니라 (전 10:1)

【註解】 이는 작은 악이라도 많은 선을 능히 파괴시킬 수 있다는 진리를 은유적으로 표현한 말이다. 특히 이 구절 신약 시대의 성도들에게 대한 사도의 경고와도 연결된다(고전 5:6). (주해 3)

■ 둔부비력 【鈍斧費力】: 무딘 연장은 힘이 더 듦.

철 연장이 무디어졌는데도 날을 갈지 아니하면 힘이 더 드느니라 오직 지혜는 성공하기에 유익하니라 (전 10:10)

■ 미환억주 【未患憶主】: 곤고한 날이 이르기 전에 창조주를 기억함.

너는 청년의 때에 너의 창조주를 기억하라 곧 곤고한 날이 이르기 전에, 나는 아무 낙이 없다고 할 해들이 가깝기 전에 (전 12:1)

直(곧을 직) 經(날 경) 綸(낚싯줄 륜) 莫(없을 막) 測(잴 측) 蠅(파리 승) 香(향기 향)
鈍(무딜 둔) 斧(도끼 부) 費(쓸 비) 患(근심 환) 憶(생각할 억) 誡(경계할 계)

■ 외주수계 【畏主守誡】 : 하나님을 경외하고 그의 명령들을 지킴.

일의 결국을 다 들었으니 하나님을 경외하고 그의 명령들을 지킬지어다 이것이 모든 사람의 본분이니라 (전 12:13)

■ 애강여사 【愛强如死】 : 사랑은 죽음같이 강함.

너는 나를 도장같이 마음에 품고 도장같이 팔에 두라 사랑은 죽음같이 강하고 질투는 스올같이 잔인하며 불길같이 일어나니 그 기세가 여호와의 불과 같으니라 (아 8:6)

인아피상(因我被傷)

이사야

■ 행악지종【行惡之種】: 행악의 종자.

슬프다 범죄한 나라요 허물 진 백성이요 행악의 종자요 행위가 부패한 자식이로다 그들이 여호와를 버리며 이스라엘의 거룩하신 이를 만홀히 여겨 멀리하고 물러갔도다 (사 1:4)

■ 위아초유【爲我稍遺】: 우리를 위하여 생존자를 조금 남겨 두심.

만군의 여호와께서 우리를 위하여 생존자를 조금 남겨 두지 아니하셨더면 우리가 소돔 같고 고모라 같았으리로다 (사 1:9)

因(인할 인) 被(이불 피) 傷(상처 상) 種(씨 종) 稍(적을 초) 遺(끼칠 유)

■ 위근답장【爲覲踏場】: 내 앞에 보이기 위하여 내 마당만 밟음.

너희가 내 앞에 보이러 오니 이것을 누가 너희에게 요구하였느냐 내 마당만 밟을 뿐이니라 (사 1:12)

■ 낙심순종【樂心順從】: 즐겨 순종함.

너희가 즐겨 순종하면 땅의 아름다운 소산을 먹을 것이요 (사 1:19)

■ 이도작려【以刀作犁】: 칼을 쳐서 보습을 만듦.

그가 열방 사이에 판단하시며 많은 백성을 판결하시리니 무리가 그들의 칼을 쳐서 보습을 만들고 그들의 창을 쳐서 낫을 만들 것이며 이 나라와 저 나라가 다시는 칼을 들고 서로 치지 아니하며 다시는 전쟁을 연습하지 아니하리라 (사 2:4)

■ 언행역주【言行逆主】: 언행이 여호와를 거슬림.

예루살렘이 멸망하였고 유다가 엎드러졌음은 그들의 언어와 행위가 여호와를 거역하여 그의 영광의 눈을 범하였음이라 (사 3:8)

■ 유민마빈【蹂民磨貧】: 백성을 짓밟고 가난한 자의 얼굴에 맷돌질함.

어찌하여 너희가 내 백성을 짓밟으며 가난한 자의 얼굴에 맷돌질하느냐 주 만군의 여호와 내가 말하였느니라 하시도다 (사 3:15)

覲(뵐 근) 踏(밟을 답) 場(마당 장) 順(순할 순) 犁(얼룩소 리) 逆(거스를 역) 蹂(밟을 유) 磨(갈 마)

■ 예취대향【穢臭代香】: 썩은 냄새가 향기를 대신함.

그 때에 썩은 냄새가 향기를 대신하고 노끈이 띠를 대신하고 대머리가 숱한 머리털을 대신하고 굵은 베 옷이 화려한 옷을 대신하고 수치스러운 흔적이 아름다움을 대신할 것이며 (사 3:24)

■ 망포야포【望葡野葡】: 좋은 포도를 바랐는데 들포도가 맺힘.

내가 내 포도원을 위하여 행한 것 외에 무엇을 더할 것이 있으랴 내가 좋은 포도 맺기를 기다렸거늘 들포도를 맺음은 어찌 됨인고 (사 5:4)

■ 청이불총【聽而不聰】: 들어도 깨닫지 못하고, 들어도 알지 못함.

여호와께서 이르시되 가서 이 백성에게 이르기를 너희가 듣기는 들어도 깨닫지 못할 것이요 보기는 보아도 알지 못하리라 하여 (사 6:9)

■ 참벌유간【斬伐留幹】: 베임을 당하여도 그루터기는 남음.

그 중에 십분의 일이 아직 남아 있을지라도 이것도 황폐하게 될 것이나 밤나무와 상수리나무가 베임을 당하여도 그 그루터기는 남아 있는 것같이 거룩한 씨가 이 땅의 그루터기니라 하시더라 (사 6:13)

【註解】 비록 유다는 멸망했지만 이는 마치 나무를 벤 후에 그루터기가 남아 있어 거기에서 새싹이 나듯이 남은 자가 있을 것이며, 하나님께서 이 소수의 남은 자를 통하여 구속사(救贖史)를 단절 없이 진행시켜 나가신다. 즉, "남은 자"란 우리 주 예수 그리스도의 구속 사역을 통한 구원의 약속이, 전 역사를 통하여 성취되어 가는 중에, 각 시대마다 그 시대의 오염과 심판으로부터 분리하여 남겨 두신 소수의 의인(義人)들을 가리킨다. (주해 1)

穢(더러울 예) 臭(냄새 취) 葡(포도 포) 野(들 야) 聽(들을 청) 聰(귀 밝을 총) 斬(벨 참) 伐(칠 벌) 留(머무를 유) 幹(줄기 간)

■ 불신불립【不信不立】: 믿지 아니하면 서지 못함.

에브라임의 머리는 사마리아요 사마리아의 머리는 르말리야의 아들이니라 만일 너희가 굳게 믿지 아니하면 너희는 굳게 서지 못하리라 하시니라 (사 7:9)

■ 처녀탄주【處女誕主】: 처녀가 아들을 낳으리니 그 이름이 임마누엘임.

그러므로 주께서 친히 징조를 너희에게 주실 것이라 보라 처녀가 잉태하여 아들을 낳을 것이요 그 이름을 임마누엘이라 하리라 (사 7:14)

■ 경외위락【敬畏爲樂】: 여호와를 경외하는 것을 즐거움으로 삼음.

그가 여호와를 경외함으로 즐거움을 삼을 것이며 그의 눈에 보이는 대로 심판하지 아니하며 그의 귀에 들리는 대로 판단하지 아니하며 (사 11:3)

■ 공의위대【公義爲帶】: 공의로 허리띠를 삼음.

공의로 그의 허리띠를 삼으며 성실로 그의 몸의 띠를 삼으리라 (사 11:5)

■ 견정후절【堅釘朽折】: 단단한 곳에 박혔던 못이 삭아 부러짐.

만군의 여호와께서 이르시되 그 날에는 단단한 곳에 박혔던 못이 삭으리니 그의 못이 부러져 떨어지므로 그 위에 걸린 물건이 부서지리라 하셨다 하라 나 여호와의 말이니라 (사 22:25)

處(살 처) 誕(태어날 탄) 帶(띠 대) 堅(굳을 견) 釘(못 정) 朽(썩을 후) 折(꺾을 절)

■ 영욕교멸【榮辱驕蔑】: 영화가 욕되고, 교만한 자가 멸시를 받음.

만군의 여호와께서 그것을 정하신 것이라 모든 누리던 영화를 욕되게 하시며 세상의 모든 교만하던 자가 멸시를 받게 하려 하심이라 (사 23:9)

■ 지고즉절【枝枯則折】: 가지가 마르면 꺾임.

가지가 마르면 꺾이나니 여인들이 와서 그것을 불사를 것이라 백성이 지각이 없으므로 그들을 지으신 이가 불쌍히 여기지 아니하시며 그들을 조성하신 이가 은혜를 베풀지 아니하시리라 (사 27:11)

■ 공의준승【公義準繩】: 정의를 측량줄로 삼음.

나는 정의를 측량줄로 삼고 공의를 저울추로 삼으니 우박이 거짓의 피난처를 소탕하며 물이 그 숨는 곳에 넘칠 것인즉 (사 28:17)

■ 순경심원【脣敬心遠】: 입술로는 가까이하면서 마음은 떠나 있음.

주께서 이르시되 이 백성이 입으로는 나를 가까이하며 입술로는 나를 공경하나 그들의 마음은 내게서 멀리 떠났나니 그들이 나를 경외함은 사람의 계명으로 가르침을 받았을 뿐이라 (사 29:13)

■ 광야양전【曠野良田) : 광야가 아름다운 밭이 됨.

마침내 위에서부터 영을 우리에게 부어 주시리니 광야가 아름다운 밭이 되며 아름다운 밭을 숲으로 여기게 되리라 (사 32:15)

辱(욕되게 할 욕) 驕(교만할 교) 蔑(업신여길 멸) 枝(가지 지) 枯(마를 고) 準(표준 준) 繩(줄 승) 脣(입술 순) 曠(밝을 광) 野(들 야) 良(좋을 량)

■ 고명농계【瞽明聾啓】: 소경이 보게 되고, 귀머거리가 듣게 됨.

그 때에 맹인의 눈이 밝을 것이며 못 듣는 사람의 귀가 열릴 것이며 (사 35:5)

■ 광야비로【曠野備路】: 광야에서 여호와의 길을 예비하라.

외치는 자의 소리여 이르되 너희는 광야에서 여호와의 길을 예비하라 사막에서 우리 하나님의 대로를 평탄하게 하라 (사 40:3)

■ 초고화조【草枯花凋】: 풀은 마르고 꽃은 시들음.

풀은 마르고 꽃은 시드나 우리 하나님의 말씀은 영원히 서리라 하라 (사 40:8)

■ 앙주신력【仰主新力】: 여호와를 앙망하는 자 새 힘을 얻음.

오직 여호와를 앙망하는 자는 새 힘을 얻으리니 독수리가 날개 치며 올라감 같을 것이요 달음박질하여도 곤비하지 아니하겠고 걸어가도 피곤하지 아니하리로다 (사 40:31)

■ 무외주우【無畏主佑】: 두려워하지 말라, 내가 너와 함께 함이라.

두려워하지 말라 내가 너와 함께 함이라 놀라지 말라 나는 네 하나님이 됨이라 내가 너를 굳세게 하리라 참으로 너를 도와 주리라 참으로 나의 의로운 오른손으로 너를 붙들리라 (사 41:10)

瞽(소경 고) 聾(귀머거리 롱) 啓(열 계) 備(갖출 비) 凋(시들 조) 仰(우러를 앙) 畏(두려워할 외) 佑(도울 우)

■ 부절상로 【不折傷蘆】 : 상한 갈대를 꺾지 아니함.

상한 갈대를 꺾지 아니하며 꺼져가는 등불을 끄지 아니하고 진실로 정의를 시행할 것이며 (사 42:3)

■ 불치몰소 【不致沒燒】 : 강을 건널 때나, 불 가운데 지날 때에도 보호하심.

네가 물 가운데로 지날 때에 내가 함께 할 것이라 강을 건널 때에 물이 너를 침몰하지 못할 것이며 네가 불 가운데로 지날 때에 타지도 아니할 것이요 불꽃이 너를 사르지도 못하리니 (사 43:2)

■ 선증여복 【選證與僕】 : 나의 증인과 종으로 택함을 입음.

나 여호와가 말하노라 너희는 나의 증인, 나의 종으로 택함을 입었나니 이는 너희가 나를 알고 믿으며 내가 그인 줄 깨닫게 하려 함이라 나의 전에 지음을 받은 신이 없었느니라 나의 후에도 없으리라 (사 43:10)

■ 조민위주 【造民爲主】 : 이 백성은 나를 위하여 지었음.

이 백성은 내가 나를 위하여 지었나니 나를 찬송하게 하려 함이니라 (사 43:21)

■ 아초아종 【我初我終】 : 나는 처음이요 마지막이라.

이스라엘의 왕인 여호와, 이스라엘의 구원자인 만군의 여호와가 이같이 말하노라 나는 처음이요 나는 마지막이라 나 외에 다른 신이 없느니라 (사 44:6)

折(꺾을 절) 傷(상처 상) 蘆(갈대 로) 致(보낼 치) 沒(가라앉을 몰) 燒(사를 소)
選(가릴 선) 證(증거 증) 僕(종 복) 造(지을 조)

■ 말죄귀주【抹罪歸主】: 네 죄를 없앴으니 내게로 돌아오라.

내가 네 허물을 빽빽한 구름같이, 네 죄를 안개같이 없이하였으니 너는 내게로 돌아오라 내가 너를 구속하였음이니라 (사 44:22)

■ 병공시구【秉公施救】: 공의를 행하여 구원을 베풂.

너희는 알리며 진술하고 또 함께 의논하여 보라 이 일을 옛부터 듣게 한 자가 누구냐 이전부터 그것을 알게 한 자가 누구냐 나 여호와가 아니냐 나 외에 다른 신이 없나니 나는 공의를 행하며 구원을 베푸는 하나님이라 나 외에 다른 이가 없느니라 (사 45:21)

■ 보포지로【保抱至老】: 노년에 이르기까지 너희를 품을 것임.

너희가 노년에 이르기까지 내가 그리하겠고 백발이 되기까지 내가 너희를 품을 것이라 내가 지었은즉 내가 업을 것이요 내가 품고 구하여 내리라 (사 46:4)

■ 주언필성【主言必成】: 말한 것은 이루고, 계획한 것은 반드시 시행함.

내가 동쪽에서 사나운 날짐승을 부르며 먼 나라에서 나의 뜻을 이룰 사람을 부를 것이라 내가 말하였은즉 반드시 이룰 것이요 계획하였은즉 반드시 시행하리라 (사 46:11)

【註解】 하나님께서 바벨론의 느부갓네살 왕을 심판하기 위하여 그 도구로 바사의 고레스 왕을 들어 사용하실 것을 가리키는 내용이다.

■ 택어고로【擇於苦爐】: 고난의 풀무에서 택함.

보라 내가 너를 연단하였으나 은처럼 하지 아니하고 너를 고난의 풀무불에서 택하였노라 (사 48:10)

抹(바를 말) 歸(돌아갈 귀) 秉(잡을 병) 施(베풀 시) 救(건질 구) 保(지킬 보) 抱(안을 포) 至(이를 지) 老(늙은이 로) 擇(가릴 택) 苦(쓸 고) 爐(화로 로)

【註解】 성경에서 언급되는 풀무는 용광로나 벽돌을 굽는 가마를 말한다. 비유적인 용법으로 풀무는 인간의 연단 과정을 나타내고 있다. 애굽의 '쇠 풀무불'(신 4:20)은 애굽에서 오랜 포로 생활 동안에 히브리 사람들로 하여금 기꺼이 여호와를 섬기는 백성이 되기 위한 연단의 과정이다. 그러나 이 백성들이 약속의 땅에서 그를 버렸을 때 하나님은 재차 그들을 "고난의 풀무"(사 48:10), 곧 바벨론 포로기를 통해 연단시키셨다. (주해 7)

■ 응어은시【應於恩時】: 은혜의 때에 응답함.

여호와께서 이같이 이르시되 은혜의 때에 내가 네게 응답하였고 구원의 날에 내가 너를 도왔도다 내가 장차 너를 보호하여 너를 백성의 언약으로 삼으며 나라를 일으켜 그들에게 그 황무하였던 땅을 기업으로 상속하게 하리라 (사 49:8)

【註解】 하나님께서 자기 백성을 구속(救贖)하기로 작정하신 때이다. 이 때는 희년(禧年)에 비유될 수 있다. 이스라엘 절기에서 매 50년마다 돌아오는 희년은, 종들이 해방되고 토지가 원래 주인에게로 돌려지는 기쁨과 은혜의 때였다. "은혜의 때"는 궁극적으로는 메시야의 구원사역으로 말미암아 믿는 자들이 죄와 죽음의 사슬에서 해방되는 때를 가리킨다고 볼 수 있다. (주해 6)

■ 혹망불망【或忘不忘】: 그들은 잊을지라도 나는 잊지 아니함.

여인이 어찌 그 젖 먹는 자식을 잊겠으며 자기 태에서 난 아들을 긍휼히 여기지 않겠느냐 그들은 혹시 잊을지라도 나는 너를 잊지 아니할 것이라 (사 49:15)

■ 만민지광【萬民之光】: 공의를 만민의 빛으로 세움.

내 백성이여 내게 주의하라 내 나라여 내게 귀를 기울이라 이는 율법이 내게서부터 나갈 것임이라 내가 내 공의를 만민의 빛으로 세우리라 (사 51:4)

應(응할 응) 恩(은혜 은) 時(때 시) 或(혹 혹) 忘(잊을 망) 萬(일만 만)

■ 구원만대【救援萬代】: 공의는 영원히 있겠고, 구원은 세세에 미침.

옷같이 좀이 그들을 먹을 것이며 양털같이 좀벌레가 그들을 먹을 것이나 나의 공의는 영원히 있겠고 나의 구원은 세세에 미치리라 (사 51:8)

■ 인아피상【因我被傷】: 그가 상함은 우리의 죄악 때문임.

그가 찔림은 우리의 허물 때문이요 그가 상함은 우리의 죄악 때문이라 그가 징계를 받으므로 우리는 평화를 누리고 그가 채찍에 맞으므로 우리는 나음을 받았도다 (사 53:5)

■ 조이위부【造爾爲夫】: 너를 지으신 이가 네 남편임.

이는 너를 지으신 이가 네 남편이시라 그의 이름은 만군의 여호와이시며 네 구속자는 이스라엘의 거룩한 이시라 그는 온 땅의 하나님이라 일컬음을 받으실 것이라 (사 54:5)

【註解】 고대 사회에서 남편 없는 과부는 가난했고, 소외되었으며 심지어 경멸을 받았다. 따라서 하나님이 자기 백성 이스라엘의 "남편"이라는 사실은, 아내 된 이스라엘을 사랑하고 돌보는 분임을 나타낸다. 이런 의미에서, 이스라엘이 하나님을 떠난 다른 우상을 섬기면, 그것은 곧 간음의 행위로 간주되었다(호 4:12). (주해 6)

■ 가심구주【可尋求主】: 여호와를 만날 만한 때에 찾으라.

너희는 여호와를 만날 만한 때에 찾으라 가까이 계실 때에 그를 부르라 (사 55:6)

■ 이의수도【異意殊途】: 주의 생각과 길은 우리와 다름.

이는 내 생각이 너희의 생각과 다르며 내 길은 너희의 길과 다름이니라 여호와의 말씀이니라 (사 55:8)

救(건질 구) 援(당길 원) 代(대신할 대) 因(인할 인) 被(이불 피) 傷(상처 상)

■ 탐구불포【貪狗不飽】: 개들은 탐욕 때문에 족한 줄을 알지 못함.

이 개들은 탐욕이 심하여 족한 줄을 알지 못하는 자들이요 그들은 몰지각한 목자들이라 다 제 길로 돌아가며 사람마다 자기 이익만 추구하며 (사 56:11)

■ 금식석흉【禁食釋凶】: 금식은 흉악의 결박을 풀어줌.

내가 기뻐하는 금식은 흉악의 결박을 풀어 주며 멍에의 줄을 끌러 주며 압제 당하는 자를 자유하게 하며 모든 멍에를 꺾는 것이 아니겠느냐 (사 58:6)

■ 불갈지천【不渴之泉】: 물이 끊어지지 않는 샘.

여호와가 너를 항상 인도하여 메마른 곳에서도 네 영혼을 만족하게 하며 네 뼈를 견고하게 하리니 너는 물 댄 동산 같겠고 물이 끊어지지 아니하는 샘 같을 것이라 (사 58:11)

■ 이의위갑【以義爲甲】: 공의로 갑옷을 삼으심.

공의를 갑옷으로 삼으시며 구원을 자기의 머리에 써서 투구로 삼으시며 보복을 속옷으로 삼으시며 열심을 입어 겉옷으로 삼으시고 (사 59:17)

■ 흥기발광【興起發光】: 일어나 빛을 발하라.

일어나라 빛을 발하라 이는 네 빛이 이르렀고 여호와의 영광이 네 위에 임하였음이니라 (사 60:1)

狗(개 구) 飽(물릴 포) 禁(금할 금) 釋(풀 석) 凶(흉할 흉) 渴(목마를 갈) 泉(샘 천) 甲(첫째 천간 갑) 興(일 흥) 起(일어날 기) 發(쏠 발)

■ 주영광영【主永光榮】: 여호와가 영원한 빛이 되고 영광이 됨.

다시는 낮에 해가 네 빛이 되지 아니하며 달도 네게 빛을 비추지 않을 것이요 오직 여호와가 네게 영원한 빛이 되며 네 하나님이 네 영광이 되리니 (사 60:19)

【註解】 일차적으로는, 회복된 이스라엘 위에 임하는 하나님의 구원을 상징적으로 묘사한 말일 수 있다. 그 때에 하나님의 빛은 어둠, 외세, 불의 등으로부터 그 나라를 보호하실 것이다. 궁극적으로는, 신천신지(新天新地)의 영원함 속에 거하는 하나님의 백성들에게 분명히 적용되는 표현이다. 후일 사도 요한은 하늘 도성의 새 예루살렘의 광경을 묘사할 때, 이 같은 표현을 사용했다(계 21:23). (주해 6)

■ 복음어빈【福音於貧】: 가난한 자에게 아름다운 소식을 전함.

주 여호와의 영이 내게 내리셨으니 이는 여호와께서 내게 기름을 부으사 가난한 자에게 아름다운 소식을 전하게 하려 하심이라 나를 보내사 마음이 상한 자를 고치며 포로된 자에게 자유를, 갇힌 자에게 놓임을 선포하며 (사 61:1)

■ 신천신지【新天新地】: 새 하늘과 새 땅이 창조됨.

보라 내가 새 하늘과 새 땅을 창조하나니 이전 것은 기억되거나 마음에 생각나지 아니할 것이라 (사 65:17)

■ 낭고동식【狼羔同食】: 이리와 어린 양이 함께 먹음.

이리와 어린 양이 함께 먹을 것이며 사자가 소처럼 짚을 먹을 것이며 뱀은 흙을 양식으로 삼을 것이니 나의 성산에서는 해함도 없겠고 상함도 없으리라 여호와께서 말씀하시니라 (사 65:25)

榮(영화 영) 音(소리 음) 於(어조사 어) 貧(가난할 빈) 新(새 신) 地(땅 지) 狼(이리 랑) 羔(새끼 양 고)

■ 천좌지등 【天座地凳】: 하늘은 나의 보좌요 땅은 나의 발판.

여호와께서 이와같이 말씀하시되 하늘은 나의 보좌요 땅은 나의 발판이니 너희가 나를 위하여 무슨 집을 지으랴 내가 안식할 처소가 어디랴 (사 66:1)

■ 평강여강 【平康如江】: 평강을 강같이 주심.

여호와께서 이와같이 말씀하시되 보라 내가 그에게 평강을 강같이, 그에게 뭇 나라의 영광을 넘치는 시내같이 주리니 너희가 그 성읍의 젖을 빨 것이며 너희가 옆에 안기며 그 무릎에서 놀 것이라 (사 66:12)

天(하늘 천) 座(자리 좌) 地(땅 지) 凳(걸상 등) 平(평평할 평) 康(편안할 강) 如(같을 여) 江(강 강)

결신언약(結新言約)

예레미야, 예레미야애가

■ 미태이지【未胎已知】: 너를 모태에 짓기 전에 알았음.

내가 너를 모태에 짓기 전에 너를 알았고 네가 배에서 나오기 전에 너를 성별하였고 너를 여러 나라의 선지자로 세웠노라 하시기로 (렘 1:5)

■ 작이대악【作二大惡】: 이 백성이 두 가지 악을 행하였음.

내 백성이 두 가지 악을 행하였나니 곧 그들이 생수의 근원 되는 나를 버린 것과 스스로 웅덩이를 판 것인데 그것은 그 물을 가두지 못할 터진 웅덩이들이니라 (렘 2:13)

結(맺을 결) 約(묶을 약) 未(아닐 미) 胎(아이 밸 태) 已(이미 이) 知(알 지) 惡(악할 악)

■ 행음목석【行淫木石】: 돌과 나무와 더불어 행음함.

그가 돌과 나무와 더불어 행음함을 가볍게 여기고 행음하여 이 땅을 더럽혔거늘 (렘 3:9)

■ 배선어패【背善於悖】: 배역한 이스라엘은 반역한 유다보다 의로움.

여호와께서 내게 이르시되 배역한 이스라엘은 반역한 유다보다 자신이 더 의로움이 나타났나니 (렘 3:11)

【註解】 이는 북이스라엘이 의로웠다는 말이 결코 아니다. 상대적으로 보았을 때 북이스라엘이 남유다보다 범죄의 정도가 가볍다는 말이다(겔 16:51~52). 이는 남유다가 북이스라엘의 범죄와 그에 대한 형벌의 전례를 보고도 회개치 않았던 반면, 북이스라엘은 그러한 전례를 보지 않은 데 근거한 것이다. 결국 본 절은 남유다의 멸망이 필연적 사실임을 시사해준다. (주해 1)

■ 합아지목【合我之牧】: 내 마음에 합한 목자.

내가 또 내 마음에 합한 목자들을 너희에게 주리니 그들이 지식과 명철로 너희를 양육하리라 (렘 3:15)

■ 위부칭아 【爲父稱我】: 너희가 나를 아버지라고 부르고 (떠나지 말라.)

내가 말하기를 내가 어떻게 하든지 너를 자녀들 중에 두며 허다한 나라들 중에 아름다운 기업인 이 귀한 땅을 네게 주리라 하였고 내가 다시 말하기를 너희가 나를 나의 아버지라 하고 나를 떠나지 말 것이니라 하였노라 (렘 3:19)

行(갈 행) 淫(음란할 음) 背(등 배) 於(어조사 어) 合(합할 합) 牧(칠 목) 稱(일컬을 칭)

■ 일의사성【一義赦城】: 정의를 행하는 자 한 사람만 있으면 이 성을 용서함.

그들이 네 자녀들이 먹을 추수 곡물과 양식을 먹으며 네 양 떼와 소 떼를 먹으며 네 포도나무와 무화과나무 열매를 먹으며 네가 믿는 견고한 성들을 칼로 파멸하리라 (렘 5:17)

■ 정로단행【正路端行】: 너희 길과 행위를 바르게 하라.

만군의 여호와 이스라엘의 하나님께서 이와같이 말씀하시되 너희 길과 행위를 바르게 하라 그리하면 내가 너희로 이 곳에 살게 하리라 (렘 7:3)

■ 구화심해【口和心害】: 입으로는 평화를 말하고 속으로는 해를 꾸밈.

그들의 혀는 죽이는 화살이라 거짓을 말하며 입으로는 그 이웃에게 평화를 말하나 마음으로는 해를 꾸미는도다 (렘 9:8)

■ 물과기장【勿誇己長】: 자기의 장기를 자랑하지 말라.

여호와께서 이와같이 말씀하시되 지혜로운 자는 그의 지혜를 자랑하지 말라 용사는 그의 용맹을 자랑하지 말라 부자는 그의 부함을 자랑하지 말라 (렘 9:23)

■ 심미수할【心未受割】: 이방인은 할례를 받지 못했고, 이스라엘은 마음에 할례를 받지 못함.

곧 애굽과 유다와 에돔과 암몬 자손과 모압과 및 광야에 살면서 살쩍을 깎은 자들에게라 무릇 모든 민족은 할례를 받지 못하였고 이스라엘은 마음에 할례를 받지 못하였느니라 하셨느니라 (렘 9:26)

赦(용서할 사) 城(성 성) 路(길 로) 端(바를 단) 和(화할 화) 害(해칠 해) 誇(자랑할 과) 長(길 장) 受(받을 수) 割(나눌 할)

■ 우교유목【偶敎惟木】: 우상의 가르침은 나무뿐임.

그들은 다 무지하고 어리석은 것이니 우상의 가르침은 나무뿐이라 (렘 10:8)

■ 사고위각【使苦爲覺】: 괴롭게 하여 깨닫게 함.

여호와께서 이와같이 말씀하시되 보라 내가 이 땅에 사는 자를 이번에는 내던질 것이라 그들을 괴롭게 하여 깨닫게 하리라 하셨느니라 (렘 10:18)

■ 수호불청【雖呼不聽】: 내게 부르짖을지라도 내가 듣지 아니할 것임.

그러므로 나 여호와가 이와같이 말하노라 보라 내가 재앙을 그들에게 내리리니 그들이 피할 수 없을 것이라 그들이 내게 부르짖을지라도 내가 듣지 아니할 것인즉 (렘 11:11)

■ 구근심원【口近心遠】: 입은 주께 가까우나 마음은 멀음.

주께서 그들을 심으시므로 그들이 뿌리가 박히고 장성하여 열매를 맺었거늘 그들의 입은 주께 가까우나 그들의 마음은 머니이다 (렘 12:2)

■ 녹죄철필【錄罪鐵筆】: 유다의 죄를 금강석 철필로 기록할 것임.

유다의 죄는 금강석 끝 철필로 기록되되 그들의 마음 판과 그들의 제단 뿔에 새겨졌거늘 (렘 17:1)

■ 심위어물【心僞於物】: 만물보다 거짓되고 부패한 마음.

만물보다 거짓되고 심히 부패한 것은 마음이라 누가 능히 이를 알리요마는 (렘 17:9)

偶(짝 우) 惟(생각할 유) 覺(깨달을 각) 雖(비록 수) 呼(부를 호) 遠(멀 원) 錄(기록할 록) 鐵(쇠 철) 筆(붓 필) 僞(거짓 위)

■ 소욕제도【所欲製陶】: 토기장이가 원하는 그릇을 만듦.

진흙으로 만든 그릇이 토기장이의 손에서 터지매 그가 그것으로 자기 의견에 좋은 대로 다른 그릇을 만들더라 (렘 18:4)

■ 대빈식주【待貧識主】: 가난한 자에게 잘 대하는 것이 여호와를 아는 것임.

그는 가난한 자와 궁핍한 자를 변호하고 형통하였나니 이것이 나를 앎이 아니냐 여호와의 말씀이니라 (렘 22:16)

■ 불청고습【不聽故習】: 내 목소리를 듣지 않는 것이 습관이 됨.

네가 평안할 때에 내가 네게 말하였으나 네 말이 나는 듣지 아니하리라 하였나니 네가 어려서부터 내 목소리를 청종하지 아니함이 네 습관이라 (렘 22:21)

■ 산목유화【散牧有禍】: 양 떼를 흩어지게 하는 목자는 화를 당함.

여호와의 말씀이니라 내 목장의 양 떼를 멸하며 흩어지게 하는 목자에게 화 있으리라 (렘 23:1)

■ 의지위왕【義枝爲王】: 다윗의 한 의로운 가지에서 왕이 나옴.

여호와의 말씀이니라 보라 때가 이르리니 내가 다윗에게 한 의로운 가지를 일으킬 것이라 그가 왕이 되어 지혜롭게 다스리며 세상에서 정의와 공의를 행할 것이며 (렘 23:5)

製(지을 제) 陶(질그릇 도) 待(기다릴 대) 識(알 식) 故(옛 고) 習(익힐 습) 散(흩을 산) 牧(칠 목) 禍(재화 화) 枝(가지 지)

■ 피로칠십【被擄七十】: 70년간 바벨론의 포로가 됨.

이 모든 땅이 폐허가 되어 놀랄 일이 될 것이며 이 민족들은 칠십 년 동안 바벨론의 왕을 섬기리라 (렘 25:11)

【註解】 어째서 70년인가? 에 대해서 QA성경(성서원 발행)에서는, 혹자는 70년이 사람의 평균 수명이기 때문에 한 세대가 조상들의 죄에 대해 그 징벌을 온전히 감당한 기간으로 이해한다. 다른 이들은 이 기간을 안식년의 수를 대표한다고 보고, 이스라엘 백성이 안식년에 토지를 휴경하지 않은 데 대해서 징벌을 받은 것으로 이해한다(대하 36:21). (주해 6)

■ 부액존활【負軛存活】: 바벨론 왕의 멍에를 메면 살 수 있음.

내가 이 모든 말씀대로 유다의 왕 시드기야에게 전하여 이르되 왕과 백성은 바벨론 왕의 멍에를 목에 메고 그와 그의 백성을 섬기소서 그리하면 사시리라 (렘 27:12)

■ 전심심구【專心尋求】: 온 마음으로 찾고 구하면 나를 만날 것임.

너희가 온 마음으로 나를 구하면 나를 찾을 것이요 나를 만나리라 (렘 29:13)

■ 절액단승【折軛斷繩】: 네 목에서 멍에를 꺾고, 포박을 끊을 것임.

만군의 여호와의 말씀이라 그 날에 내가 네 목에서 그 멍에를 꺾어 버리며 네 포박을 끊으리니 다시는 이방인을 섬기지 않으리라 (렘 30:8)

被(이불 피) 擄(사로잡을 로) 負(질 부) 軛(멍에 액) 專(오로지 전) 折(꺾을 절) 軛(멍에 액) 斷(끊을 단) 繩(줄 승)

■ 불관액독【不慣軛犢】: 멍에 익숙하지 못한 송아지 같은 자.

에브라임이 스스로 탄식함을 내가 분명히 들었노니 주께서 나를 징벌하시매 멍에에 익숙하지 못한 송아지 같은 내가 징벌을 받았나이다 주는 나의 하나님 여호와이시니 나를 이끌어 돌이키소서 그리하시면 내가 돌아오겠나이다 (렘 31:18)

■ 산포치산【酸葡齒酸】: 신 포도를 먹는 자마다 이가 심.

신 포도를 먹는 자마다 그의 이가 신 것같이 누구나 자기의 죄악으로 말미암아 죽으리라 (렘 31:30)

■ 결신언약【結新言約】: 이스라엘과 유다 집에 새 언약을 맺음.

여호와의 말씀이니라 보라 날이 이르리니 내가 이스라엘 집과 유다 집에 새 언약을 맺으리라 (렘 31:31)

【註解】 옛 언약은 시내산에서 체결된 모세 언약은 이를 지키지 못하고 이스라엘은 그 언약을 깨뜨렸다. 그 이후 예레미야는 새 언약을 예언했다. 새 언약의 핵심은 이제 예수 그리스도를 믿음으로써 우리 죄를 용서받고 구원과 영생을 얻을 수 있게 된 것이다. (주해 2)

■ 주위성취【主爲成就】: 성취하시는 여호와.

일을 행하시는 여호와, 그것을 만들며 성취하시는 여호와, 그의 이름을 여호와라 하는 이가 이와같이 이르시도다 (렘 33:2)

慣(버릇 관) 犢(송아지 독) 酸(초 산) 齒(이 치) 就(이룰 취)

■ 호주필응【呼主必應】: 너는 내게 부르짖으라, 내가 네게 응답하리라.

너는 내게 부르짖으라 내가 네게 응답하겠고 네가 알지 못하는 크고 은밀한 일을 네게 보이리라 (렘 33:3)

■ 폐읍부흥【廢邑復興】: 황폐한 모든 성읍이 다시 부흥케 함.

만군의 여호와께서 이와같이 말씀하시니라 황폐하여 사람도 없고 짐승도 없던 이 곳과 그 모든 성읍에 다시 목자가 살 곳이 있으리니 그의 양 떼를 눕게 할 것이라 (렘 33:12)

■ 병공행의【秉公行義】: 이 땅에 정의와 공의를 실행할 것임.

그 날 그 때에 내가 다윗에게서 한 공의로운 가지가 나게 하리니 그가 이 땅에 정의와 공의를 실행할 것이라 (렘 33:15)

■ 유사항생【留死降生】: 성에 머무는 자는 죽고 항복하는 자는 살게 됨.

여호와께서 이와같이 말씀하시되 이 성에 머무는 자는 칼과 기근과 전염병에 죽으리라 그러나 갈대아인에게 항복하는 자는 살리니 그는 노략물을 얻음같이 자기의 목숨을 건지리라 (렘 38:2)

■ 결목박송【抉目縛送】: 시드기야의 눈을 빼고 결박하여 바벨론으로 옮김.

왕이 또 시드기야의 눈을 빼게 하고 바벨론으로 옮기려고 사슬로 결박하였더라 (렘 39:7)

應(응할 응) 廢(폐할 폐) 邑(고을 읍) 秉(잡을 병) 留(머무를 류) 降(내릴 강)
抉(도려낼 결) 縛(묶을 박) 送(보낼 송)

■ 불망영약 【不忘永約】 : 잊을 수 없는 영원한 언약.

그들이 그 얼굴을 시온으로 향하여 그 길을 물으며 말하기를 너희는 오라 잊을 수 없는 영원한 언약으로 여호와와 연합하라 하리라 (렘 50:5)

■ 쟁주피획 【爭主被擭】 : 여호와와 싸웠으므로 잡히게 됨.

바벨론아 내가 너를 잡으려고 올무를 놓았더니 네가 깨닫지 못하여 걸렸고 네가 여호와와 싸웠으므로 발각되어 잡혔도다 (렘 50:24)

■ 교전불부 【驕顚不扶】 : 교만한 자가 넘어지면 일으킬 자가 없음.

교만한 자가 걸려 넘어지겠고 그를 일으킬 자가 없을 것이며 내가 그의 성읍들에 불을 지르리니 그의 주위에 있는 것을 다 삼키리라 (렘 50:32)

■ 주지기서 【主指己誓】 : 여호와께서 자기의 목숨을 두고 맹세함.

만군의 여호와께서 자기의 목숨을 두고 맹세하시되 내가 진실로 사람을 메뚜기같이 네게 가득하게 하리니 그들이 너를 향하여 환성을 높이리라 하시도다 (렘 51:14)

■ 유빈관포 【遺貧管葡】 : 가난한 자는 남겨 두어 포도원을 관리케 함.

가난한 백성은 남겨 두어 포도원을 관리하는 자와 농부가 되게 하였더라 (렘 52:16)

忘(잊을 망) 爭(다툴 쟁) 被(이불 피) 擭(잡을 획) 驕(교만할 교) 顚(꼭대기 전) 扶(도울 부) 指(손가락 지) 誓(맹세할 서) 遺(끼칠 유) 管(맡을 관)

■ 진노단각【震怒斷角】: 맹렬한 진노로 이스라엘의 모든 뿔을 자름.

맹렬한 진노로 이스라엘의 모든 뿔을 자르셨음이여 원수 앞에서 그의 오른손을 뒤로 거두어들이시고 맹렬한 불이 사방으로 불사름같이 야곱을 불사르셨도다 (애 2:3)

■ 기단증전【棄壇憎殿】: 제단을 버리고 성소를 미워하심.

여호와께서 또 자기 제단을 버리시며 자기 성소를 미워하시며 궁전의 성벽들을 원수의 손에 넘기셨으매 그들이 여호와의 전에서 떠들기를 절기의 날과같이 하였도다 (애 2:7)

■ 정행명료【定行命了】: 이미 정한 일은 행하고, 명령하신 것은 이루심.

여호와께서 이미 정하신 일을 행하시고 옛날에 명령하신 말씀을 다 이루셨음이여 긍휼히 여기지 아니하시고 무너뜨리사 원수가 너로 말미암아 즐거워하게 하며 네 대적자들의 뿔로 높이 들리게 하셨도다 (애 2:17)

■ 주아지업【主我之業】: 여호와는 나의 기업임.

내 심령에 이르기를 여호와는 나의 기업이시니 그러므로 내가 그를 바라리라 하도다 (애 3:24)

■ 비기본심【非其本心】: 인생을 고생하게 하심은 본심이 아니심.

주께서 인생으로 고생하게 하시며 근심하게 하심은 본심이 아니시로다 (애 3:33)

震(벼락 진) 棄(버릴 기) 壇(단 단) 憎(미워할 증) 殿(큰 집 전) 我(나 아) 業(업 업)
非(아닐 비) 其(그 기) 本(밑 본)

■ 유도살기 【愈刀殺饑】 : 굶어 죽는 것보다 칼에 죽는 것이 나음.

칼에 죽은 자들이 주려 죽은 자들보다 나음은 토지 소산이 끊어지므로 그들은 찔림 받은 자들처럼 점점 쇠약하여 감이로다 (애 4:9)

■ 귀주부신 【歸主復新】 : 주께로 돌아가겠사오니 다시 새롭게 하소서.

여호와여 우리를 주께로 돌이키소서 그리하시면 우리가 주께로 돌아가겠사오니 우리의 날들을 다시 새롭게 하사 옛적 같게 하옵소서 (애 5:21)

愈(나을 유) 刀(칼 도) 殺(죽일 살) 饑(주릴 기) 歸(돌아갈 귀) 復(다시 부, 돌아올 복) 新(새 신)

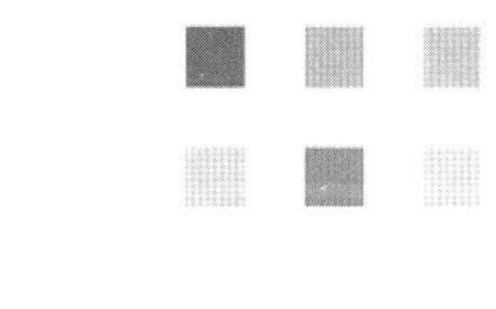

주위민위(主爲民爲)

에스겔

■ 가부청고【可否聽告】: 듣든지 안 듣든지 고하라.

그들은 심히 패역한 자라 그들이 듣든지 아니 듣든지 너는 내 말로 고할지어다 (겔 2:7)

■ 식권왕유【食卷往諭】: 두루마리를 먹고 가서 고함.

또 그가 내게 이르시되 인자야 너는 발견한 것을 먹으라 너는 이 두루마리를 먹고 가서 이스라엘 족속에게 말하라 하시기로 (겔 3:1)

否(아닐 부) 卷(쇠뇌 권) 往(갈 왕) 諭(깨우칠 유)

■ 심수이청【心受耳聽】: 말씀을 마음으로 받고 귀로 들음.

또 내게 이르시되 인자야 내가 네게 이를 모든 말을 너는 마음으로 받으며 귀로 듣고 (겔 3:10)

■ 취분맥병【炊糞麥餠】: 보리떡을 인분 불에 구워 먹음.

너는 그것을 보리떡처럼 만들어 먹되 그들의 목전에서 인분 불을 피워 구울지니라 (겔 4:12)

■ 유민사산【遺民四散】: 남은 자를 사방으로 흩음.

그리한즉 네 가운데에서 아버지가 아들을 잡아먹고 아들이 그 아버지를 잡아먹으리라 내가 벌을 네게 내리고 너희 중에 남은 자를 다 사방에 흩으리라 (겔 5:10)

■ 호액면사【號額免死】: 이마에 표 있는 자는 죽음을 면함.

늙은 자와 젊은 자와 처녀와 어린이와 여자를 다 죽이되 이마에 표 있는 자에게는 가까이 하지 말라 내 성소에서 시작할지니라 하시매 그들이 성전 앞에 있는 늙은 자들로부터 시작하더라 (겔 9:6)

【註解】 "이마에 표"는 문설주에 바른 어린 양의 피같이(출 12:23) 죄악을 회개하고, 안타까워하는 자에게 구원을 약속하는 하나님의 보증이다. 이것은 오늘날 자기 죄를 자백하고 십자가의 도를 믿는 자에게 하나님이 허락하시는 성령의 인치심을 상징한다(엡 1:3). "내 성소에서 시작할지니라"는 하나님을 가장 모욕했던 제사장들로부터 하나님의 심판이 시작된다(벧전 4:17)는 뜻이다. 한 국가가 하나님을 배반할 때, 하나님은 먼저 성도들에게 심판을 시작하신다. 왜냐하면 성도들이 빛과 소금으로서의 역할을 충실히 감당하지 못해서 국가가 타락하는 경우가 대부분이기 때문이다. (주해 2)

炊(불 땔 취) 糞(똥 분) 麥(보리 맥) 餠(떡 병) 散(흩을 산) 號(부르짖을 호) 額(이마 액) 免(면할 면)

■ 성부오육【城釜吾肉】: 성은 가마가 되고 우리는 고기가 됨.

그들의 말이 집 건축할 때가 가깝지 아니한즉 이 성읍은 가마가 되고 우리는 고기가 된다 하나니 (겔 11:3)

■ 잠작성소【暫作聖所】: 여호와가 잠깐 성소가 됨.

그런즉 너는 말하기를 주 여호와의 말씀에 내가 비록 그들을 멀리 이방인 가운데로 쫓아내어 여러 나라에 흩었으나 그들이 도달한 나라들에서 내가 잠깐 그들에게 성소가 되리라 하셨다 하고 (겔 11:16)

■ 불견불청【不見不聽】: 볼 눈이 있어도 보지 않고, 들을 귀가 있어도 듣지 아니함.

인자야 네가 반역하는 족속 중에 거주하는도다 그들은 볼 눈이 있어도 보지 아니하고 들을 귀가 있어도 듣지 아니하나니 그들은 반역하는 족속임이라 (겔 12:2)

■ 의구기생【義救己生】: 자기 의는 자기 생명만 구함.

비록 노아, 다니엘, 욥, 이 세 사람이 거기에 있을지라도 그들은 자기의 공의로 자기의 생명만 건지리라 나 주 여호와의 말이니라 (겔 14:14)

■ 불죄지반【不罪之半】: 네 죄의 절반도 안 됨.

사마리아는 네 죄의 절반도 범하지 아니하였느니라 네가 그들보다 가증한 일을 심히 행하였으므로 네 모든 가증한 행위로 네 형과 아우를 의롭게 하였느니라 (겔 16:51)

城(성 성) 釜(가마 부) 吾(나 오) 肉(고기 육) 暫(잠시 잠) 作(지을 작) 聖(성스러울 성) 所(바 소) 救(건질 구) 生(날 생) 罪(허물 죄) 半(반 반)

■ 수약능립【守約能立】: 언약을 지켜야 능히 서게 됨.

이는 나라를 낮추어 스스로 서지 못하고 그 언약을 지켜야 능히 서게 하려 하였음이거늘 (겔 17:14)

■ 주언필행【主言必行】: 여호와는 말하고 꼭 이룸.

들의 모든 나무가 나 여호와는 높은 나무를 낮추고 낮은 나무를 높이며 푸른 나무를 말리고 마른 나무를 무성하게 하는 줄 알리라 나 여호와는 말하고 이루느니라 하라 (겔 17:24)

■ 부대위리【不貸爲利】: 이자를 목적으로 꾸이지 말라.

변리를 위하여 꾸어주지 아니하며 이자를 받지 아니하며 스스로 손을 금하여 죄를 짓지 아니하며 사람과 사람 사이에 진실하게 판단하며 (겔 18:8)

【註解】 이것은 정상적인 거래 관계에서 이루어지는 경제적인 이윤 추구를 금하는 말이 아니다. 다만 절박한 상황에 처해 있는 가난한 이웃의 약점을 이용하여 높은 이자를 취하는 자들의 횡포를 금하는 말이다. (주해 6)

■ 이악행의【離惡行義】: 악을 떠나 의를 행하면 영혼을 보전함.

만일 악인이 그 행한 악을 떠나 정의와 공의를 행하면 그 영혼을 보전하리라 (겔 18:27)

■ 위피선지【爲彼選地】: 그들을 위하여 찾아 두었던 땅.

그 날에 내가 내 손을 들어 그들에게 맹세하기를 애굽 땅에서 인도하여 내어 그들을

守(지킬 수) 約(묶을 약) 能(능할 능) 言(말씀 언) 貸(빌릴 대) 利(이자 리) 離(떼놓을 리) 惡(악할 악) 彼(저 피) 選(가릴 선)

위하여 찾아 두었던 땅 곧 젖과 꿀이 흐르는 땅이요 모든 땅 중의 아름다운 곳에 이르게 하리라 하고 (겔 20:6)

■ 불변성속【不辨聖俗】: 거룩함과 속된 것을 구별치 않음.

그 제사장들은 내 율법을 범하였으며 나의 성물을 더럽혔으며 거룩함과 속된 것을 구별하지 아니하였으며 부정함과 정한 것을 사람이 구별하게 하지 아니하였으며 그의 눈을 가리어 나의 안식일을 보지 아니하였으므로 내가 그들 가운데에서 더럽힘을 받았느니라 (겔 22:26)

■ 이방무타【異邦無他】: 유다 족속은 이방인과 다름이 없음.

주 여호와께서 이같이 말씀하셨느니라 모압과 세일이 이르기를 유다 족속은 모든 이방과 다름이 없다 하도다 (겔 25:8)

■ 인미심교【因美心驕】: 네가 아름다우므로 마음이 교만해짐.

네가 아름다우므로 마음이 교만하였으며 네가 영화로우므로 네 지혜를 더럽혔음이여 내가 너를 땅에 던져 왕들 앞에 두어 그들의 구경 거리가 되게 하였도다 (겔 28:17)

■ 시의행악【恃義行惡】: 의만 믿고 죄악을 행함.

가령 내가 의인에게 말하기를 너는 살리라 하였다 하자 그가 그 공의를 스스로 믿고 죄악을 행하면 그 모든 의로운 행위가 하나도 기억되지 아니하리니 그가 그 지은 죄악으로 말미암아 곧 그 안에서 죽으리라 (겔 33:13)

異(다를 이) 邦(나라 방) 他(다를 타) 因(인할 인) 美(아름다울 미) 驕(교만할 교)
恃(믿을 시)

■ 자목필화【自牧必禍】: 자기만 보살피는 목자는 화가 있음.

인자야 너는 이스라엘 목자들에게 예언하라 그들 곧 목자들에게 예언하여 이르기를 주 여호와께서 이같이 말씀하시되 자기만 먹는 이스라엘 목자들은 화 있을진저 목자들이 양 떼를 먹이는 것이 마땅하지 아니하냐 (겔 34:2)

■ 아친목양【我親牧羊】: 여호와가 친히 목자가 됨.

내가 친히 내 양의 목자가 되어 그것들을 누워 있게 할지라 주 여호와의 말씀이니라 (겔 34:15)

■ 신령신심【新靈新心】: 새 영과 새 마음을 주심.

또 새 영을 너희 속에 두고 새 마음을 너희에게 주되 너희 육신에서 굳은 마음을 제거하고 부드러운 마음을 줄 것이며 (겔 36:26상)

■ 거완유심【去頑柔心】: 굳은 마음을 제하고 부드러운 마음을 줌.

너희 육신에서 굳은 마음을 제거하고 부드러운 마음을 줄 것이며 (겔 36:26하)

■ 치령종주【置靈從主】: 새 영을 마음속에 두어 순종케 함.

또 내 영을 너희 속에 두어 너희로 내 율례를 행하게 하리니 너희가 내 규례를 지켜 행할지라 (겔 36:27)

【註解】 하나님의 영이신 성령은 사람으로 하여금 죄의 길에서 돌이켜 하나님의 말씀에 따라 신실하게 살아가도록 뜨거운 영적 변화를 일으키신다.

牧(칠 목) 禍(재화 화) 親(친할 친) 新(새 신) 靈(신령 령) 去(갈 거) 頑(완고할 완) 柔(부드러울 유) 置(둘 치) 從(좇을 종)

■ 황지복경【荒地復耕】: 황폐한 땅이 장차 경작됨.

전에는 지나가는 자의 눈에 황폐하게 보이던 그 황폐한 땅이 장차 경작이 될지라 (겔 36:34)

■ 고골부생【枯骨復生】: 마른 뼈에 생기를 넣어 살아나게 함.

주 여호와께서 이 뼈들에게 이같이 말씀하시기를 내가 생기를 너희에게 들어가게 하리니 너희가 살아나리라 (겔 37:5)

■ 수중위일【手中爲一】: 주의 손에서 둘이 하나가 됨.

그 막대기들을 서로 합하여 하나가 되게 하라 네 손에서 둘이 하나가 되리라 (겔 37:17)

■ 평강영약【平康永約】: 화평의 언약을 세워 영원한 언약이 되게 함.

내가 그들과 화평의 언약을 세워서 영원한 언약이 되게 하고 또 그들을 견고하고 번성하게 하며 내 성소를 그 가운데에 세워서 영원히 이르게 하리니 (겔 37:26)

■ 주위민위【主爲民爲】: 나는 하나님이 되고, 그들은 내 백성이 됨.

내 처소가 그들 가운데에 있을 것이며 나는 그들의 하나님이 되고 그들은 내 백성이 되리라 (겔 37:27)

荒(거칠 황) 耕(밭갈 경) 平(평평할 평) 康(편안할 강) 約(묶을 약) 枯(마를 고) 骨(뼈 골)
殿(큰 집 전) 法(법 법) 至(이를 지) 聖(성스러울 성)

■ 전법지성【殿法至聖】: 성전의 법은 지극히 거룩함.

성전의 법은 이러하니라 산 꼭대기 지점의 주위는 지극히 거룩하리라 성전의 법은 이러하니라 (겔 43:12)

■ 하지물생【河至物生】: 강물이 이르는 곳마다 생물이 번성함.

이 강물이 이르는 곳마다 번성하는 모든 생물이 살고 또 고기가 심히 많으리니 이 물이 흘러 들어가므로 바닷물이 되살아나겠고 이 강이 이르는 각처에 모든 것이 살 것이며 (겔 47:9)

【註解】 성전에서 흘러나온 물은 강을 이루면서 사해로 흘러갔다. 이 생명수는 황무지를 옥토로 바꾸고 사해를 소생시켜 온갖 물고기를 자라게 하고 수많은 초목들은 각종 열매를 맺는다. 이 생명수의 강은 예수 그리스도의 보혈을 상징한다. (주해 2)

河(강 이름 하) 至(이를 지) 物(만물 물) 生(날 생)

제신지주(諸神之主)

다니엘, 호세아, 요엘

■ 변시역왕【變時易王】: 때와 기한을 바꾸고 왕을 폐하고 세우심.

그는 때와 계절을 바꾸시며 왕들을 폐하시고 왕들을 세우시며 지혜자에게 지혜를 주시고 총명한 자에게 지식을 주시는도다 (단 2:21)

■ 제신지주【諸神之主】: 하나님은 참으로 모든 신의 신임.

왕이 대답하여 다니엘에게 이르되 너희 하나님은 참으로 모든 신들의 신이시요 모든 왕의 주재시로다 네가 능히 이 은밀한 것을 나타내었으니 네 하나님은 또 은밀한 것을 나타내시는 이시로다 (단 2:47)

諸(모든 제) 神(귀신 신) 變(변할 변) 時(때 시) 易(바꿀 역)

■ 투삼유사【投三遊四】: 불에 던진 자는 셋인데 네 사람이 다님.

그 때에 느부갓네살 왕이 놀라 급히 일어나서 모사들에게 물어 이르되 우리가 결박하여 불 가운데에 던진 자는 세 사람이 아니었느냐 하니 그들이 왕에게 대답하여 이르되 왕이여 옳소이다 하더라 / 왕이 또 말하여 이르되 내가 보니 결박되지 아니한 네 사람이 불 가운데로 다니는데 상하지도 아니하였고 그 넷째의 모양은 신들의 아들과 같도다 하고 (단 3:24~25)

■ 화호무상【火毫無傷】: 불 속에서도 머리털 하나 상하지 않음.

총독과 지사와 행정관과 왕의 모사들이 모여 이 사람들을 본즉 불이 능히 그들의 몸을 해하지 못하였고 머리털도 그을리지 아니하였고 겉옷 빛도 변하지 아니하였고 불 탄 냄새도 없었더라 (단 3:27)

【註解】 고대 근동의 형벌 중 사형의 경우에는 돌로 치거나 칼로 죽이는 방법이 가장 일반적이었었다. 그런데 앗수르 제국이나 바벨론 제국 시대에는 그 형벌이 보다 잔인해져서 신을 모독하거나 신의 아들로서 절대적 존재로 여겨진 왕의 법령을 어기는 자들은 산 채로 풀무 불에 태워 죽이거나 맹수 가운데로 던져 찢겨 죽게 하는 형벌이 일반화되었었다. 한편 '풀무'는 우리말로 '불을 피울 때 바람을 일으키는 기구'이나 이에 해당하는 아람어 '아툰'은 아궁이, 혹은 금속을 녹이거나 벽돌을 굽기 위해 사용된 용광로나 가마솥을 지칭하는 단어이다. (주해 1)

■ 행의긍빈【行義矜貧】: 공의를 행하고 가난한 자를 긍휼히 여김.

그런즉 왕이여 내가 아뢰는 것을 받으시고 공의를 행함으로 죄를 사하고 가난한 자를 긍휼히 여김으로 죄악을 사하소서 그리하시면 왕의 평안함이 혹시 장구하리이다 하니라 (단 4:27)

投(던질 투) 遊(놀 유) 四(넉 사) 火(불 화) 毫(가는 털 호) 無(없을 무) 傷(상처 상) 矜(불쌍히 여길 긍) 貧(가난할 빈)

■ 사구불상【獅口不傷】: 천사로 하여금 사자 입을 봉하게 하여 상처를 입지 아니함.

나의 하나님이 이미 그의 천사를 보내어 사자들의 입을 봉하셨으므로 사자들이 나를 상해하지 못하였사오니 이는 나의 무죄함이 그 앞에 명백함이오며 또 왕이여 나는 왕에게도 해를 끼치지 아니하였나이다 하니라 (단 6:22)

■ 녹명득구【錄名得救】: 이 책에 기록된 자는 구원을 받음.

그 때에 네 민족을 호위하는 큰 군주 미가엘이 일어날 것이요 또 환난이 있으리니 이는 개국 이래로 그 때까지 없던 환난일 것이며 그 때에 네 백성 중 책에 기록된 모든 자가 구원을 받을 것이라 (단 12:1)

■ 중분지증【衆奔知增】: 마지막 날에 사람이 빨리 왕래하고 지식이 더함.

다니엘아 마지막 때까지 이 말을 간수하고 이 글을 봉함하라 많은 사람이 빨리 왕래하며 지식이 더하리라 (단 12:4)

【註解】 혹자는 과학 문명의 발전과 교통수단 발전의 최첨단화로 보는 견해도 있으나, 대체적으로는 종말이 가까움에 따라 사람이 지식을 얻기 위해 여기저기 찾아다니는 것을 의미하는 것으로 본다. (주해 3)

■ 유번유죄【愈繁愈罪】: 번성할수록 더 범죄함.

그들은 번성할수록 내게 범죄하니 내가 그들의 영화를 변하여 욕이 되게 하리라 (호 4:7)

獅(사자 사) 錄(기록할 록) 救(건질 구) 衆(무리 중) 奔(달릴 분) 增(불을 증) 愈(나을 유) 繁(많을 번)

■ 갈력식주【竭力識主】: 힘써 여호와를 알자.

그러므로 우리가 여호와를 알자 힘써 여호와를 알자 그의 나타나심은 새벽 빛같이 어김없나니 비와같이, 땅을 적시는 늦은 비와같이 우리에게 임하시리라 하니라 (호 6:3)

【註解】 제임스 패커의《하나님을 아는 지식》에서, 우리는 무엇을 위해 창조되었는가? 하나님을 알기 위해서이다. 우리는 인생에서 어떤 목표를 세워야 하는가? 하나님을 아는 것이 그의 목표이다.

예수님이 주시는 영생이란 무엇인가? 하나님을 아는 지식이 바로 그것이다. "영생은 곧 유일하신 참 하나님과 그의 보내신 자 예수 그리스도를 아는 것이다"(요 17:3). 그런데 우리가 하나님을 아는 것은 하나님이 우리를 아신바 되었기 때문이다. 내가 하나님을 안다는 사실이 아니라 그분이 나를 아신다는 사실이다. 특히 그리스도인이 하나님을 아는 것은 하나님이 그들을 아신 결과이다. 하나님이 먼저 은혜로 그들을 택하셨기 때문에 그들이 믿음으로 하나님을 아는 것이다.

■ 식주어번【識主於燔】: 번제보다 하나님을 아는 것을 원하심.

나는 인애를 원하고 제사를 원하지 아니하며 번제보다 하나님을 아는 것을 원하노라 (호 6:6)

■ 종의확자【種義穫慈】: 공의를 심고 인애를 거둠.

너희가 자기를 위하여 공의를 심고 인애를 거두라 너희 묵은 땅을 기경하라 지금이 곧 여호와를 찾을 때니 마침내 여호와께서 오사 공의를 비처럼 너희에게 내리시리라 (호 10:12상)

竭(다할 갈) 識(알 식) 燔(구울 번) 種(씨 종) 義(옳을 의) 穫(벼 벨 확) 慈(사랑할 자)

■ 공의강우【公義降雨】: 공의를 비처럼 내림.

너희가 자기를 위하여 공의를 심고 인애를 거두라 너희 묵은 땅을 기경하라 지금이 곧 여호와를 찾을 때니 마침내 여호와께서 오사 공의를 비처럼 너희에게 내리시리라 (호 10:12)

■ 인애위승【仁愛爲繩】: 사랑의 줄로 이끌음.

내가 사람의 줄 곧 사랑의 줄로 그들을 이끌었고 그들에게 대하여 그 목에서 멍에를 벗기는 자같이 되었으며 그들 앞에 먹을 것을 두었노라 (호 11:4)

■ 득포망주【得飽忘主】: 배부르니 교만해져서 여호와 하나님을 잊음.

그들이 먹여 준 대로 배가 불렀고 배가 부르니 그들의 마음이 교만하여 이로 말미암아 나를 잊었느니라 (호 13:6)

■ 이순대독【以脣代犢】: 송아지 대신 입술의 열매를 드림.

너는 말씀을 가지고 여호와께로 돌아와서 아뢰기를 모든 불의를 제거하시고 선한 바를 받으소서 우리가 수송아지를 대신하여 입술의 열매를 주께 드리리이다 (호 14:2)

■ 불의열심【不衣裂心】: 옷을 찢지 말고 마음을 찢음.

너희는 옷을 찢지 말고 마음을 찢고 너희 하나님 여호와께로 돌아올지어다 그는 은혜로우시며 자비로우시며 노하기를 더디하시며 인애가 크시사 뜻을 돌이켜 재앙을 내리지 아니하시나니 (욜 2:13)

公(공변될 공) 降(내릴 강) 雨(비 우) 仁(어질 인) 愛(사랑 애) 爲(할 위) 繩(줄 승) 得(얻을 득) 飽(배부를 포) 忘(잊을 망) 脣(입술 순) 代(대신할 대) 犢(송아지 독) 衣(옷 의) 裂(찢을 렬)

■ 관령만민【灌靈萬民】: 내 영을 만민에게 부어 줌.

그 후에 내가 내 영을 만민에게 부어 주리니 너희 자녀들이 장래 일을 말할 것이며 너희 늙은이는 꿈을 꾸며 너희 젊은이는 이상을 볼 것이며 (욜 2:28)

【註解】 "그 후에"는 메시야의 임재, 즉 그리스도의 초청에서 재림까지의 신약 시대 전체를 지칭한다. 구약 시대에 하나님의 영, 곧 성령의 사역도 제사장이나 선지자나 왕, 또는 모세 시대의 70인 장로들처럼, 특별한 자들에게만 한시적으로 임했다(민 11:16~17). 하지만 이제 요엘 선지자는 그 지위나 상태에 상관없이 모든 이들에게 풍성하게 임하는 성령의 새로운 사역을 예언하고 있다. 오순절 성령 강림의 사건은 이 예언의 성취이다(행 2:16~21). (주해 1)

灌(물 댈 관) 靈(신령 령) 萬(일만 만) 民(백성 민)

공의여류(公義如流)

아모스, 학개, 요나, 미가, 나훔, 하박국, 스바냐

■ 심주즉생【尋主則生】: 여호와를 찾으면 살게 됨.

여호와께서 이스라엘 족속에게 이와같이 말씀하시기를 너희는 나를 찾으라 그리하면 살리라 (암 5:4)

■ 공의여류【公義如流】: 정의를 물같이 흐르게 함.

오직 정의를 물같이, 공의를 마르지 않는 강같이 흐르게 할지어다 (암 5:24)

■ 불청기갈【不聽飢渴】: 여호와의 말씀을 듣지 못하여 기갈임.

주 여호와의 말씀이니라 보라 날이 이를지라 내가 기근을 땅에 보내리니 양식이 없어

如(같을 여) 流(흐를 류) 尋(찾을 심) 聽(들을 청) 飢(주릴 기) 渴(목마를 갈)

주림이 아니며 물이 없어 갈함이 아니요 여호와의 말씀을 듣지 못한 기갈이라 (암 8:11)

■ 연아지고【緣我之故】: 폭풍을 만난 것은 나 때문임.

그가 대답하되 나를 들어 바다에 던지라 그리하면 바다가 너희를 위하여 잔잔하리라 너희가 이 큰 폭풍을 만난 것이 나 때문인 줄을 내가 아노라 하니라 (욘 1:12)

■ 어복삼일【魚腹三日】: 밤낮 삼 일을 물고기 뱃속에서 지냄.

여호와께서 이미 큰 물고기를 예비하사 요나를 삼키게 하셨으므로 요나가 밤낮 삼 일을 물고기 뱃속에 있으니라 (욘 1:17)

■ 호음지은【瓠蔭之恩】: 박넝쿨 그늘의 은혜.

하나님 여호와께서 박넝쿨을 예비하사 요나를 가리게 하셨으니 이는 그의 머리를 위하여 그늘이 지게 하며 그의 괴로움을 면하게 하려 하심이었더라 요나가 박넝쿨로 말미암아 크게 기뻐하였더니 (욘 4:6)

■ 생불여사【生不如死】: 사는 것보다 죽는 것이 나음.

해가 뜰 때에 하나님이 뜨거운 동풍을 예비하셨고 해는 요나의 머리에 쪼이매 요나가 혼미하여 스스로 죽기를 구하여 이르되 사는 것보다 죽는 것이 내게 나으니이다 하니라 (욘 4:8)

緣(가선 연) 魚(고기 어) 腹(배 복) 瓠(표주박 호) 蔭(그늘 음) 恩(은혜 은)

■ 박피척육【剝皮剔肉】: 백성의 가죽을 벗기고 뼈에서 살을 뜯어 냄.

너희가 선을 미워하고 악을 기뻐하여 내 백성의 가죽을 벗기고 그 뼈에서 살을 뜯어 (미 3:2)

■ 악공곡정【惡公曲正】: 정의를 미워하고 정직한 것을 굽게 함.

야곱 족속의 우두머리들과 이스라엘 족속의 통치자들 곧 정의를 미워하고 정직한 것을 굽게 하는 자들아 원하노니 이 말을 들을지어다 (미 3:9)

■ 수소출권【雖小出權】: 족속 중에서 너는 작을지라도 다스릴 자가 네게서 나올 것임.

베들레헴 에브라다야 너는 유다 족속 중에 작을지라도 이스라엘을 다스릴 자가 네게서 내게로 나올 것이라 그의 근본은 상고에, 영원에 있느니라 (미 5:2)

【註解】 예수가 태어나기 대략 720년 전에 미가 선지자는 "유대 땅 베들레헴"에서 이스라엘을 다스릴 메시야 예수가 탄생할 것이라고 분명히 예언했다. 오랜 후에 유대의 종교 지도자들은 메시야의 탄생 장소를 묻는 헤롯 왕에게 미가 선지자의 이 예언을 인용해서 알려 주었다(마 2:4~6). (주해 6)

■ 주기시보【主忌施報】: 여호와는 질투하시며 보복하심.

여호와는 질투하시며 보복하시는 하나님이시니라 여호와는 보복하시며 진노하시되 자기를 거스르는 자에게 여호와는 보복하시며 자기를 대적하는 자에게 진노를 품으시며 (나 1:2)

【註解】 질투는 열성적인 마음과 관련된 것이다. 그것은 사람 사이의 질투처럼 이기적이거나 감정을 다스리지 못한 상태를 가리키지 않고, 자기 백성을

剝(벗길 박) 皮(가죽 피) 剔(바를 척) 肉(고기 육) 曲(굽을 곡) 正(바를 정) 雖(비록 수) 出(날 출) 權(저울추 권) 忌(꺼릴 기) 施(베풀 시) 報(갚을 보)

항한 열성적인 사랑의 마음에 기초하고 있는 것이다. 이런 측면에서 하나님을 자기 백성을 해치는 자들에 대해 열성적으로 반드시 보복하시는 것이다. (주해 6)

■ 이력위신【以力爲神】: 힘으로 자기 신을 삼음.

그들은 자기들의 힘을 자기들의 신으로 삼는 자들이라 이에 바람같이 급히 몰아 지나치게 행하여 범죄하리라 (합 1:11)

■ 묵시정시【默示定時】: 묵시는 정한 때가 있음.

이 묵시는 정한 때가 있나니 그 종말이 속히 이르겠고 결코 거짓되지 아니하리라 비록 더딜지라도 기다리라 지체되지 않고 반드시 응하리라 (합 2:3)

■ 유의이신【惟義以信】: 의인은 믿음으로 말미암아 삶.

보라 그의 마음은 교만하며 그 속에서 정직하지 못하나 의인은 그의 믿음으로 말미암아 살리라 (합 2:4)

【註解】 이 말씀은 복음의 핵심으로서 인간 구원의 조건이 행위에 있지 않고 오직 하나님께서 인간에게 선물로 주신 믿음에 있음을 증거해 주는 귀한 메시지이다. 또한 로마서의 이신득의(以信得義) 사상의 근간이 되는 말씀이기도 하다. (주해 2)

■ 주상위사【鑄像僞師】: 부어 만든 우상은 거짓 스승임.

새긴 우상은 그 새겨 만든 자에게 무엇이 유익하겠느냐 부어 만든 우상은 거짓 스승이라 만든 자가 이 말하지 못하는 우상을 의지하니 무엇이 유익하겠느냐 (합 2:18)

以(써 이) 力(힘 력) 爲(할 위) 神(하나님 신) 默(잠잠할 묵) 示(보일 시) 定(정할 정) 鑄(쇠 부어 만들 주) 像(형상 상) 僞(거짓 위) 師(스승 사)

■ 부흥부창【復興復彰】: 주의 일을 수년 내에 부흥케 하시고, 나타내시옵소서.

여호와여 내가 주께 대한 소문을 듣고 놀랐나이다 여호와여 주는 주의 일을 이 수년 내에 부흥하게 하옵소서 이 수년 내에 나타내시옵소서 진노 중에라도 긍휼을 잊지 마옵소서 (합 3:2)

■ 환주희구【歡主喜救】: 여호와를 말미암아 즐거워하며 구원으로 말미암아 기뻐함.

나는 여호와로 말미암아 즐거워하며 나의 구원의 하나님으로 말미암아 기뻐하리로다 (합 3:18)

■ 대일근속【大日近速】: 여호와의 큰 날이 가깝고 빠름.

여호와의 큰 날이 가깝도다 가깝고도 빠르도다 여호와의 날의 소리로다 용사가 거기서 심히 슬피 우는도다 (습 1:14)

■ 잔류궁민【殘留窮民】: 곤고하고 가난한 백성을 남겨 둠.

내가 곤고하고 가난한 백성을 네 가운데에 남겨 두리니 그들이 여호와의 이름을 의탁하여 보호를 받을지라 (습 3:12)

興(일 흥) 彰(밝을 창) 歡(기뻐할 환) 救(건질 구) 速(빠를 속) 殘(해칠 잔) 留(머무를 류) 窮(다할 궁) 民(백성 민)

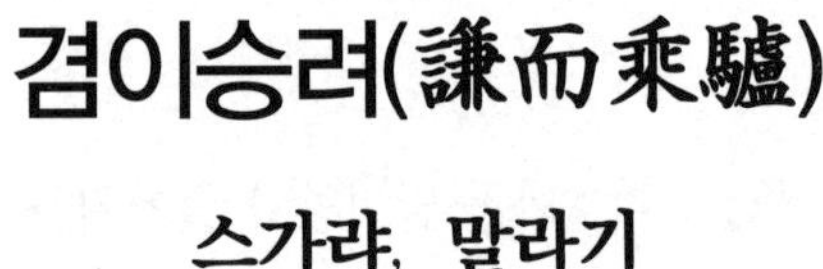

겸이승려(謙而乘驢)

스가랴, 말라기

■ 발노칠십【發怒七十】: 여호와께서 노하신 지 70년이 되었음.

여호와의 천사가 대답하여 이르되 만군의 여호와여 여호와께서 언제까지 예루살렘과 유다 성읍들을 불쌍히 여기지 아니하시려 하나이까 이를 노하신 지 칠십 년이 되었나이다 하매 (슥 1:12)

■ 제죄미의【除罪美衣】: 죄악을 제거하고 아름다운 옷을 입힘.

여호와께서 자기 앞에 선 자들에게 명령하사 그 더러운 옷을 벗기라 하시고 또 여호수아에게 이르시되 내가 네 죄악을 제거하여 버렸으니 네게 아름다운 옷을 입히리라 하시기로 (슥 3:4)

謙(겸손할 겸) 乘(탈 승) 驢(나귀 려) 發(쏠 발) 怒(성낼 노) 除(덜 제)

■ 비력주령【非力主靈】: 힘이나 능력으로 되지 아니하고, 오직 주의 영으로 됨.

그가 내게 대답하여 이르되 여호와께서 스룹바벨에게 하신 말씀이 이러하니라 만군의 여호와께서 말씀하시되 이는 힘으로 되지 아니하며 능력으로 되지 아니하고 오직 나의 영으로 되느니라 (슥 4:6)

■ 겸이승려【謙而乘驢】: 겸손하여 나귀를 타심.

시온의 딸아 크게 기뻐할지어다 예루살렘의 딸아 즐거이 부를지어다 보라 네 왕이 네게 임하시나니 그는 공의로우시며 구원을 베푸시며 겸손하여서 나귀를 타시나니 나귀의 작은 것 곧 나귀 새끼니라 (슥 9:9)

■ 절은지장【折恩之杖】: 은총의 막대기를 꺾음.

이에 은총이라 하는 막대기를 취하여 꺾었으니 이는 모든 백성들과 세운 언약을 폐하려 하였음이라 (슥 11:10)

■ 개천세죄【開泉洗罪】: 죄와 더러움을 씻는 샘이 열림.

그 날에 죄와 더러움을 씻는 샘이 다윗의 족속과 예루살렘 주민을 위하여 열리리라 (슥 13:1)

【註解】 성도의 구원을 얻게 될 것을 예고하는 메시지라 볼 수 있다. 그리고 온 이스라엘이 죄와 더러움을 씻을 수 있는 근거는 죄인을 대신하여 죽으신 그리스도의 보혈을 상징한다고 볼 수 있다(마 26:28). (주해 2)

靈(신령 령) 折(꺾을 절) 杖(지팡이 장) 開(열 개) 泉(샘 천) 洗(씻을 세)

■ 연은시금【鍊銀試金】: 은같이 연단하며 금같이 시험함.

내가 그 삼분의 일을 불 가운데에 던져 은같이 연단하며 금같이 시험할 것이라 그들이 내 이름을 부르리니 내가 들을 것이며 나는 말하기를 이는 내 백성이라 할 것이요 그들은 말하기를 여호와는 내 하나님이시라 하리라 (슥 13:9)

■ 주이하애【主以何愛】: 주께서 어떻게 우리를 사랑했습니까?

여호와께서 이르시되 내가 너희를 사랑하였노라 하나 너희는 이르기를 주께서 어떻게 우리를 사랑하셨나이까 하는도다 나 여호와가 말하노라 에서는 야곱의 형이 아니냐 그러나 내가 야곱을 사랑하였고 (말 1:2)

■ 오병헌제【汚餠獻祭】: 더러운 떡으로 제단에 올림.

너희가 더러운 떡을 나의 제단에 드리고도 말하기를 우리가 어떻게 주를 더럽게 하였나이까 하는도다 이는 너희가 여호와의 식탁은 경멸히 여길 것이라 말하기 때문이라 / 만군의 여호와가 이르노라 너희가 눈 먼 희생제물을 바치는 것이 어찌 악하지 아니하며 저는 것, 병든 것을 드리는 것이 어찌 악하지 아니하냐 이제 그것을 너희 총독에게 드려 보라 그가 너를 기뻐하겠으며 너를 받아 주겠느냐 (말 1:7~8)

■ 불영저복【不榮詛福】: 내 이름을 영화롭게 하지 않으면 너희의 복을 저주함.

만군의 여호와가 이르노라 너희가 만일 듣지 아니하며 마음에 두지 아니하여 내 이름을 영화롭게 하지 아니하면 내가 너희에게 저주를 내려 너희의 복을 저주하리라 내가 이미 저주하였나니 이는 너희가 그것을 마음에 두지 아니하였음이라 (말 2:2)

鍊(불릴 련) 銀(은 은) 試(시험할 시) 金(쇠 금) 何(어찌 하) 愛(사랑 애) 汚(더러울 오) 餠(떡 병) 獻(바칠 헌) 祭(제사 제) 榮(영화 영) 詛(저주할 저)

■ 비주지도【備主之道】: 주의 길을 준비함.

만군의 여호와가 이르노라 보라 내가 내 사자를 보내리니 그가 내 앞에서 길을 준비할 것이요 또 너희가 구하는 바 주가 갑자기 그의 성전에 임하시리니 곧 너희가 사모하는 바 언약의 사자가 임하실 것이라 (말 3:1)

■ 개천주복【開天注福】: 하늘 문을 열고 복을 부어 줌.

만군의 여호와가 이르노라 너희의 온전한 십일조를 창고에 들여 나의 집에 양식이 있게 하고 그것으로 나를 시험하여 내가 하늘 문을 열고 너희에게 복을 쌓을 곳이 없도록 붓지 아니하나 보라 (말 3:10)

■ 의일의광【義日醫光】: 의로운 해가 떠올라 치료하는 광선을 발함.

내 이름을 경외하는 너희에게는 공의로운 해가 떠올라서 치료하는 광선을 비추리니 너희가 나가서 외양간에서 나온 송아지같이 뛰리라 (말 4:2)

■ 대외지일【大畏之日】: 여호와의 크고 두려운 날이 이르기 전에.

보라 여호와의 크고 두려운 날이 이르기 전에 내가 선지자 엘리야를 너희에게 보내리니 (말 4:5)

【註解】 여기에서 언급된 엘리야는 "디셈 사람 엘리야"가 아니라 "엘리야의 심령과 능력"으로 와서(눅 1:17) 메시아의 길을 예비했던 세례 요한을 가리킨다. 누가복음(1:17)에서는 비록 세례 요한이 제사장 가문의 출신이긴 하나 마치 엘리야와같이 하나님의 능력의 장중에 사로잡혀 예언자로서의 사역을 감당하게 될 것을 의미한다. (주해 1)

備(갖출 비) 主(주인 주) 之(갈 지) 道(길 도) 開(열 개) 天(하늘 천) 注(물 댈 주) 福(복 복) 義(옳을 의) 日(해 일) 醫(의원 의) 畏(두려워할 외)

2부 신약(新約)

주위인불(主爲人不)

마태복음

■ 칭위기독【稱爲基督】: 그리스도라 칭하는 예수.

야곱은 마리아의 남편 요셉을 낳았으니 마리아에게서 그리스도라 칭하는 예수가 나시니라 (마 1:16)

【註解】 예수는 이름이며 그리스도는 칭호이다. 예수는 구주(救主)라는 뜻이며, 그리스도는 '기름 부음을 받은 자' 메시아를 가리킨다. 즉 그리스도는 구약의 메시야에 대한 신약의 호칭이다. 한편 '임마누엘'이라는 이름은 예수가 태어나기 700여 년 전에 이사야 선지자가 예수의 동정녀 탄생을 예언하면서 사용했다(사 7:14). 그 뜻은 '하나님이 우리와 함께 계신다'이다. (주해 7)

主(주 주)(기독교에서는 "하나님" 또는 "그리스도"로 통용) 稱(일컬을 칭) 基(터 기) 督(살펴볼 독)

■ 성령잉태【聖靈孕胎】: 성령으로 잉태됨.

이 일을 생각할 때에 주의 사자가 현몽하여 이르되 다윗의 자손 요셉아 네 아내 마리아 데려오기를 무서워하지 말라 그에게 잉태된 자는 성령으로 된 것이라 (마 1:20)

■ 견성래배【見星來拜】: 별을 보고 경배하러 옴.

유대인의 왕으로 나신 이가 어디 계시냐 우리가 동방에서 그의 별을 보고 그에게 경배하러 왔노라 하니 (마 2:2)

■ 영강여합【靈降如鴿】: 성령이 비둘기같이 내려 임함.

예수께서 세례를 받으시고 곧 물에서 올라오실새 하늘이 열리고 하나님의 성령이 비둘기같이 내려 자기 위에 임하심을 보시더니 (마 3:16)

■ 생불유병【生不惟餠】: 사람이 떡으로만 살 수 없음.

예수께서 대답하여 이르시되 기록되었으되 사람이 떡으로만 살 것이 아니요 하나님의 입으로부터 나오는 모든 말씀으로 살 것이라 하였느니라 하시니 (마 4:4)

■ 천국이회【天國邇悔】: 회개하라 천국이 가까이 왔다.

이 때부터 예수께서 비로소 전파하여 이르시되 회개하라 천국이 가까이 왔느니라 하시더라 (마 4:17)

【註解】 천국은 하나님이 계신 곳이다. 이제 하나님이신 예수님이 성육신(成肉身)하여 사람들과 가까이 계시므로, 천국도 가까이 임한 것이다.

孕(아이 밸 잉) 胎(아이 밸 태) 星(별 성) 拜(절 배) 降(내릴 강) 鴿(집비둘기 합)
餠(떡 병) 邇(가까울 이) 悔(뉘우칠 회)

■ 사이어인【使爾漁人】: 너로 하여금 사람을 낚는 어부가 되게 하리라.

말씀하시되 나를 따라오라 내가 너희를 사람을 낚는 어부가 되게 하리라 하시니 (마 4:19)

■ 허심유복【虛心有福】: 심령이 가난한 자는 복이 있음.

심령이 가난한 자는 복이 있나니 천국이 그들의 것임이요 (마 5:3)

【註解】 산상수훈 중 8복은 세상의 가치 체계가 아닌 천국의 가치 체계를 가르친 것이다. 즉 행복의 일부가 아니라 행복 그 자체를 다루고 있는 이 8복은 그 조건으로 하나님을 향한 성실한 성도의 신앙 자체를, 그 결과로서 영원한 천국의 기쁨을 제시하고 있는 것이다. 심령이 가난한 자, 즉 순수한 마음, 온유한 태도, 겸손한 인격, 경건한 신앙, 의로운 삶 등 내적이고 영적인 가치가 천국 시민에게 합당한 진짜 소중한 가치임을 일깨워 주셨다. (주해 2)

■ 기갈모의【飢渴慕義】: 의에 주리고 목마른 자는 복이 있음.

의에 주리고 목마른 자는 복이 있나니 그들이 배부를 것임이요 (마 5:6)

■ 청심견주【淸心見主】: 마음이 청결한 자는 하나님을 볼 것임.

마음이 청결한 자는 복이 있나니 그들이 하나님을 볼 것임이요 (마 5:8)

■ 위광여염【爲光與鹽】: 너희는 세상의 빛과 소금되어.

너희는 세상의 소금이니 소금이 만일 그 맛을 잃으면 무엇으로 짜게 하리요 후에는

使(하여금 사) 爾(너 이) 漁(고기 잡을 어) 虛(빌 허) 福(복 복) 飢(주릴 기)
渴(목마를 갈) 慕(그리워할 모) 義(옳을 의) 淸(맑을 청) 鹽(소금 염)

아무 쓸 데 없어 다만 밖에 버려져 사람에게 밟힐 뿐이니라 / 너희는 세상의 빛이라 산 위에 있는 동네가 숨겨지지 못할 것이요 (마 5:13~14)

■ 이광조인 【爾光照人】 : 너희 빛이 사람 앞에 비치게 하여 착한 행실을 보게 함.

이같이 너희 빛이 사람 앞에 비치게 하여 그들로 너희 착한 행실을 보고 하늘에 계신 너희 아버지께 영광을 돌리게 하라 (마 5:16)

■ 선화헌례 【先和獻禮】 : 형제와 화목한 후 예물을 드림.

예물을 제단 앞에 두고 먼저 가서 형제와 화목하고 그 후에 와서 예물을 드리라 (마 5:24)

■ 상일구체 【喪一救體】 : 백체 중 하나가 없어지고 온 몸이 구원을 받음.

만일 네 오른 눈이 너로 실족하게 하거든 빼어 내버리라 네 백체 중 하나가 없어지고 온 몸이 지옥에 던져지지 않는 것이 유익하며 (마 5:29)

■ 물서지천 【勿誓指天】 : 하늘로 맹세하지 말라.

나는 너희에게 이르노니 도무지 맹세하지 말지니 하늘로도 하지 말라 이는 하나님의 보좌임이요 (마 5:34)

照(비출 조) 和(화할 화) 獻(바칠 헌) 禮(예도 례) 喪(죽을 상) 體(몸 체) 誓(맹세할 서)

■ 수굴당인【受屈當忍】: 오른 빰을 치거든 왼 편도 돌려 댐.

나는 너희에게 이르노니 악한 자를 대적하지 말라 누구든지 네 오른편 뺨을 치거든 왼편도 돌려 대며 (마 5:39)

■ 일무사조【日無私照】: 해를 악인과 선인에게 비추임.

나는 너희에게 이르노니 너희 원수를 사랑하며 너희를 박해하는 자를 위하여 기도하라 / 이같이 한즉 하늘에 계신 너희 아버지의 아들이 되리니 이는 하나님이 그 해를 악인과 선인에게 비추시며 비를 의로운 자와 불의한 자에게 내려주심이라 (마 5:44~45)

■ 이득기상【已得己賞】: 사람에게서 영광을 받은 사람은 자기 상을 이미 받았음.

그러므로 구제할 때에 외식하는 자가 사람에게서 영광을 받으려고 회당과 거리에서 하는 것같이 너희 앞에 나팔을 불지 말라 진실로 너희에게 이르노니 그들은 자기 상을 이미 받았느니라 (마 6:2)

■ 시제은의【施濟隱矣】: 오른손이 구제하는 것을 왼손이 모르게 함.

너는 구제할 때에 오른손이 하는 것을 왼손이 모르게 하여 / 네 구제함을 은밀하게 하라 은밀한 중에 보시는 너의 아버지께서 갚으시리라 (마 6:3~4)

■ 주명위성【主名爲聖】: 하나님 아버지 이름을 거룩히 여김을 받으심.

그러므로 너희는 이렇게 기도하라 하늘에 계신 우리 아버지여 이름이 거룩히 여김을 받으시오며 (마 6:9)

屈(굽을 굴) 當(당할 당) 忍(참을 인) 照(비출 조) 得(얻을 득) 賞(상줄 상) 施(베풀 시) 濟(건널 제) 隱(숨길 은) 矣(어조사 의)

【註解】 하나님의 거룩하심은 이미 그 성품 안에 포함되어 있는 것이고 선포된 것이지만 여기서는 기도드리는 자신을 통하여 하나님의 거룩하심을 나타나게 해 달라는 간구를 의미한다. 하나님의 영광은 온 세계에 가득 차 있지만 인간들이 죄로 인해 그 영광을 하나님께 돌리지 못하고 오히려 하나님의 영광을 자신이 차지하려 하거나 헛된 우상에게 돌리는 세상 속에서 구원받은 자들이 하나님께 온전히 영광을 돌릴 수 있기를 기도한 것이다. (주해 1)

■ 구국여의【求國與義】: 먼저 그 나라와 그 의를 구함.

그런즉 너희는 먼저 그의 나라와 그의 의를 구하라 그리하면 이 모든 것을 너희에게 더하시리라 (마 6:33)

■ 물려명일【勿慮明日】: 내일 일을 위하여 걱정하지 말라.

그러므로 내일 일을 위하여 염려하지 말라 내일 일은 내일이 염려할 것이요 한 날의 괴로움은 그 날로 족하니라 (마 6:34)

■ 무론단인【毋論斷人】: 남을 비판하지 말라.

비판을 받지 아니하려거든 비판하지 말라 (마 7:1)

■ 유량불각【有梁不覺】: 남의 눈의 티는 보고 제 눈의 들보는 깨닫지 못함.

어찌하여 형제의 눈 속에 있는 티는 보고 네 눈 속에 있는 들보는 깨닫지 못하느냐 (마 7:3)

求(구할 구) 國(나라 국) 慮(생각할 려) 毋(말 무) 論(말할 론) 斷(끊을 단) 梁(들보 량) 覺(깨달을 각)

■ 구자필득 【求者必得】 : 구하는 이마다 받을 것이며, 찾는 이가 찾아냄.

구하는 이마다 받을 것이요 찾는 이는 찾아낼 것이요 두드리는 이에게는 열릴 것이니라 (마 7:8)

■ 욕시선시 【欲施先施】 : 남에게 대접을 받고 싶으면 먼저 대접하라.

그러므로 무엇이든지 남에게 대접을 받고자 하는 대로 너희도 남을 대접하라 이것이 율법이요 선지자니라 (마 7:12)

【註解】 '황금률'(The golden rule)로 불리는 유명한 말씀으로 마태복음 6:33의 말씀과 함께 산상수훈의 가장 핵심적인 교훈이다. "남을 대접하라"는 말은 서로 권리 주장을 앞세우지 말고 겸손하게 먼저 사랑을 행하라는 뜻이다. 마 6:33이 수직적 황금률이라면, 이는 수평적 관계에서의 황금률이라 할 수 있다. (주해 2)

논어(論語) 안연편(顔淵篇)에서 '자기가 하고 싶지 아니한 일은 남에게 시키지 말라'(己所不欲 勿施於人)고 하였다. 전자가 적극적인 표현이라면 후자는 소극적인 표현이라고 볼 수 있다.

■ 문착로협 【門窄路狹】 : 생명의 문은 좁고 길은 협착함.

생명으로 인도하는 문은 좁고 길이 협착하여 찾는 자가 적음이라 (마 7:14)

■ 선수선과 【善樹善果】 : 좋은 나무에는 좋은 열매가 맺힘.

이와같이 좋은 나무마다 아름다운 열매를 맺고 못된 나무가 나쁜 열매를 맺나니 (마 7:17)

求(구할 구) 欲(하고자 할 욕) 施(베풀 시) 門(문 문) 窄(좁을 착) 路(길 로) 狹(좁을 협) 樹(나무 수) 果(실과 과)

■ 미견시신【未見是信】: 이만한 믿음을 보지 못함.

예수께서 들으시고 놀랍게 여겨 따르는 자들에게 이르시되 내가 진실로 너희에게 이르노니 이스라엘 중 아무에게서도 이만한 믿음을 보지 못하였노라 (마 8:10)

■ 이지신성【爾之信成】: 네 믿은 대로 됨.

예수께서 백부장에게 이르시되 가라 네 믿은 대로 될지어다 하시니 그 즉시 하인이 나으니라 (마 8:13)

■ 신주신대【新酒新袋】: 새 술은 새 부대에.

새 포도주를 낡은 가죽 부대에 넣지 아니하나니 그렇게 하면 부대가 터져 포도주도 쏟아지고 부대도 버리게 됨이라 새 포도주는 새 부대에 넣어야 둘이 다 보전되느니라 (마 9:17)

【註解】 새 포도주는 강한 발효성 때문에 낡은 가죽 부대에 담으면 터져버린다. "낡은 가죽 부대"는 유대교의 체계를 말하고, "새 포도주"는 천국 복음을 가리킨다. 말하자면 생명력 있는 역동적인 천국복음(새 포도주)이 낡은 유대교의 전통과 관습 체계(낡은 가죽 부대) 속에 담겨질 수 없다는 뜻이다. 그러나 중요한 것은 낡은 부대를 버려야 한다. 즉 생각을 바꾸는 일이다. 과거에 갇혀 있지 말아야 한다.

■ 색다인소【穡多人少】: 추수할 것은 많되 일꾼이 적음.

이에 제자들에게 이르시되 추수할 것은 많되 일꾼이 적으니 (마 9:37)

是(옳을 시) 爾(너 이) 成(이룰 성) 酒(술 주) 袋(자루 대) 穡(거둘 색)

■ 시불비수【施不費受】: 거저 받았으니 거저 주어라.

병든 자를 고치며 죽은 자를 살리며 나병환자를 깨끗하게 하며 귀신을 쫓아내되 너희가 거저 받았으니 거저 주라 (마 10:8)

■ 교사순합【巧蛇馴鴿】: 뱀같이 지혜롭고 비둘기같이 순결함.

보라 내가 너희를 보냄이 양을 이리 가운데로 보냄과 같도다 그러므로 너희는 뱀같이 지혜롭고 비둘기같이 순결하라 (마 10:16)

【註解】 "뱀처럼 지혜롭다"라는 말은 고대 중동의 몇몇 문화권에서 '신중하고 분별력이 있다'라는 뜻을 나타낼 때 사용되는 속담이었다. 그러나 '지혜로움'이 순박함을 결여하게 될 때 그것은 쉽게 교활함으로 타락할 수 있다. 그렇기 때문에 제자들은 지혜로워야 할 뿐 아니라 순결해야 했다. 한편 지혜와 결합하지 못하는 순결은 무지(無知)나 어리석음으로 전락할 수 있다. (주해 2)

■ 발역견수【髮亦見數】: 머리털까지 세신 바 됨.

너희에게는 머리털까지 다 세신 바 되었나니 (마 10:30)

■ 상명반득【喪命反得】: 나를 위하여 목숨을 잃는 자는 얻게 됨.

자기 목숨을 얻는 자는 잃을 것이요 나를 위하여 자기 목숨을 잃는 자는 얻으리라 (마 10:39)

■ 천국침로【天國侵擄】: 천국은 침노를 당함.

세례 요한의 때부터 지금까지 천국은 침노를 당하나니 침노하는 자는 빼앗느니라 (마 11:12)

施(베풀 시) 費(쓸 비) 受(받을 수) 巧(공교할 교) 蛇(뱀 사) 馴(길들 순) 鴿(집비둘기 합)
髮(터럭 발) 喪(죽을 상) 侵(침노할 침) 擄(사로잡을 로)

■ 부액학주【負軛學主】: 나의 멍에를 메고 내게 배우라.

나는 마음이 온유하고 겸손하니 나의 멍에를 메고 내게 배우라 그리하면 너희 마음이 쉼을 얻으리니 (마 11:29)

【註解】 유대인 사회에서는 스승과 제자 사이의 훈육 관계를 가리킬 때 이 표현을 관용적으로 사용하였다. 당시 팔레스틴의 멍에는 혼자 메는 것이 아니라 꼭 짝이 되어 두 사람이 함께 메었는바 예수께서 주신 멍에를 멘다는 것은 곧 예수와 함께 메는 것이 된다. (주해 2)

■ 독성불사【瀆聖不赦】: 성령을 모독하면 사함을 받지 못함.

그러므로 내가 너희에게 이르노니 사람에 대한 모든 죄와 모독은 사하심을 얻되 성령을 모독하는 것은 사하심을 얻지 못하겠고 (마 12:31)

■ 천국장보【天國藏寶】: 천국은 밭에 감추인 보화와 같음.

천국은 마치 밭에 감추인 보화와 같으니 사람이 이를 발견한 후 숨겨 두고 기뻐하며 돌아가서 자기의 소유를 다 팔아 그 밭을 사느니라 (마 13:44)

■ 불신불능【不信不能】: 믿지 않으면 능력을 행치 못함.

그들이 믿지 않음으로 말미암아 거기서 많은 능력을 행하지 아니하시니라 (마 13:58)

■ 출구오인【出口汚人】: 입에서 나오는 것이 사람을 더럽힘.

입으로 들어가는 것이 사람을 더럽게 하는 것이 아니라 입에서 나오는 그것이 사람을 더럽게 하는 것이니라 (마 15:11)

負(질 부) 軛(멍에 액) 瀆(도랑 독) 赦(용서할 사) 藏(감출 장) 寶(보배 보) 汚(더러울 오)

■ 구식안설【狗食案屑】: 개도 제 주인의 밥상에서 떨어지는 것을 먹음.

여자가 이르되 주여 옳소이다마는 개들도 제 주인의 상에서 떨어지는 부스러기를 먹나이다 하니 (마 15:27)

■ 계지계천【繫地繫天】: 땅에서 매면 하늘에서도 매임.

내가 천국 열쇠를 네게 주리니 네가 땅에서 무엇이든지 매면 하늘에서도 매일 것이요 네가 땅에서 무엇이든지 풀면 하늘에서도 풀리리라 하시고 (마 16:19)

■ 부가종주【負架從主】: 자기를 부인하고 자기 십자가를 짐.

이에 예수께서 제자들에게 이르시되 누구든지 나를 따라오려거든 자기를 부인하고 자기 십자가를 지고 나를 따를 것이니라 (마 16:24)

【註解】 제자 됨의 참 본질에 대한 언급이다. 첫째는 자기를 부인하는 것이고, 둘째는 자기 십자가를 지는 것이고, 마지막은 예수님을 좇는 것이다. 여기서 "자기 부인"은 예수를 따르는 자에게 요구되는 소극적인 측면으로 육신의 타락한 본성을 하나님의 말씀에 굴복시키는 것을 의미한다면, "자기 십자가"를 지는 것은 예수를 따르는 자에게 요구되는 적극적인 측면으로 그리스도의 복음을 위하여 자신을 희생하는 것을 의미한다고 볼 수 있다. (주해 1)

■ 면요여일【面耀如日】: 얼굴이 해같이 빛나고 옷이 빛과 같이 희어짐.

그들 앞에서 변형되사 그 얼굴이 해같이 빛나며 옷이 빛과같이 희어졌더라 (마 17:2)

狗(개 구) 案(책상 안) 屑(가루 설) 繫(맬 계) 地(땅 지) 架(시렁 가) 從(좇을 종)
面(낯 면) 耀(빛날 요)

■ 개신이산【芥信移山】: 겨자씨만한 믿음이 있으면 산도 옮길 수 있음.

이르시되 너희 믿음이 작은 까닭이니라 진실로 너희에게 이르노니 만일 너희에게 믿음이 겨자씨 한 알 만큼만 있어도 이 산을 명하여 여기서 저기로 옮겨지라 하면 옮겨질 것이요 또 너희가 못할 것이 없으리라 (마 17:20)

■ 자겸사해【自謙似孩】: 어린아이와 같이 자기를 낮춤.

그러므로 누구든지 이 어린아이와 같이 자기를 낮추는 사람이 천국에서 큰 자니라 (마 18:4)

■ 현마침해【懸磨沈海】: 맷돌을 목에 달고 바다로 빠뜨림.

누구든지 나를 믿는 이 작은 자 중 하나를 실족하게 하면 차라리 연자맷돌이 그 목에 달려서 깊은 바다에 빠뜨려지는 것이 나으니라 (마 18:6)

■ 미로지양【迷路之羊】: 길 잃은 양을 찾음.

너희 생각에는 어떠하냐 만일 어떤 사람이 양 백 마리가 있는데 그 중의 하나가 길을 잃었으면 그 아흔아홉 마리를 산에 두고 가서 길 잃은 양을 찾지 않겠느냐 (마 18:12)

■ 불이일체【不二一體】: 이제 둘이 아니요 한 몸임.

그런즉 이제 둘이 아니요 한 몸이니 그러므로 하나님이 짝지어 주신 것을 사람이 나누지 못할지니라 하시니 (마 19:6)

芥(겨자 개) 信(믿을 신) 移(옮길 이) 謙(겸손할 겸) 似(같을 사) 孩(어린아이 해)
懸(매달 현) 磨(갈 마) 沈(가라앉을 침) 海(바다 해) 迷(미혹할 미) 羊(양 양)

■ 낙과침공【駱過針孔】: 낙타가 바늘귀로 들어가는 것이 부자가 천국에 들어가는 것보다 쉬움.

다시 너희에게 말하노니 낙타가 바늘귀로 들어가는 것이 부자가 하나님의 나라에 들어가는 것보다 쉬우니라 하시니 (마 19:24)

■ 주위인불【主爲人不】: 사람은 할 수 없으나 하나님은 할 수 있음.

예수께서 그들을 보시며 이르시되 사람으로는 할 수 없으나 하나님으로서는 다 하실 수 있느니라 (마 19:26)

■ 사체종주【捨切從主】: 모든 것을 버리고 주를 따름.

이에 베드로가 대답하여 이르되 보소서 우리가 모든 것을 버리고 주를 따랐사온대 그런즉 우리가 무엇을 얻으리이까 (마 19:27)

■ 후자위선【後者爲先】: 나중 된 자가 먼저 됨.

이와같이 나중 된 자로서 먼저 되고 먼저 된 자로서 나중 되리라 (마 20:16)

【註解】 천국 시민관에 대한 예수님의 교훈으로, 세상에서 먼저 된 자 곧 부자나 권세자들이 천국에서 나중 될 수 있고, 세상에서 나중 된 자 곧 가난한 자나 약한 자들이 천국에서는 먼저 될 수 있다는 가르침이다. (주해 6)

■ 욕대위역【欲大爲役】: 크고자 하면 섬기는 자가 되어야 함.

너희 중에는 그렇지 않아야 하나니 너희 중에 누구든지 크고자 하는 자는 너희를 섬기는 자가 되고 (마 20:26)

駱(낙타 락) 過(지날 과) 針(바늘 침) 孔(구멍 공) 捨(버릴 사) 切(끊을 절)
欲(하고자 할 욕) 役(부릴 역)

■ 욕수위복【欲首爲僕】: 으뜸이 되고자 하면 먼저 종이 되어야 함.

너희 중에 누구든지 으뜸이 되고자 하는 자는 너희의 종이 되어야 하리라 (마 20:27)

■ 유신불의【有信不疑】: 믿음이 있고 의심하지 않으면.

예수께서 대답하여 이르시되 내가 진실로 너희에게 이르노니 만일 너희가 믿음이 있고 의심하지 아니하면 이 무화과나무에게 된 이런 일만 할 뿐 아니라 이 산더러 들려 바다에 던져지라 하여도 될 것이요 (마 21:21)

■ 청다택소【請多擇少】: 청함을 받은 자는 많되 택함을 입은 자는 적음.

청함을 받은 자는 많되 택함을 입은 자는 적으니라 (마 22:14)

【註解】'혼인잔치'의 비유는 복음을 무시해 버린 이스라엘 민족의 죄와 그에 대한 심판과 유대인의 배척으로 인해 복음의 주도권이 이방인들에게로 넘어가게 된 사실과 종말론적인 심판 등을 보여 주고 있다. 본 비유에서 우리에게 주는 교훈은 첫째, 하나님께서 천국 잔치에 참석하도록 우리들을 초청하실 때 지체 말고 응하는 것이 지혜롭고 복된 태도이다. 둘째, 세상일에 부지런하면서도 하나님 나라의 일에는 등한시하는 어리석음의 우를 범해서는 안 되겠다. 셋째, 예수 그리스도께 대한 믿음(예복)을 소유하지 못한 자는 결코 하나님 나라에 들어갈 수 없다. (주해 1)

■ 진성애주【盡誠愛主】: 마음을 다하고 목숨을 다하고 뜻을 다하여 하나님을 사랑함.

예수께서 이르시되 네 마음을 다하고 목숨을 다하고 뜻을 다하여 주 너의 하나님을 사랑하라 하셨으니 (마 22:37)

欲(하고자 할 욕) 役(부릴 역) 首(머리 수) 僕(종 복) 疑(의심할 의) 請(청할 청) 多(많을 다) 擇(가릴 택) 少(적을 소) 盡(다될 진) 誠(정성 성) 愛(사랑 애)

■ 자비위고【自卑爲高】: 자기를 높이는 자는 낮아짐.

누구든지 자기를 높이는 자는 낮아지고 누구든지 자기를 낮추는 자는 높아지리라 (마 23:12)

■ 부려낙탄【蜉濾駱呑】: 하루살이는 걸러내고 낙타는 삼킴.

맹인 된 인도자여 하루살이는 걸러내고 낙타는 삼키는도다 (마 23:24)

■ 유등무유【有燈無油】: 등은 가지되 기름이 없음.

미련한 자들은 등을 가지되 기름을 가지지 아니하고 (마 25:3)

■ 각탁기재【各托其才】: 각자 그 재능대로 맡김.

각각 그 재능대로 한 사람에게는 금 다섯 달란트를, 한 사람에게는 두 달란트를, 한 사람에게는 한 달란트를 주고 떠났더니 (마 25:15)

【註解】 하나님께서 인간에게 주신 재능이 제각기 다름을 의미한다. 중요한 것은 우리가 받은 갖가지 재능들을 최대한 활용하여 성실히 봉사함으로써 하나님의 기쁘신 뜻을 이루어 드려야 하는 데 있다. 이러한 원리는 '각자의 생업에 종사하면서 열심히 일하는 성실한 삶에 하나님의 부르심의 목적이 있다'는 기독교인의 직업 소명론이기도 하다. (주해 2)

■ 진충소사【盡忠小事】: 적은 일에 충성을 다함.

그 주인이 이르되 잘하였도다 착하고 충성된 종아 네가 적은 일에 충성하였으매 내가 많은 것을 네게 맡기리니 네 주인의 즐거움에 참여할지어다 하고 (마 25:21)

高(높을 고) 蜉(하루살이 부) 濾(거를 려) 駱(낙타 락) 呑(삼킬 탄) 燈(등잔 등)
油(기름 유) 托(밀 탁) 才(재주 재)

■ 삼부계명【三否鷄鳴】: 닭 울기 전에 세 번 부인함.

예수께서 이르시되 내가 진실로 네게 이르노니 오늘 밤 닭 울기 전에 네가 세 번 나를 부인하리라 (마 26:34)

【參考】 계유오덕(鷄有五德) : 닭이 가진 다섯 가지 덕. 곧, 머리의 볏은 문(文), 발에 난 며느리발톱은 무(武), 싸울 때 분전 감투함은 용(勇), 먹이를 보면 서로 불러 함께 먹음은 인(仁), 밤새워 날 밝을 녘에 울어서 때를 알림은 신(信)의 다섯 가지로, 전요(田饒)가 노애공(魯哀公)에게 한 말이다.

■ 개도기주【皆逃棄主】: 예수를 버리고 도망함.

그러나 이렇게 된 것은 다 선지자들의 글을 이루려 함이니라 하시더라 이에 제자들이 다 예수를 버리고 도망하니라 (마 26:56)

■ 만열지진【幔裂地震】: 성소 휘장이 찢어지고 땅이 진동함.

이에 성소 휘장이 위로부터 아래까지 찢어져 둘이 되고 땅이 진동하며 바위가 터지고 (마 27:51)

■ 상해지말【常偕至末】: 세상 끝날까지 항상 함께 하심.

내가 너희에게 분부한 모든 것을 가르쳐 지키게 하라 볼지어다 내가 세상 끝날까지 너희와 항상 함께 있으리라 하시니라 (마 28:20)

皆(다 개) 逃(달아날 도) 棄(버릴 기) 主(주인 주) 幔(막 만) 裂(찢을 렬) 地(땅 지) 震(벼락 진) 常(항상 상) 偕(함께 해) 至(이를 지) 末(끝 말)

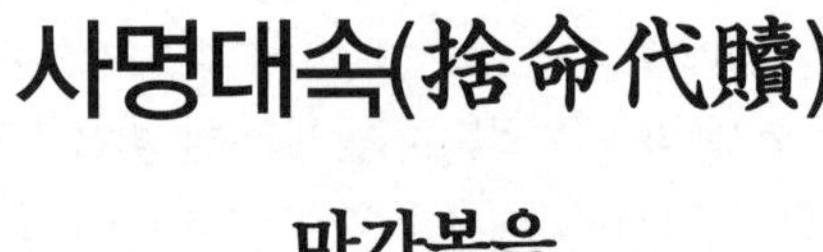

사명대속(捨命代贖)

마가복음

■ 치병축귀【治病逐鬼】: 병을 고치고 귀신을 내쫓음.

예수께서 각종 병이 든 많은 사람을 고치시며 많은 귀신을 내쫓으시되 귀신이 자기를 알므로 그 말하는 것을 허락하지 아니하시니라 (막 1:34)

■ 철옥지신【撤屋之信】: 지붕을 뜯는 중보의 믿음.

사람들이 한 중풍병자를 네 사람에게 메워 가지고 예수께로 올새 / 무리들 때문에 예수께 데려갈 수 없으므로 그 계신 곳의 지붕을 뜯어 구멍을 내고 중풍병자가 누운 상을 달아 내리니 / 예수께서 그들의 믿음을 보시고 중풍병자에게 이르시되 작은 자야 네 죄 사함을 받았느니라 하시니 (막 2:3~5)

捨(버릴 사) 贖(속바칠 속) 病(병 병) 逐(쫓을 축) 鬼(귀신 귀) 撤(거둘 철) 屋(집 옥)

■ 비소의인【非召義人】: 의인을 부르러 온 것이 아니고 죄인을 부르러 왔음.

예수께서 들으시고 그들에게 이르시되 건강한 자에게는 의사가 쓸 데 없고 병든 자에게라야 쓸 데 있느니라 나는 의인을 부르러 온 것이 아니요 죄인을 부르러 왔노라 하시니라 (막 2:17)

■ 옥종백확【沃種百穫】: 좋은 땅에 떨어진 씨앗이 백 배의 수확을 얻음.

더러는 좋은 땅에 떨어지매 자라 무성하여 결실하였으니 삼십 배나 육십 배나 백 배가 되었느니라 하시고 (막 4:8)

■ 유이당청【有耳當聽】: 마땅히 귀를 기울여 들음.

또 이르시되 들을 귀 있는 자는 들으라 하시니라 (막 4:9)

■ 이량피량【以量被量】: 헤아리는 그 헤아림으로 헤아림을 받음.

또 이르시되 너희가 무엇을 듣는가 스스로 삼가라 너희의 헤아리는 그 헤아림으로 너희가 헤아림을 받을 것이며 더 받으리니 (막 4:24)

■ 이신유이【爾信愈爾】: 네 믿음이 너를 구원하였음.

예수께서 이르시되 딸아 네 믿음이 너를 구원하였으니 평안히 가라 네 병에서 놓여 건강할지어다 (막 5:34)

召(부를 소) 沃(물 댈 옥) 種(씨 종) 穫(벼 벨 확) 被(이불 피) 爾(너 이) 信(믿을 신) 愈(나을 유)

■ 물구유신【勿懼惟信】: 두려워 말고 믿기만 하라.

예수께서 그 하는 말을 곁에서 들으시고 회당장에게 이르시되 두려워하지 말고 믿기만 하라 하시고 (막 5:36)

■ 불견불청【不見不聽】: 눈이 있어도 보지 못하고, 귀가 있어도 듣지 못함.

너희가 눈이 있어도 보지 못하며 귀가 있어도 듣지 못하느냐 또 기억하지 못하느냐 (막 8:18)

■ 욕생반상【欲生反喪】: 목숨을 구하고자 하면 오히려 잃음.

누구든지 자기 목숨을 구원하고자 하면 잃을 것이요 누구든지 나와 복음을 위하여 자기 목숨을 잃으면 구원하리라 (막 8:35)

■ 신자개능【信者皆能】: 믿는 자에게는 능히 못할 것이 없음.

예수께서 이르시되 할 수 있거든이 무슨 말이냐 믿는 자에게는 능히 하지 못할 일이 없느니라 하시니 (막 9:23)

【註解】 우리가 원하는 바를 얻지 못하는 경우가 있다면 다음과 같은 조건들을 돌아볼 줄 아는 자기 성찰이 필요하다. ① 하나님의 뜻에 맞는 기도 ② 기도의 동기 ③ 오래 참음 ④ 기도의 겸손한 자세 등 (주해 6)

■ 유염상화【有鹽相和】: 소금을 두고 서로 화목함.

소금은 좋은 것이로되 만일 소금이 그 맛을 잃으면 무엇으로 이를 짜게 하리요 너희 속에 소금을 두고 서로 화목하라 하시니라 (막 9:50)

懼(두려워할 구) 惟(생각할 유) 聽(들을 청) 喪(죽을 상) 皆(다 개) 能(능할 능)
鹽(소금 염) 相(서로 상) 和(화할 화)

【註解】 소금의 주요 기능은 맛을 내고 부패를 방지하는 데 있다. 그러나 이러한 소금 고유의 기능을 발휘하기 위해서는 소금 자체가 녹아야 되는데, 소금은 녹아 그 형체는 없어져도 본질은 변하지 않는다. 이러한 소금의 본질이 변하지 않는 기능 때문에 구약에서는 제사와 언약의 증표로 사용되었다. (주해 5)

■ 사명대속【捨命代贖】: 목숨을 대속물로 주려 함.

인자가 온 것은 섬김을 받으려 함이 아니라 도리어 섬기려 하고 자기 목숨을 많은 사람의 대속물로 주려 함이니라 (막 10:45)

■ 유엽무실【有葉無實】: 잎만 무성하고 열매가 없는 무화과나무.

멀리서 잎사귀 있는 한 무화과나무를 보시고 혹 그 나무에 무엇이 있을까 하여 가셨더니 가서 보신즉 잎사귀 외에 아무것도 없더라 이는 무화과의 때가 아님이라 / 예수께서 나무에게 말씀하여 이르시되 이제부터 영원토록 사람이 네게서 열매를 따 먹지 못하리라 하시니 제자들이 이를 듣더라 (막 11:13~14)

■ 기구신득【祈求信得】: 기도하고 구한 것은 받은 줄로 믿음.

그러므로 내가 너희에게 말하노니 무엇이든지 기도하고 구하는 것은 받은 줄로 믿으라 그리하면 너희에게 그대로 되리라 (막 11:24)

■ 생자지주【生者之主】: 산 자의 하나님.

하나님은 죽은 자의 하나님이 아니요 산 자의 하나님이시라 너희가 크게 오해하였도다 하시니라 (막 12:27)

有(있을 유) 葉(잎 엽) 無(없을 무) 實(열매 실) 祈(빌 기) 求(구할 구) 信(믿을 신) 得(얻을 득)

■ 애주애인【愛主愛人】: 하나님을 사랑하고 이웃을 사랑함.

네 마음을 다하고 목숨을 다하고 뜻을 다하고 힘을 다하여 주 너의 하나님을 사랑하라 하신 것이요 / 둘째는 이것이니 네 이웃을 네 자신과같이 사랑하라 하신 것이라 이보다 더 큰 계명이 없느니라 (막 12:30~31)

■ 종인득구【終忍得救】: 끝까지 견디는 자는 구원을 얻음.

또 너희가 내 이름으로 말미암아 모든 사람에게 미움을 받을 것이나 끝까지 견디는 자는 구원을 받으리라 (막 13:13)

■ 파귀옥합【破貴玉盒】: 옥합을 깨뜨려 예수의 머리에 부음.

예수께서 베다니 나병환자 시몬의 집에서 식사하실 때에 한 여자가 매우 값진 향유 곧 순전한 나드 한 옥합을 가지고 와서 그 옥합을 깨뜨려 예수의 머리에 부으니 (막 14:3)

【註解】 옥합을 깨뜨린 것은 본문에서만 유일하게 기록되어 있다. 그 귀하고 값진 옥합을 깨뜨리듯이 우리도 육적인 자아를 깨뜨릴 때 그리스도의 온전한 향기를 발할 수 있을 것이다. (주해 1)

■ 종주소욕【從主所欲】: 내 뜻대로 마시고 아버지 원대로 하옵소서.

이르시되 아빠 아버지여 아버지께는 모든 것이 가능하오니 이 잔을 내게서 옮기시옵소서 그러나 나의 원대로 마시옵고 아버지의 원대로 하옵소서 하시고 (막 14:36)

愛(사랑 애) 終(끝날 종) 忍(참을 인) 救(건질 구) 破(깨뜨릴 파) 貴(귀할 귀) 玉(옥 옥) 盒(합 합) 從(좇을 종) 欲(하고자 할 욕)

■ 불신정죄【不信定罪】: 믿지 않는 자는 정죄를 받음.

믿고 세례를 받는 사람은 구원을 얻을 것이요 믿지 않는 사람은 정죄를 받으리라 (막 16:16)

■ 신자수기【信者隨奇】: 믿는 자에게는 이런 표적이 따름.

믿는 자들에게는 이런 표적이 따르리니 곧 그들이 내 이름으로 귀신을 쫓아내며 새 방언을 말하며 (막 16:17)

不(아닐 불) 定(정할 정) 罪(허물 죄) 者(놈 자) 隨(따를 수) 奇(기이할 기)

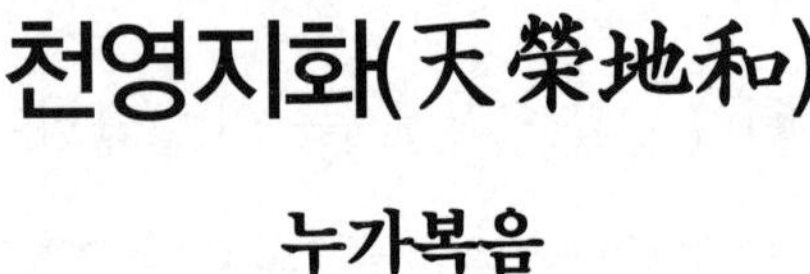

천영지화(天榮地和)

누가복음

■ 임령비능【臨靈庇能】: 성령이 임하고 능력으로 덮음.

천사가 대답하여 이르되 성령이 네게 임하시고 지극히 높으신 이의 능력이 너를 덮으시리니 이러므로 나실 바 거룩한 이는 하나님의 아들이라 일컬어지리라 (눅 1:35)

■ 천영지화【天榮地和】: 하늘의 영광과 땅의 평화.

지극히 높은 곳에서는 하나님께 영광이요 땅에서는 하나님이 기뻐하신 사람들 중에 평화로다 하니라 (눅 2:14)

臨(임할 림) 靈(신령 령) 庇(덮을 비)

■ 장건지만【長健智滿】: 은혜 가운데 자라며 강해지고 지혜가 넘침.

아기가 자라며 강하여지고 지혜가 충만하며 하나님의 은혜가 그의 위에 있더라 (눅 2:40)

■ 하망심수【下網深水】: 깊은 데로 가서 그물을 내려라.

말씀을 마치시고 시몬에게 이르시되 깊은 데로 가서 그물을 내려 고기를 잡으라 (눅 5:4)

■ 부자이위【富者已慰】: 부자는 이미 위로를 받았음.

그러나 화 있을진저 너희 부요한 자여 너희는 너희의 위로를 이미 받았도다 (눅 6:24)

■ 제언유복【第言愈僕】: 말씀만 하사 제 하인을 낫게 하소서.

그러므로 내가 주께 나아가기도 감당하지 못할 줄을 알았나이다 말씀만 하사 내 하인을 낫게 하소서 (눅 7:7)

■ 다사다애【多赦多愛】: 많은 죄를 사함 받는 자는 사랑을 많이 받은 자임.

이러므로 내가 네게 말하노니 그의 많은 죄가 사하여졌도다 이는 그의 사랑함이 많음이라 사함을 받은 일이 적은 자는 적게 사랑하느니라 (눅 7:47)

健(튼튼할 건) 滿(찰 만) 網(그물 망) 深(깊을 심) 慰(위로할 위) 第(차례 제) 愈(나을 유) 僕(종 복) 赦(용서할 사)

■ 인이결실【忍以結實】: 인내로 결실함.

좋은 땅에 있다는 것은 착하고 좋은 마음으로 말씀을 듣고 지키어 인내로 결실하는 자니라 (눅 8:15)

■ 집뢰불고【執耒不顧】: 쟁기를 잡고 뒤를 돌아보는 자는 합당치 못함.

예수께서 이르시되 손에 쟁기를 잡고 뒤를 돌아보는 자는 하나님의 나라에 합당하지 아니하니라 하시니라 (눅 9:62)

■ 장지현해【藏智顯孩】: 지혜롭고 슬기 있는 자에게 숨기시고 어린아이에게 나타내심.

그 때에 예수께서 성령으로 기뻐하시며 이르시되 천지의 주재이신 아버지여 이것을 지혜롭고 슬기 있는 자들에게는 숨기시고 어린아이들에게는 나타내심을 감사하나이다 옳소이다 이렇게 된 것이 아버지의 뜻이니이다 (눅 10:21)

■ 애린여기【愛隣如己)】: 네 이웃을 네 자신같이 사랑하라.

대답하여 이르되 네 마음을 다하며 목숨을 다하며 힘을 다하며 뜻을 다하여 주 너의 하나님을 사랑하고 또한 네 이웃을 네 자신같이 사랑하라 하였나이다 (눅 10:27)

■ 택선불탈【擇善不奪】: 좋은 편을 택하였으니 빼앗기지 아니함.

몇 가지만 하든지 혹은 한 가지만이라도 족하니라 마리아는 이 좋은 편을 택하였으니 빼앗기지 아니하리라 하시니라 (눅 10:42)

忍(참을 인) 結(맺을 결) 執(잡을 집) 耒(쟁기 뢰) 顧(돌아볼 고) 藏(감출 장) 智(슬기 지) 顯(나타날 현) 孩(어린아이 해) 隣(이웃 린) 擇(가릴 택) 奪(빼앗을 탈)

【註解】 언니 마르다는 예수님을 대접하고자 하는 정성에서 분주하게 음식을 준비하였고, 동생 마리아는 주의 발아래 앉아 말씀 듣는 일에 열중하고 있는 대조적인 장면이 묘사되고 있다. 마리아의 무심한 태도에 대한 마르다의 불평이 터졌지만 예수님은 마리아의 말씀 듣는 태도를 지지한다(41~42절). 그리스도인의 관심은 육적인 일보다 영적인 일에 우선권을 두어야 한다는 교훈의 내용이다. (주해 1)

■ 절구응수【切求應需】: 간청함을 인하여 요구를 들어 줌.

내가 너희에게 말하노니 비록 벗 됨으로 인하여서는 일어나서 주지 아니할지라도 그 간청함을 인하여 일어나 그 요구대로 주리라 (눅 11:8)

■ 청수유복【聽守有福】: 말씀을 듣고 지키는 자는 복이 있음.

예수께서 이르시되 오히려 하나님의 말씀을 듣고 지키는 자가 복이 있느니라 하시니라 (눅 11:28)

■ 목신지등【目身之燈】: 눈은 몸의 등불.

네 몸의 등불은 눈이라 네 눈이 성하면 온 몸이 밝을 것이요 만일 나쁘면 네 몸도 어두우리라 (눅 11:34)

■ 명불재유【命不在裕】: 생명이 그 소유의 넉넉함에 있지 아니함.

그들에게 이르시되 삼가 모든 탐심을 물리치라 사람의 생명이 그 소유의 넉넉한 데 있지 아니하니라 하시고 (눅 12:15)

切(끊을 절) 求(구할 구) 應(응할 응) 需(구할 수) 聽(들을 청) 守(지킬 수) 身(몸 신)
燈(등잔 등) 命(목숨 명) 裕(넉넉할 유)

■ 물려의식【勿慮衣食】: 목숨을 위하여 무엇을 먹을까 무엇을 입을까 염려하지 말라.

또 제자들에게 이르시되 그러므로 내가 너희에게 이르노니 너희 목숨을 위하여 무엇을 먹을까 몸을 위하여 무엇을 입을까 염려하지 말라 (눅 12:22)

【註解】 '염려한다는 것'은 하나님을 의지하는 대신에 자기 자신에게 초점을 맞추는 일로서, 곧 아버지 하나님께 대한 믿음의 부족 때문이다. 하나님은 우리의 의식주 문제를 해결해 주시는 아버지로서, 모든 염려를 내려놓고 자신의 팔에 안겨 편히 쉬도록 우리를 초청하신다(눅 12:24~34). (주해 6)

■ 보소심재【寶所心在】: 보물이 있는 곳에 마음도 있음.

너희 보물 있는 곳에는 너희 마음도 있으리라 (눅 12:34)

■ 선자위후【先者爲後】: 먼저 된 자로서 나중 될 자도 있음.

보라 나중 된 자로서 먼저 될 자도 있고 먼저 된 자로서 나중 될 자도 있느니라 하시더라 (눅 13:30)

【註解】 두 가지 측면에서 생각해 볼 수 있다. 일차적으로는, 일찍이 하나님의 백성으로 선택을 받은 '유대인들'과 구원의 기회가 나중에 주어진 '이방인들'을 들 수 있고, 이차적인 의미는, 다른 이들보다 먼저 복음을 받아들였으나 주님께 열심히 헌신하지 않는 자들과 뒤에 늦게 복음을 받아들였지만 열심히 주님을 섬기는 자들이다. (주해 6)

■ 청시좌말【請時坐末】: 초청을 받았을 때에 가서 끝자리에 앉음.

청함을 받았을 때에 차라리 가서 끝자리에 앉으라 그러면 너를 청한 자가 와서 너더러 벗이여 올라 앉으라 하리니 그 때에야 함께 앉은 모든 사람 앞에서 영광이 있으리라 (눅 14:10)

慮(생각할 려) 寶(보배 보) 請(청할 청) 時(때 시) 坐(앉을 좌) 末(끝 말)

■ 자고위비【自高爲卑】: 자기를 높이는 자는 낮아짐.

무릇 자기를 높이는 자는 낮아지고 자기를 낮추는 자는 높아지리라 (눅 14:11)

■ 설연청빈【設宴請貧】: 잔치를 베풀거든 갚을 것이 없는 가난한 자들을 초청함.

잔치를 베풀거든 차라리 가난한 자들과 몸 불편한 자들과 저는 자들과 맹인들을 청하라 / 그리하면 그들이 갚을 것이 없으므로 네게 복이 되리니 이는 의인들의 부활시에 네가 갚음을 받겠음이라 하시더라 (눅 14:13~14)

■ 사이부활【死而復活】: 죽었다가 살아났음.

이 네 동생은 죽었다가 살아났으며 내가 잃었다가 얻었기로 우리가 즐거워하고 기뻐하는 것이 마땅하다 하니라 (눅 15:32)

【註解】 '탕자의 비유' 말씀을 대할 때마다 의문지망(倚門之望)이라는 고사(故事)가 생각난다. 집을 나간 아들을 학수고대하는 부모의 애틋한 심정을 표현한 성어이다. 이는 죄인을 기다리는 하나님의 넓고 위대한 하나님의 사랑과도 같다. 여기서 '맏아들'은 바리새인이나 서기관 같은 유대의 종교 지도자들을 가리킨다. (주해 6)

■ 불의교지【不義巧智】: 옳지 못한 청지기가 지혜 있게 행함.

주인이 이 옳지 않은 청지기가 일을 지혜 있게 하였으므로 칭찬하였으니 이 세대의 아들들이 자기 시대에 있어서는 빛의 아들들보다 더 지혜로움이니라 (눅 16:8)

【註解】 주인은 청지기의 방법 여부를 떠나 앞일을 대비하는 그의 지혜로운 처신만을 칭찬한 것이다. 그러므로 이 교훈은, 세상 사람들도 자기의 앞일을 대비하기 위해 온갖 지혜를 다 동원하는데, 하물며 믿는 자들이 영생을 대비하는 데 최선을 다해 힘써 노력하고 헌신하는 것이 마땅하지 않겠느냐는 것이다. (주해 6)

設(베풀 설) 宴(잔치 연) 請(청할 청) 貧(가난할 빈) 活(살 활) 巧(공교할 교) 智(슬기 지)

■ 불사이주【不事二主】: 두 주인을 섬길 수 없음.

집 하인이 두 주인을 섬길 수 없나니 혹 이를 미워하고 저를 사랑하거나 혹 이를 중히 여기고 저를 경히 여길 것임이니라 너희는 하나님과 재물을 겸하여 섬길 수 없느니라 (눅 16:13)

■ 사질유화【使跌有禍】: 실족하게 하는 자는 화를 당함.

예수께서 제자들에게 이르시되 실족하게 하는 것이 없을 수는 없으나 그렇게 하게 하는 자에게는 화로다 (눅 17:1)

■ 십중일사【十中一謝】: 나음을 받은 문둥병자 열 명 중에서 한 사람만 감사함.

예수의 발 아래에 엎드리어 감사하니 그는 사마리아 사람이라 / 이 이방인 외에는 하나님께 영광을 돌리러 돌아온 자가 없느냐 하시고 (눅 17:16/18)

■ 상도불권【常禱不倦】: 항상 기도하고 낙심하지 말 것.

예수께서 그들에게 항상 기도하고 낙심하지 말아야 할 것을 비유로 말씀하여 (눅 18:1)

■ 심구상인【尋救喪人】: 잃어버린 자를 찾아 구원함.

인자가 온 것은 잃어버린 자를 찾아 구원하려 함이니라 (눅 19:10)

■ 인이구령【忍以救靈】: 인내로 영혼을 얻음.

너희의 인내로 너희 영혼을 얻으리라 (눅 21:19)

卑(낮을 비) 使(하여금 사) 跌(넘어질 질) 禍(재화 화) 謝(사례할 사) 常(항상 상)
禱(빌 도) 倦(게으를 권) 尋(찾을 심) 救(건질 구) 喪(죽을 상)

■ 혈립신약【血立新約】: 이 잔은 내 피로 세우는 새 언약.

저녁 먹은 후에 잔도 그와같이 하여 이르시되 이 잔은 내 피로 세우는 새 언약이니 곧 너희를 위하여 붓는 것이라 (눅 22:20)

■ 제사지증【諸事之證】: 너희는 이 모든 일의 증인임.

볼지어다 내가 내 아버지께서 약속하신 것을 너희에게 보내리니 너희는 위로부터 능력으로 입혀질 때까지 이 성에 머물라 하시니라 (눅 24:48)

血(피 혈) 約(묶을 약) 諸(모든 제) 事(일 사) 之(갈 지) 證(증거 증)

도성육신(道成肉身)

요한복음

■ 태초유도【太初有道】: 태초에 말씀이 계심.

태초에 말씀이 계시니라 이 말씀이 하나님과 함께 계셨으니 이 말씀은 곧 하나님이시니라 (요 1:1)

【註解】 ① "태초에"는 시작, 기원, 처음의 뜻으로 시간의 출발을 가리킨다(창 1:1). 창세기의 태초는 만유의 시초인 순간에서 그 이후의 창조 과정을 말하나 요한복음의 태초는 그 순간 이전에도 영원하신 선재(先在)의 말씀을 나타낸다. ② "말씀"인 로고스는 원래 이성, 개념, 말씀의 뜻을 가지고 있다. 그러나 이 구절에서는 그리스도를 가리키며 그가 만물보다 선재하심을 증명해 준다. 이 말을 유대인들에게 신적인 의미로 보급시킨 사람은 유대인 철학자 필로(Philo Judeus)였다. 그는 "로고스"를 사람들에게 하나님의 형상을 부여하며 사람들을 하나님께로 인도하는 존재로 이해했다. ③ "하나님이시니라"는 그가 태초에 하나님과 함께 계셨을 뿐만 아니라(2절) 그

道(길 도) 肉(고기 육) 太(클 태) 初(처음 초)

는 하나님이셨다. 이 구절은 성자(聖子)의 신성에 대한 명백한 선언인 동시에 삼위일체 교리의 터전을 마련해 주었다. (주해 3)

■ 신기명자【信其名者】: 그 이름을 믿는 자.

영접하는 자 곧 그 이름을 믿는 자들에게는 하나님의 자녀가 되는 권세를 주셨으니 (요 1:12)

■ 도성육신【道成肉身】: 말씀이 육신이 됨.

말씀이 육신이 되어 우리 가운데 거하시매 우리가 그의 영광을 보니 아버지의 독생자의 영광이요 은혜와 진리가 충만하더라 (요 1:14)

■ 은상가은【恩上加恩】: 은혜 위에 은혜가 더함.

우리가 다 그의 충만한 데서 받으니 은혜 위에 은혜러라 (요 1:16)

■ 부죄고양【負罪羔羊】: 세상 죄를 지고 가는 어린 양.

이튿날 요한이 예수께서 자기에게 나아오심을 보고 이르되 보라 세상 죄를 지고 가는 하나님의 어린 양이로다 (요 1:29)

■ 수변위주【水變爲酒】: 물로 된 포도주.

연회장은 물로 된 포도주를 맛보고도 어디서 났는지 알지 못하되 물 떠온 하인들은 알더라 연회장이 신랑을 불러 (요 2:9)

信(믿을 신) 名(이름 명) 恩(은혜 은) 加(더할 가) 負(질 부) 罪(허물 죄) 羔(새끼 양 고) 羊(양 양) 變(변할 변) 酒(술 주)

■ 인불중생【人爲重生】: 사람이 거듭나야 된다.

예수께서 대답하여 이르시되 진실로 진실로 네게 이르노니 사람이 거듭나지 아니하면 하나님의 나라를 볼 수 없느니라 (요 3:3)

【註解】'거듭난다'는 헬라어의 문자적 의미는 '위로부터 난다'는 뜻으로 하나님의 섭리로 인하여 영적으로 다시 출생하는 것을 의미한다. 우리가 성령으로 거듭나면 죄를 사함 받고 새 사람이 된다(고후 5:17). 한편 사람이 물과 성령으로 태어난다는 것에 있어서는, '물'은 회개의 외적 표시인 세례의식이라면, '성령'은 사람을 거듭나게 만드는 내적인 성령의 사역을 말한다. (주해 5)

■ 애세사자【愛世賜子】: 이 세상을 이처럼 사랑하사 독생자를 주심.

하나님이 세상을 이처럼 사랑하사 독생자를 주셨으니 이는 그를 믿는 자마다 멸망하지 않고 영생을 얻게 하려 하심이라 (요 3:16)

■ 영원불갈【永遠不渴】: 내가 주는 물을 마시는 자는 영원히 목마르지 아니함.

내가 주는 물을 마시는 자는 영원히 목마르지 아니하리니 내가 주는 물은 그 속에서 영생하도록 솟아나는 샘물이 되리라 (요 4:14)

■ 영진이배【靈眞以拜】: 영과 진리로 예배함.

아버지께 참되게 예배하는 자들은 영과 진리로 예배할 때가 오나니 곧 이 때라 아버지께서는 자기에게 이렇게 예배하는 자들을 찾으시느니라 (요 4:23)

重(무거울 중) 賜(줄 사) 眞(참 진) 拜(절 배) 遠(멀 원) 渴(목마를 갈)

■ 취병축사【取餠祝謝】: 떡을 가져 축사하심.

예수께서 떡을 가져 축사하신 후에 앉아 있는 자들에게 나눠 주시고 물고기도 그렇게 그들의 원대로 주시니라 (요 6:11)

■ 생명지병【生命之餠】: 나는 생명의 떡이로다.

예수께서 이르시되 나는 생명의 떡이니 내게 오는 자는 결코 주리지 아니할 터이요 나를 믿는 자는 영원히 목마르지 아니하리라 (요 6:35)

■ 불인불래【不引不來】: 아버지께서 이끌지 아니하면 내게 아무도 올 수 없다.

나를 보내신 아버지께서 이끌지 아니하시면 아무도 내게 올 수 없으니 오는 그를 내가 마지막 날에 다시 살리리라 (요 6:44)

■ 신주영생【信主永生】: 믿는 자는 영생을 가진다.

진실로 진실로 너희에게 이르노니 믿는 자는 영생을 가졌나니 (요 6:47)

■ 무죄선격【無罪先擊】: 죄없는 자가 먼저 돌로 쳐라.

그들이 묻기를 마지 아니하는지라 이에 일어나 이르시되 너희 중에 죄 없는 자가 먼저 돌로 치라 하시고 (요 8:7)

取(취할 취) 餠(떡 병) 祝(빌 축) 餠(떡 병) 引(끌 인) 來(올 래) 罪(허물 죄)
先(먼저 선) 擊(칠 격)

■ 주세지광【主世之光】: 나는 세상의 빛이라.

예수께서 또 말씀하여 이르시되 나는 세상의 빛이니 나를 따르는 자는 어둠에 다니지 아니하고 생명의 빛을 얻으리라 (요 8:12)

■ 진리석이【眞理釋爾】: 진리를 알면 진리가 너희를 자유롭게 하리라.

진리를 알지니 진리가 너희를 자유롭게 하리라 (요 8:32)

【註解】 진리라는 말은 본래 하나님의 은혜와 더불어 예수 그리스도(요 1:27), 그리고 그리스도의 본질을 표현하는 용어이기도 하다(요 14:6). 즉 누구든지 예수가 하나님의 아들이며 구세주이심을 믿고 저가 이룬 대속 사역의 공로를 힘입기만 하면 모든 인간이 지니고 있는 죄의 결과로 인한 죽음으로부터 영원히 자유케 되는 것이다(롬 8:2). (주해 1)

■ 자영즉허【自榮則虛】: 내가 내게 영광을 돌리면 아무것도 아님.

예수께서 대답하시되 내가 내게 영광을 돌리면 내 영광이 아무것도 아니거니와 내게 영광을 돌리시는 이는 내 아버지시니 곧 너희가 너희 하나님이라 칭하는 그이시라 (요 8:54)

■ 기현주위【其顯主爲】: 그에게서 하나님이 하시는 일을 나타내고자 하심.

예수께서 대답하시되 이 사람이나 그 부모의 죄로 인한 것이 아니라 그에게서 하나님이 하시는 일을 나타내고자 하심이라 (요 9:3)

■ 위양사명【爲羊捨命】: 선한 목자는 양을 위하여 목숨을 버림.

나는 선한 목자라 선한 목자는 양들을 위하여 목숨을 버리거니와 (요 10:11)

世(대 세) 眞(참 진) 理(다스릴 리) 釋(풀 석) 爾(너 이) 榮(영화 영) 虛(빌 허)
其(그 기) 顯(나타날 현) 羊(양 양) 捨(버릴 사)

■ 아여부일【我與父一】: 나와 아버지는 하나임.

나와 아버지는 하나이니라 하신대 (요 10:30)

■ 부활생명【復活生命】: 나는 부활이요 생명임.

예수께서 이르시되 나는 부활이요 생명이니 나를 믿는 자는 죽어도 살겠고 (요 11:25)

■ 입사결실【粒死結實】: 한 알의 밀이 땅에 떨어져 죽으면 많은 열매를 맺음.

내가 진실로 진실로 너희에게 이르노니 한 알의 밀이 땅에 떨어져 죽지 아니하면 한 알 그대로 있고 죽으면 많은 열매를 맺느니라 (요 12:24)

■ 피거인중【被擧引衆】: 내가 땅에서 들리면 모든 사람을 내게로 이끌게 됨.

내가 땅에서 들리면 모든 사람을 내게로 이끌겠노라 하시니 (요 12:32)

■ 유광신광【有光信光】: 빛이 있는 동안에 빛을 믿으라.

너희에게 아직 빛이 있을 동안에 빛을 믿으라 그리하면 빛의 아들이 되리라 예수께서 이 말씀을 하시고 그들을 떠나가서 숨으시니라 (요 12:36)

■ 애인지영【愛人之榮】: 사람의 영광을 하나님의 영광보다 더 사랑함.

그들은 사람의 영광을 하나님의 영광보다 더 사랑하였더라 (요 12:43)

與(줄 여) 活(살 활) 粒(알 립) 結(맺을 결) 實(열매 실) 被(이불 피) 擧(들 거) 衆(무리 중)

■ 불심구세【不審救世】: 심판을 위한 것이 아니라 구원하기 위함임.

사람이 내 말을 듣고 지키지 아니할지라도 내가 그를 심판하지 아니하노라 내가 온 것은 세상을 심판하려 함이 아니요 세상을 구원하려 함이로라 (요 12:47하)

■ 신계상애【新誡相愛】: 새 계명을 주노니 서로 사랑하라.

새 계명을 너희에게 주노니 서로 사랑하라 내가 너희를 사랑한 것같이 너희도 서로 사랑하라 (요 13:34)

■ 신주물우【信主勿憂】: 믿는 자는 근심하지 말라.

너희는 마음에 근심하지 말라 하나님을 믿으니 또 나를 믿으라 (요 14:1)

■ 진리지영【眞理之靈】: 그는 진리의 영이라.

내가 아버지께 구하겠으니 그가 또 다른 보혜사를 너희에게 주사 영원토록 너희와 함께 있게 하리니 / 그는 진리의 영이라 세상은 능히 그를 받지 못하나니 이는 그를 보지도 못하고 알지도 못함이라 그러나 너희는 그를 아나니 그는 너희와 함께 거하심이요 또 너희 속에 계시겠음이라 (요 14:16~17)

■ 주유이안【主遺以安】: 평안은 주님께서 주심.

평안을 너희에게 끼치노니 곧 나의 평안을 너희에게 주노라 내가 너희에게 주는 것은 세상이 주는 것과 같지 아니하니라 너희는 마음에 근심하지도 말고 두려워하지도 말라 (요 14:27)

審(살필 심) 救(건질 구) 誡(경계할 계) 信(믿을 신) 憂(근심할 우) 眞(참 진)
理(다스릴 리) 靈(신령 령) 遺(끼칠 유) 安(편안할 안)

■ 이주무위【離主無爲】: 나를 떠나서는 아무것도 할 수 없음.

나는 포도나무요 너희는 가지라 그가 내 안에, 내가 그 안에 거하면 사람이 열매를 많이 맺나니 나를 떠나서는 너희가 아무것도 할 수 없음이라 (요 15:5)

■ 위우사명【爲友捨命】: 큰 사랑은 친구를 위해 목숨을 버리는 것.

사람이 친구를 위하여 자기 목숨을 버리면 이보다 더 큰 사랑이 없나니 (요 15:13)

■ 불복위우【不僕爲友】: 이제부터 종이라 하지 않고 친구라 함.

이제부터는 너희를 종이라 하지 아니하리니 종은 주인이 하는 것을 알지 못함이라 너희를 친구라 하였노니 내가 내 아버지께 들은 것을 다 너희에게 알게 하였음이라 (요 15:15)

■ 비이선주【非爾選主】: 너희가 나를 택한 것이 아니고 내가 너희를 택하였음.

너희가 나를 택한 것이 아니요 내가 너희를 택하여 세웠나니 이는 너희로 가서 열매를 맺게 하고 또 너희 열매가 항상 있게 하여 내 이름으로 아버지께 무엇을 구하든지 다 받게 하려 함이라 (요 15:16)

■ 불견부견【不見復見】: 조금 있으면 나를 보지 못하겠고, 또 조금 있으면 나를 보게 됨.

조금 있으면 너희가 나를 보지 못하겠고 또 조금 있으면 나를 보리라 하시니 (요 16:16)

離(떼놓을 리) 爲(할 위) 僕(종 복) 命(목숨 명) 非(아닐 비) 爾(너 이) 選(가릴 선) 復(다시 부, 돌아올 복)

■ 출부귀부【出父歸父】: 아버지에게서 왔다가 다시 아버지께로 감.

내가 아버지에게서 나와 세상에 왔고 다시 세상을 떠나 아버지께로 가노라 하시니 (요 16:28)

■ 진리위성【眞理爲聖】: 진리로 거룩하게 함.

그들을 진리로 거룩하게 하옵소서 아버지의 말씀은 진리니이다 (요17:17)

■ 목아지양【牧我之羊】: 내 양을 먹이라.

세 번째 이르시되 요한의 아들 시몬아 네가 나를 사랑하느냐 하시니 주께서 세 번째 네가 나를 사랑하느냐 하시므로 베드로가 근심하여 이르되 주님 모든 것을 아시오매 내가 주님을 사랑하는 줄을 주님께서 아시나이다 예수께서 이르시되 내 양을 먹이라 (요 21:17)

父(아비 부) 歸(돌아갈 귀) 眞(참 진) 理(다스릴 리) 聖(성스러울 성) 牧(칠 목)

작증지극(作證地極)

사도행전

■ 영임작증【靈任作證】: 성령이 임하면 땅 끝까지 주의 증인이 됨.

오직 성령이 너희에게 임하시면 너희가 권능을 받고 예루살렘과 온 유대와 사마리아와 땅 끝까지 이르러 내 증인이 되리라 하시니라 (행 1:8)

【註解】 사도들에게 가장 중요한 사명은 그리스도의 증인이 되는 것이다. "증인이 되라"고 말씀하시지 않고 "되리라"고 말씀하신 것은 복음 사역의 주체가 인간이 아닌 성령이기 때문이다. (주해 1)

■ 말세부영【末世賦靈】: 말세에 내 영을 모든 육체에 부어 줌.

하나님이 말씀하시기를 말세에 내가 내 영을 모든 육체에 부어 주리니 너희의 자녀들은 예언할 것이요 너희의 젊은이들은 환상을 보고 너희의 늙은이들은 꿈을 꾸리라 (행 2:17)

證(증거 증) 極(다할 극) 任(맡길 임) 賦(구실 부)

■ 영충담전【靈充膽傳】: 성령이 충만하여 담대히 말씀을 전함.

빌기를 다하매 모인 곳이 진동하더니 무리가 다 성령이 충만하여 담대히 하나님의 말씀을 전하니라 (행 4:31)

■ 일심일지【一心一志】: 믿는 무리가 한마음 한뜻이 되어.

○믿는 무리가 한마음과 한뜻이 되어 모든 물건을 서로 통용하고 자기 재물을 조금이라도 자기 것이라 하는 이가 하나도 없더라 (행 4:32)

■ 용약천사【容若天使】: 그 얼굴이 천사의 얼굴과 같더라.

공회 중에 앉은 사람들이 다 스데반을 주목하여 보니 그 얼굴이 천사의 얼굴과 같더라 (행 6:15)

■ 불거수전【不居手殿】: 지극히 높으신 이는 손으로 지은 곳에 계시지 아니함.

그러나 지극히 높으신 이는 손으로 지은 곳에 계시지 아니하시나니 선지자가 말한 바 (행 7:48)

■ 아선지기【我選之器】: 나의 택한 그릇.

주께서 이르시되 가라 이 사람은 내 이름을 이방인과 임금들과 이스라엘 자손들에게 전하기 위하여 택한 나의 그릇이라 (행 9:15)

充(찰 충) 膽(쓸개 담) 傳(전할 전) 志(뜻 지) 容(얼굴 용) 若(같을 약) 居(있을 거) 殿(큰 집 전) 我(나 아) 選(가릴 선) 器(그릇 기)

■ 불모취인【不貌取人】: 하나님은 사람의 외모를 보지 아니함.

베드로가 입을 열어 말하되 내가 참으로 하나님은 사람의 외모를 보지 아니하시고 (행 10:34)

■ 칭기독인【稱基督人】: 비로소 그리도인이라 일컬음을 받게 됨.

만나매 안디옥에 데리고 와서 둘이 교회에 일 년간 모여 있어 큰 무리를 가르쳤고 제자들이 안디옥에서 비로소 그리스도인이라 일컬음을 받게 되었더라 (행 11:26하)

【註解】 안디옥은 기독교 역사상 예루살렘을 제외하고 가장 큰 역할을 한 도시였다. 이방 선교의 발상지이자 거점이었던 곳이 안디옥이었으며(13:1~3), 성도들이 최초로 "그리스도인"으로 불린 곳이다. 또한 이사야 62:2의 "새 이름" 또한 "그리스도인"을 의미한다고 볼 수 있다. (주해 2)

■ 불귀영주【不歸榮主】: 영광을 하나님께 돌리지 아니하므로 벌레에게 먹혀 죽음.

헤롯이 영광을 하나님께로 돌리지 아니하므로 주의 사자가 곧 치니 벌레에게 먹혀 죽으니라 (행 12:23)

■ 합인아심【合人我心】: 내 마음에 맞는 사람.

폐하시고 다윗을 왕으로 세우시고 증언하여 이르시되 내가 이새의 아들 다윗을 만나니 내 마음에 맞는 사람이라 내 뜻을 다 이루리라 하시더니 (행 13:22하)

貌(얼굴 모) 取(취할 취) 稱(일컬을 칭) 基(터 기) 督(살펴볼 독) 榮(영화 영) 合(합할 합)

■ 이방지광【異邦之光】: 이방인의 빛으로 삼음.

주께서 이같이 우리에게 명하시되 내가 너를 이방의 빛으로 삼아 너로 땅 끝까지 구원하게 하리라 하셨느니라 하니 (행 13:47)

■ 예정개신【豫定皆信】: 작정된 자는 다 믿음.

이방인들이 듣고 기뻐하여 하나님의 말씀을 찬송하며 영생을 주시기로 작정된 자는 다 믿더라 (행 13:48)

■ 유신가유【有信可逾】: 구원 받을 만한 믿음.

바울이 말하는 것을 듣거늘 바울이 주목하여 구원 받을 만한 믿음이 그에게 있는 것을 보고 / 큰 소리로 이르되 네 발로 바로 일어서라 하니 그 사람이 일어나 걷는지라 (행 14:9~10)

■ 이신결심【以信潔心】: 믿음으로 그들의 마음을 깨끗이 함.

믿음으로 그들의 마음을 깨끗이 하사 그들이나 우리나 차별하지 아니하셨느니라 (행 15:9)

■ 여교수복【與較受福】: 주는 것이 받는 것보다 복이 있음.

범사에 여러분에게 모본을 보여준 바와같이 수고하여 약한 사람들을 돕고 또 주 예수께서 친히 말씀하신 바 주는 것이 받는 것보다 복이 있다 하심을 기억하여야 할지니라 (행 20:35)

異(다를 이) 邦(나라 방) 光(빛 광) 豫(미리 예) 皆(다 개) 逾(넘을 유) 潔(깨끗할 결) 較(견줄 교) 受(받을 수) 福(복 복)

■ 작증견문 【作證見聞】: 보고 들은 것에 증인이 됨.

네가 그를 위하여 모든 사람 앞에서 네가 보고 들은 것에 증인이 되리라 (행 22:15)

■ 수세척죄 【受洗滌罪】: 세례를 받고 죄를 씻음.

이제는 왜 주저하느냐 일어나 주의 이름을 불러 세례를 받고 너의 죄를 씻으라 하더라 (행 22:16)

■ 무휴양심 【無虧良心】: 양심에 거리낌이 없음.

이것으로 말미암아 나도 하나님과 사람에 대하여 항상 양심에 거리낌이 없기를 힘쓰나이다 (행 24:16)

■ 재선득구 【在船得救】: 배에 있지 아니하면 구원을 얻지 못함.

바울이 백부장과 군인들에게 이르되 이 사람들이 배에 있지 아니하면 너희가 구원을 얻지 못하리라 하니 (행 27:31)

聞(들을 문) 洗(씻을 세) 滌(씻을 척) 虧(이지러질 휴) 在(있을 재) 船(배 선) 得(얻을 득) 救(건질 구)

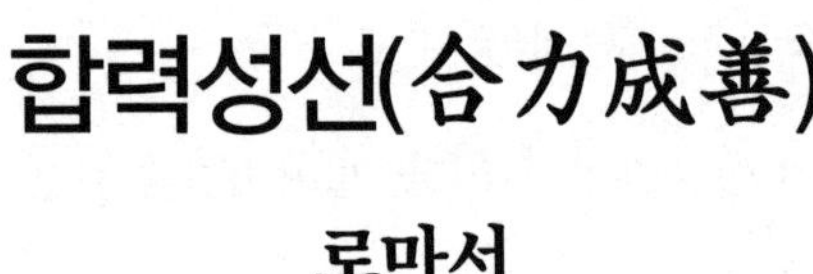

합력성선(合力成善)

로마서

■ 몽소성도【蒙召聖徒】: 성도로 부르심을 받은 자.

로마에서 하나님의 사랑하심을 받고 성도로 부르심을 받은 모든 자에게 하나님 우리 아버지와 주 예수 그리스도로부터 은혜와 평강이 있기를 원하노라 (롬 1:7)

■ 아개채자【我皆債者】: 다 내가 빚진 자라.

헬라인이나 야만인이나 지혜 있는 자나 어리석은 자에게 다 내가 빚진 자라 (롬 1:14)

成(이룰 성) 蒙(입을 몽) 召(부를 소) 聖(성스러울 성) 徒(무리 도) 皆(다 개) 債(빚 채)

■ 불치복음【不恥福音】: 내가 복음을 부끄러워하지 않음.

내가 복음을 부끄러워하지 아니하노니 이 복음은 모든 믿는 자에게 구원을 주시는 하나님의 능력이 됨이라 먼저는 유대인에게요 그리고 헬라인에게로다 (롬 1:16)

【註解】 복음은 하나님의 은혜로, 하나님의 독생자이신 예수께서 인간의 죄 값을 대신 치러 주셨으므로, 누구든지 예수를 구주로 믿으면 죄 사함을 받아 구원을 얻는다(요 3:16). 이는 실로 기쁜 소식이다. 하나님이 우리에게 심판과 죽음 대신 구원과 영생을 약속하셨기 때문이다. (주해 6)

■ 복음의현【福音義顯】: 복음에는 의가 나타남.

복음에는 하나님의 의가 나타나서 믿음으로 믿음에 이르게 하나니 기록된 바 오직 의인은 믿음으로 말미암아 살리라 함과 같으니라 (롬 1:17)

【註解】 하나님의 의는 하나님의 본성으로 완전무결한 의이며 본서의 핵심 단어이다. 그 주제는 믿음으로 그리스도에게로 나오는 모든 사람은 하나님의 의로 인해 구원을 받는다는 것이다. 그러나 믿음으로 말미암아 의롭다 칭함을 받을 수 있으나 그 믿음조차도 인간의 의지적 믿음이 아니라 "하나님의 선물"(엡 2:8)이니, 그리스도 예수 안에 있는 구속으로 말미암아 하나님께서 주신 믿음을 의미한다. (주해 2)

■ 무율자법【無律自法】: 율법이 없어도 자기가 자기에게 율법이 됨.

(율법 없는 이방인이 본성으로 율법의 일을 행할 때에는 이 사람은 율법이 없어도 자기가 자기에게 율법이 되나니 / 이런 이들은 그 양심이 증거가 되어 그 생각들이 서로 혹은 고발하며 혹은 변명하여 그 마음에 새긴 율법의 행위를 나타내느니라). (롬 2:14~15)

恥(부끄러워할 치) 福(복 복) 顯(나타날 현) 律(법 률) 法(법 법)

■ 심수할례【心受割禮】: 할례는 마음에 할지니.

오직 이면적 유대인이 유대인이며 할례는 마음에 할지니 영에 있고 율법 조문에 있지 아니한 것이라 그 칭찬이 사람에게서가 아니요 다만 하나님에게서니라 (롬 2:29)

■ 인위주진【人僞主眞】: 사람은 거짓되나 하나님은 참되심.

그럴 수 없느니라 사람은 다 거짓되되 오직 하나님은 참되시다 할지어다 기록된 바 주께서 주의 말씀에 의롭다 함을 얻으시고 판단 받으실 때에 이기려 하심이라 함과 같으니라 (롬 3:4)

■ 실무의인【悉無義人】: 의인은 하나도 없음.

기록된 바 의인은 없나니 하나도 없으며 (롬 3:10)

■ 유신지법【惟信之法】: 오직 믿음의 법.

그런즉 자랑할 데가 어디냐 있을 수가 없느니라 무슨 법으로냐 행위로냐 아니라 오직 믿음의 법으로니라 (롬 3:27)

■ 이신득의【以信得義】: 믿음으로 의롭다 하심을 얻음.

그러므로 사람이 의롭다 하심을 얻는 것은 율법의 행위에 있지 않고 믿음으로 되는 줄 우리가 인정하노라 (롬 3:28)

【註解】 ① 믿음으로 의롭게 되는 것은 인간의 속성이나 품성 자체가 실제로 의롭게 된다는 뜻이 아니라 하나님께서 그 믿음을 보시고 의롭게 인정해 주시는 것을 뜻한다.

心(마음 심) 受(받을 수) 割(나눌 할) 禮(예도 례) 僞(거짓 위) 主(주인 주) 眞(참 진) 悉(다 실) 無(없을 무) 義(옳을 의) 信(믿을 신) 得(얻을 득)

② "의롭다 하심"은 하나님 편에서의 칭의(稱義)이고 이를 얻는 것은 인간 편에서의 득의(得義)이다. (주해 2)

■ 절망유신【絶望猶信】: 바랄 수 없는 중에도 바라고 믿음.

아브라함이 바랄 수 없는 중에 바라고 믿었으니 이는 네 후손이 이같으리라 하신 말씀대로 많은 민족의 조상이 되게 하려 하심이라 (롬 4:18)

■ 환난중락【患難中樂】: 환난 중에도 기뻐하는 것은 인내를 알기 때문임.

다만 이뿐 아니라 우리가 환난 중에도 즐거워하나니 이는 환난은 인내를, (롬 5:3)

■ 사이창애【死以彰愛】: 죽음으로 자기 사랑을 확증함.

우리가 아직 죄인 되었을 때에 그리스도께서 우리를 위하여 죽으심으로 하나님께서 우리에 대한 자기의 사랑을 확증하셨느니라 (롬 5:8)

■ 오고정가【吾故釘架】: 우리의 옛사람이 예수와 함께 십자가에 못 박힘.

우리가 알거니와 우리의 옛 사람이 예수와 함께 십자가에 못 박힌 것은 죄의 몸이 죽어 다시는 우리가 죄에게 종 노릇 하지 아니하려 함이니 (롬 6:6)

■ 해죄의복【解罪義僕】: 죄에서 해방되어 의의 종이 됨.

죄로부터 해방되어 의에게 종이 되었느니라 (롬 6:18)

絶(끊을 절) 猶(오히려 유) 彰(밝을 창) 吾(나 오) 釘(못 정 架(시렁 가) 解(풀 해) 僕(종 복)

■ 죄가시사【罪價是死】: 죄 값은 사망임.

죄의 삯은 사망이요 하나님의 은사는 그리스도 예수 우리 주 안에 있는 영생이니라 (롬 6:23)

■ 소원불행【所願不行】: 내가 원하는 것은 행하지 못하고.

내가 행하는 것을 내가 알지 못하노니 곧 내가 원하는 것은 행하지 아니하고 도리어 미워하는 것을 행함이라 (롬 7:15)

■ 주법봉심【主法奉心】: 하나님의 법은 마음으로 섬김.

우리 주 예수 그리스도로 말미암아 하나님께 감사하리로다 그런즉 내 자신이 마음으로는 하나님의 법을 육신으로는 죄의 법을 섬기노라 (롬 7:25)

■ 재주불죄【在主不罪】: 예수 안에 있으면 정죄함이 없음.

그러므로 이제 그리스도 예수 안에 있는 자에게는 결코 정죄함이 없나니 (롬 8:1)

■ 성령지법【聖靈之法】: 성령의 법.

이는 그리스도 예수 안에 있는 생명의 성령의 법이 죄와 사망의 법에서 너를 해방하였음이라 (롬 8:2)

罪(허물 죄) 價(값 가) 願(원할 원) 奉(받들 봉) 主(주인 주) 罪(허물 죄) 聖(성스러울 성) 靈(신령 령) 法(법 법)

■ 영이멸신【靈以滅身】: 영으로 몸의 행실을 죽이면 살게 됨.

너희가 육신대로 살면 반드시 죽을 것이로되 영으로써 몸의 행실을 죽이면 살리니 (롬 8:13)

■ 수양자령【受養子靈】: 양자의 영을 받음.

너희는 다시 무서워하는 종의 영을 받지 아니하고 양자의 영을 받았으므로 우리가 아빠 아버지라고 부르짖느니라 (롬 8:15)

■ 금고장영【今苦將榮】: 현재의 고난은 장차 나타날 영광과 비교할 수 없음.

생각하건대 현재의 고난은 장차 우리에게 나타날 영광과 비교할 수 없도다 (롬 8:18)

■ 시망불망【視望不望】: 보이는 소망은 소망이 아님.

우리가 소망으로 구원을 얻었으매 보이는 소망이 소망이 아니니 보는 것을 누가 바라리요 (롬 8:24)

■ 합력성선【合力成善】: 모든 것이 합력하여 선을 이룸.

우리가 알거니와 하나님을 사랑하는 자 곧 그의 뜻대로 부르심을 입은 자들에게는 모든 것이 합력하여 선을 이루느니라 (롬 8:28)

【註解】 어떤 사본에는 “하나님이 모든 것을 합하여 선을 이루느니라”로 나와 있다. 이것은 하나님을 사랑하는 자들에게만 주어지는 약속이다. 성도를 방해하고 괴롭히는 것들까지도 하나님을 사랑하는 자들에게는 그들의 완성을 이루어 가는 데 필요한 요소이다(롬 5:3 이하). (주해 3)

滅(멸망할 멸) 養(기를 양) 今(이제 금) 苦(쓸 고) 將(장차 장) 視(볼 시) 望(바랄 망)

■ 약자위예【約子爲裔】: 약속의 자녀가 씨로 여김을 받음.

곧 육신의 자녀가 하나님의 자녀가 아니요 오직 약속의 자녀가 씨로 여기심을 받느니라 (롬 9:8)

【註解】 "약속의 자녀"는 아브라함 당대에 있어서는 이삭을 가리키나, 전체적인 하나님의 구속사적인 입장에서 볼 때에 그리스도 안에 있는 자들, 즉 믿음으로 구원받은 자들을 의미한다(갈 3:29). (주해 3)

■ 항인관용【恒忍寬容】: 오래 참고 관용하심.

만일 하나님이 그의 진노를 보이시고 그의 능력을 알게 하고자 하사 멸하기로 준비된 진노의 그릇을 오래 참으심으로 관용하시고 (롬 9:22)

■ 구인득구【口認得救】: 마음으로 믿고 입으로 시인하여 구원에 이름.

사람이 마음으로 믿어 의에 이르고 입으로 시인하여 구원에 이르느니라 (롬 10:10)

■ 신문이래【信聞以來】: 믿음은 들음에서 남.

그러므로 믿음은 들음에서 나며 들음은 그리스도의 말씀으로 말미암았느니라 (롬 10:17)

■ 지절득접【枝折得接】: 가지가 꺾인 것은 접붙임을 받기 위함임.

그러면 네 말이 가지들이 꺾인 것은 나로 접붙임을 받게 하려 함이라 하리니 (롬 11:19)

裔(후손 예) 恒(항상 항) 忍(참을 인) 寬(너그러울 관) 認(알 인) 聞(들을 문) 枝(가지 지) 折(꺾을 절) 接(사귈 접)

■ 이방수만【異邦數滿】: 이방인의 수가 다 차기까지 불신앙을 고집함.

형제들아 너희가 스스로 지혜 있다 하면서 이 신비를 너희가 모르기를 내가 원하지 아니하노니 이 신비는 이방인의 충만한 수가 들어오기까지 이스라엘의 더러는 우둔하게 된 것이라 (롬 11:25)

【註解】 "이방인의 충만한 수"는 구원 받기로 작성한 이방인의 충만한 숫자를 가리킨다. 이 숫자가 채워질 때 하나님은 다시 유대인에게로 돌이키시고, 주가 강림하실 때 "모든 이스라엘"을 구원하실 것이다(26절). (주해 3)

■ 헌신활제【獻身活祭)】: 너의 몸을 하나님의 기뻐하시는 거룩한 산 제사로 드림.

그러므로 형제들아 내가 하나님의 모든 자비하심으로 너희를 권하노니 너희 몸을 하나님이 기뻐하시는 거룩한 산 제물로 드리라 이는 너희가 드릴 영적 예배니라 (롬 12:1)

【註解】 "산제사로 드리라"는 말은 구약 시대처럼 죽은 짐승을 드릴 것이 아니라, 온몸과 영혼이 주의 도구로 쓰임 받는 삶을 살라는 뜻이다. 즉 우리의 몸과 영혼이 하나님 앞에서 향기 나는 거룩한 산 제물이 되는 것이며, "영적 예배"는 합당한 예배라는 뜻이다. (주해 3)

■ 사신지량【思信之量】: 믿음의 분량대로 생각함.

내게 주신 은혜로 말미암아 너희 각 사람에게 말하노니 마땅히 생각할 그 이상의 생각을 품지 말고 오직 하나님께서 각 사람에게 나누어 주신 믿음의 분량대로 지혜롭게 생각하라 (롬 12:3)

獻(바칠 헌) 活(살 활) 祭(제사 제) 思(생각할 사) 量(헤아릴 량)

■ 부은이사【賦恩異賜】: 은혜로 받은 은사는 각기 다름.

우리에게 주신 은혜대로 받은 은사가 각각 다르니 혹 예언이면 믿음의 분수대로, (롬 12:6)

■ 중인여화【衆人與和】: 모든 사람과 더불어 화목함.

할 수 있거든 너희로서는 모든 사람과 더불어 화목하라 (롬 12:18)

■ 보원재주【報冤在主】: 원수 갚는 것이 내게 있음.

내 사랑하는 자들아 너희가 친히 원수를 갚지 말고 하나님의 진노하심에 맡기라 기록되었으되 원수 갚는 것이 내게 있으니 내가 갚으리라고 주께서 말씀하시니라 (롬 12:19)

■ 이선승악【以善勝惡】: 선으로 악을 이김.

악에게 지지 말고 선으로 악을 이기라 (롬 12:21)

■ 당복병권【當服秉權】: 위에 있는 권세들에게 복종하라.

각 사람은 위에 있는 권세들에게 복종하라 권세는 하나님으로부터 나지 않음이 없나니 모든 권세는 다 하나님께서 정하신 바라 (롬 13:1)

賦(구실 부) 異(다를 이) 賜(줄 사) 衆(무리 중) 和(화할 화) 報(갚을 보) 冤(원통할 원) 勝(이길 승) 當(당할 당) 服(옷 복) 秉(잡을 병) 權(저울추 권)

■ 애즉성률【愛卽成律】: 사랑은 율법의 완성.

사랑은 이웃에게 악을 행하지 아니하나니 그러므로 사랑은 율법의 완성이니라 (롬 13:10)

■ 유주피의【惟主被衣】: 예수 그리스도로 옷 입음.

오직 주 예수 그리스도로 옷 입고 정욕을 위하여 육신의 일을 도모하지 말라 (롬 13:14)

■ 생사위주【生死爲主】: 사나 죽으나 주를 위함.

우리가 살아도 주를 위하여 살고 죽어도 주를 위하여 죽나니 그러므로 사나 죽으나 우리가 주의 것이로다 (롬 14:8)

■ 구화건덕【求和建德】: 화평을 구하고 덕을 세우는 데 힘씀.

그러므로 우리가 화평의 일과 서로 덕을 세우는 일을 힘쓰나니 (롬 14:19)

■ 성선건덕【成善建德】: 선을 이루고 덕을 세움.

우리 각 사람이 이웃을 기쁘게 하되 선을 이루고 덕을 세우도록 할지니라 (롬 15:2)

【註解】'선'은 하나님과의 윤리적 관계를 강조하는 말이고 '덕'은 인간의 윤리적 관계에 보다 비중을 둔 말이다. (주해 2)

愛(사랑 애) 卽(곧 즉) 成(이룰 성) 律(법 률) 被(이불 피) 建(세울 건) 德(덕 덕)

상개내주(常凱內主)

고린도전·후서

■ 득은평강 【得恩平康】: 은혜와 평강이 있기를.

하나님 우리 아버지와 주 예수 그리스도로부터 은혜와 평강이 있기를 원하노라 (고전 1:3)

【註解】 "은혜"는 그리스도로 말미암은 구원을 가리킨다. "평강"은 은혜 받은 사람의 마음 상태를 가리킨다. 전자는 헬라식의 인사이고 후자는 유대식의 인사다. 바울은 이 둘을 합하여 자신의 인사말로 썼는데, 그것은 은혜와 평강이 하나님의 구원을 통해 동시에 이루어지는 것이기 때문이다. (주해 4)

■ 세불식주 【世不識主】: 세상의 지혜로는 하나님을 알지 못함.

하나님의 지혜에 있어서는 이 세상이 자기 지혜로 하나님을 알지 못하므로 하나님께서 전도의 미련한 것으로 믿는 자들을 구원하시기를 기뻐하셨도다 (고전 1:21)

常(항상 상) 凱(즐길 개) 得(얻을 득) 平(평평할 평) 康(편안할 강) 識(알 식)

■ 선우괴지【選愚愧智】: 미련한 것을 택하여 지혜 있는 자를 부끄럽게 함.

그러나 하나님께서 세상의 미련한 것들을 택하사 지혜 있는 자들을 부끄럽게 하려 하시고 세상의 약한 것들을 택하사 강한 것들을 부끄럽게 하려 하시며 (고전 1:27)

【註解】 하나님은 세상의 지혜 있고 강한 자를 택하지 아니하시고 오히려 죄인들과 힘없고 비천한 자들을 택하심은 그들이 자신들의 지혜와 힘을 자랑하며, 그것을 믿고 교만해지기 때문이다. (주해 1)

■ 신비인지【信非人智】: 믿음이 사람의 지혜에 있지 아니하고 하나님의 능력에 있음.

너희 믿음이 사람의 지혜에 있지 아니하고 다만 하나님의 능력에 있게 하려 하였노라 (고전 2:5)

■ 이주지전【爾主之殿)】: 너희는 하나님의 성전이 됨.

너희는 너희가 하나님의 성전인 것과 하나님의 성령이 너희 안에 계시는 것을 알지 못하느냐 (고전 3:16)

■ 구충사자【求忠司者】: 맡은 자에게 구할 것은 충성임.

그리고 맡은 자들에게 구할 것은 충성이니라 (고전 4:2)

■ 주국재능【主國在能】: 하나님 나라는 말에 있지 않고 능력에 있음.

하나님의 나라는 말에 있지 아니하고 오직 능력에 있음이라 (고전 4:20)

選(가릴 선) 愚(어리석을 우) 愧(부끄러워할 괴) 智(슬기 지) 爾(너 이) 殿(큰 집 전)
忠(충성 충) 司(맡을 사)

■ 몽소연거【蒙召然居】: 부르심을 받은 그대로 지내라.

각 사람은 부르심을 받은 그 부르심 그대로 지내라 (고전 7:20)

■ 위복획중【爲僕獲衆】: 모든 사람의 종이 된 것은 더 많은 사람을 얻기 위함임.

내가 모든 사람에게서 자유로우나 스스로 모든 사람에게 종이 된 것은 더 많은 사람을 얻고자 함이라 (고전 9:19)

■ 작약득약【作弱得弱】: 내가 약한 자와같이 된 것은 약한 자들을 얻고자 함.

약한 자들에게 내가 약한 자와같이 된 것은 약한 자들을 얻고자 함이요 내가 여러 사람에게 여러 모습이 된 것은 아무쪼록 몇 사람이라도 구원하고자 함이니 (고전 9:22상)

■ 수시능당【受試能當】: 감당할 시험 밖에는 너희가 당한 것이 없음.

사람이 감당할 시험 밖에는 너희가 당한 것이 없나니 오직 하나님은 미쁘사 너희가 감당하지 못할 시험 당함을 허락하지 아니하시고 시험 당할 즈음에 또한 피할 길을 내사 너희로 능히 감당하게 하시느니라 (고전 10:13)

■ 하위주영【何爲主榮】: 무엇을 하든지 하나님의 영광을 위함.

그런즉 너희가 먹든지 마시든지 무엇을 하든지 다 하나님의 영광을 위하여 하라 (고전 10:31)

蒙(입을 몽) 召(부를 소) 然(그러할 연) 居(있을 거) 僕(종 복) 獲(얻을 획) 衆(무리 중) 弱(약할 약) 試(시험할 시) 榮(영화 영)

■ 유남유녀【由男由女】: 여자가 남자에게서 난 것같이 남자도 여자로 말미암아 났음.

이는 여자가 남자에게서 난 것같이 남자도 여자로 말미암아 났음이라 그리고 모든 것은 하나님에게서 났느니라 (고전 11:12)

■ 은수영일【恩殊靈一】: 은사는 여러 가지나 성령은 같음.

은사는 여러 가지나 성령은 같고 (고전 12:4)

【註解】 은사는 주의 일을 하도록 성령에 의해 성도들에게 주어진 특별한 능력으로서, 받은 은사만큼 지체(肢體) 의식을 가지고 교회 공동체의 유익을 위하여 각자 맡은 바 기능을 충실히 하여 은사의 다양성과 은사의 통일성을 유지해야 된다. 즉 몸의 각 지체가 그 생김새와 역할이 다르지만 상호 보완적, 의존적 관계를 유지하는 원리와 같다. (주해 2)

■ 체일다지【體一多肢】: 몸은 하나인데 많은 지체가 있음.

몸은 하나인데 많은 지체가 있고 몸의 지체가 많으나 한 몸임과같이 그리스도도 그러하니라 (고전 12:12)

■ 약시갱요【弱視更要】: 약하게 보이는 몸의 지체가 더 요긴함.

그뿐 아니라 더 약하게 보이는 몸의 지체가 도리어 요긴하고 (고전 12:22)

恩(은혜 은) 殊(죽일 수) 靈(신령 령) 體(몸 체) 多(많을 다) 肢(사지 지) 視(볼 시) 更(다시 갱) 要(구할 요)

■ 무애여요 【無愛如鐃】 : 사랑이 없으면 울리는 꽹과리와 같음.

내가 사람의 방언과 천사의 말을 할지라도 사랑이 없으면 소리 나는 구리와 울리는 꽹과리가 되고 (고전 13:1)

■ 이산지신 【移山之信】 : 산을 옮길 만한 믿음이 있을지라도 사랑이 없으면.

내가 예언하는 능력이 있어 모든 비밀과 모든 지식을 알고 또 산을 옮길 만한 모든 믿음이 있을지라도 사랑이 없으면 내가 아무것도 아니요 (고전 13:2하)

■ 애시구인 【愛是久忍】 : 사랑은 오래 참음.

사랑은 오래 참고 사랑은 온유하며 시기하지 아니하며 사랑은 자랑하지 아니하며 교만하지 아니하며 (고전 13:4)

■ 기중일애 【其中一愛】 : 믿음, 소망, 사랑 중에 제일은 사랑임.

그런즉 믿음, 소망, 사랑, 이 세 가지는 항상 있을 것인데 그 중의 제일은 사랑이라 (고전 13:13)

■ 개행건덕 【皆行建德】 : 모든 것은 덕을 세우기 위해 함.

그런즉 형제들아 어찌할까 너희가 모일 때에 각각 찬송시도 있으며 가르치는 말씀도 있으며 계시도 있으며 방언도 있으며 통역함도 있나니 모든 것을 덕을 세우기 위하여 하라 (고전 14:26하)

鐃(징 요) 移(옮길 이) 忍(참을 인) 愛(사랑 애) 皆(다 개) 行(갈 행) 建(세울 건) 德(덕 덕)

■ 금아주은【今我主恩】: 나의 나 된 것은 하나님의 은혜.

그러나 내가 나 된 것은 하나님의 은혜로 된 것이니 내게 주신 그의 은혜가 헛되지 아니하여 내가 모든 사도보다 더 많이 수고하였으나 내가 한 것이 아니요 오직 나와 함께 하신 하나님의 은혜로라 (고전 15:10)

■ 매일모사【每日冒死】: 나는 날마다 죽음.

형제들아 내가 그리스도 예수 우리 주 안에서 가진 바 너희에 대한 나의 자랑을 두고 단언하노니 나는 날마다 죽노라 (고전 15:31)

■ 불사불생【不死不生】: 뿌리는 씨가 죽지 않으면 살아나지 못함.

어리석은 자여 네가 뿌리는 씨가 죽지 않으면 살아나지 못하겠고 (고전 15:36)

■ 범사행애【凡事行愛】: 모든 일을 사랑으로 행함.

너희 모든 일을 사랑으로 행하라 (고전 16:14)

■ 상개내주【常凱內主】: 항상 그리스도 안에서 이기게 하심.

항상 우리를 그리스도 안에서 이기게 하시고 우리로 말미암아 각처에서 그리스도를 아는 냄새를 나타내시는 하나님께 감사하노라 (고후 2:14)

今(이제 금) 我(나 아) 每(매양 매) 冒(무릅쓸 모) 凡(무릇 범) 事(일 사) 凱(즐길 개)

■ 기독지향【基督之香】: 그리스도의 향기.

우리는 구원 받는 자들에게나 망하는 자들에게나 하나님 앞에서 그리스도의 향기니 (고후 2:15)

■ 비묵영서【非墨靈書】: 먹으로 쓰지 않고 하나님의 영으로 씀.

너희는 우리로 말미암아 나타난 그리스도의 편지니 이는 먹으로 쓴 것이 아니요 오직 살아 계신 하나님의 영으로 쓴 것이며 또 돌판에 쓴 것이 아니요 오직 육의 마음판에 쓴 것이라 (고후 3:3)

■ 보장어와【寶藏於瓦】: 보배를 질그릇에 가졌음.

우리가 이 보배를 질그릇에 가졌으니 이는 심히 큰 능력은 하나님께 있고 우리에게 있지 아니함을 알게 하려 함이라 (고후 4:7)

【註解】 성도는 질그릇처럼 연약하고 깨지기 쉬운 가치 없는 존재였지만, 그리스도의 복음을 받아들임으로써 구원을 얻고, 하나님 앞에 아주 가치 있는 소중한 존재가 되었다. (주해 6)

■ 외후내신【外朽內新】: 겉사람은 낡아지나 속사람은 날로 새로워짐.

그러므로 우리가 낙심하지 아니하노니 우리의 겉사람은 낡아지나 우리의 속사람은 날로 새로워지도다 (고후 4:16)

■ 잠환구영【暫患久榮】: 잠시 받는 환난으로 영원한 영광을 이루게 함.

우리가 잠시 받는 환난의 경한 것이 지극히 크고 영원한 영광의 중한 것을 우리에게 이루게 함이니 (고후 4:17)

基(터 기) 督(살펴볼 독) 香(향기 향) 非(아닐 비) 墨(먹 묵) 書(쓸 서) 寶(보배 보) 藏(감출 장) 瓦(기와 와) 朽(썩을 후) 暫(잠시 잠)

■ 가견자잠【可見者暫】: 보이는 것은 잠깐이요 보이지 않는 것은 영원함.

우리가 주목하는 것은 보이는 것이 아니요 보이지 않는 것이니 보이는 것은 잠깐이요 보이지 않는 것은 영원함이라 (고후 4:18)

■ 사령위질【賜靈爲質】: 보증으로 성령을 주심.

곧 이것을 우리에게 이루게 하시고 보증으로 성령을 우리에게 주신 이는 하나님이시니라 (고후 5:5)

■ 유신이행【惟信而行】: 오직 믿음으로 행함.

이는 우리가 믿음으로 행하고 보는 것으로 행하지 아니함이로라 (고후 5:7)

■ 이신해주【離身偕主】: 차라리 몸을 떠나 주와 함께 있기를 원함.

우리가 담대하여 원하는 바는 차라리 몸을 떠나 주와 함께 있는 그것이라 (고후 5:8)

■ 재주위신【在主爲新】: 누구나 그리스도 안에 있으면 새로운 피조물이 됨.

그런즉 누구든지 그리스도 안에 있으면 새로운 피조물이라 이전 것은 지나갔으니 보라 새 것이 되었도다 (고후 5:17)

【註解】 그리스도를 믿음으로 구원을 얻고 새로운 삶을 누리는 새 사람을 의미한다(엡 4:24). 이들은 그리스도의 은혜로 말미암아 ① 죄의 종노릇에서 해방되고 ② 의롭다 하심을 받았으며(롬 6:5~7). ③ 자기중심 생활에서 그리스도 중심의 생활로 바뀌어 성령의 열매 맺는 삶을 사는 자들이다(갈 5:22~25). (주해 2)

質(바탕 질) 信(믿을 신) 離(떼놓을 리) 身(몸 신) 偕(함께 해) 新(새 신)

■ 도수주은 【徒受主恩】 : 하나님의 은혜를 헛되이 받지 않음.

우리가 하나님과 함께 일하는 자로서 너희를 권하노니 하나님의 은혜를 헛되이 받지 말라 (고후 6:1)

■ 외주성성 【畏主成聖】 : 하나님을 두려워하는 가운데서 거룩함을 온전히 이룸.

그런즉 사랑하는 자들아 이 약속을 가진 우리는 하나님을 두려워하는 가운데서 거룩함을 온전히 이루어 육과 영의 온갖 더러운 것에서 자신을 깨끗하게 하자 (고후 7:1)

■ 이빈치부 【以貧致富】 : 너희를 위하여 가난하게 되심은 너희를 부요케 하려 하심임.

우리 주 예수 그리스도의 은혜를 너희가 알거니와 부요하신 이로서 너희를 위하여 가난하게 되심은 그의 가난함으로 말미암아 너희를 부요하게 하려 하심이라 (고후 8:9)

■ 상제위균 【相濟爲均】 : 부족한 것을 보충하여 균등케 함.

이제 너희의 넉넉한 것으로 그들의 부족한 것을 보충함은 후에 그들의 넉넉한 것으로 너희의 부족한 것을 보충하여 균등하게 하려 함이라 (고후 8:14)

■ 소종소확 【少種少穫】 : 적게 심는 자는 적게 거둠.

이것이 곧 적게 심는 자는 적게 거두고 많이 심는 자는 많이 거둔다 하는 말이로다 (고후 9:6)

徒(무리 도) 受(받을 수) 畏(두려워할 외) 聖(성스러울 성) 貧(가난할 빈) 致(보낼 치) 富(가멸 부) 相(서로 상) 濟(건널 제) 均(고를 균) 種(씨 종) 穫(벼 벨 확)

■ 신자불만【身刺不慢】: 육체의 가시로 너무 자만하지 않게 하심.

여러 계시를 받은 것이 지극히 크므로 너무 자만하지 않게 하시려고 내 육체에 가시 곧 사탄의 사자를 주셨으니 이는 나를 쳐서 너무 자만하지 않게 하려 하심이라 (고후 12:7)

■ 주은족오【主恩足吾】: 주의 은혜가 네게 족함.

나에게 이르시기를 내 은혜가 네게 족하도다 이는 내 능력이 약한 데서 온전하여짐이라 하신지라 그러므로 도리어 크게 기뻐함으로 나의 여러 약한 것들에 대하여 자랑하리니 이는 그리스도의 능력이 내게 머물게 하려 함이라 (고후 12:9)

■ 약시반강【弱時反强】: 내가 약한 그 때에 강함.

그러므로 내가 그리스도를 위하여 약한 것들과 능욕과 궁핍과 박해와 곤고를 기뻐하노니 이는 내가 약한 그 때에 강함이라 (고후 12:10)

■ 자성재신【自省在信】: 믿음 안에 있는지 자신을 살핌.

너희는 믿음 안에 있는가 너희 자신을 시험하고 너희 자신을 확증하라 예수 그리스도께서 너희 안에 계신 줄을 너희가 스스로 알지 못하느냐 그렇지 않으면 너희는 버림받은 자니라 (고후 13:5)

刺(찌를 자) 慢(게으를 만) 足(발 족) 吾(나 오) 時(때 시) 强(굳셀 강) 省(살필 성)

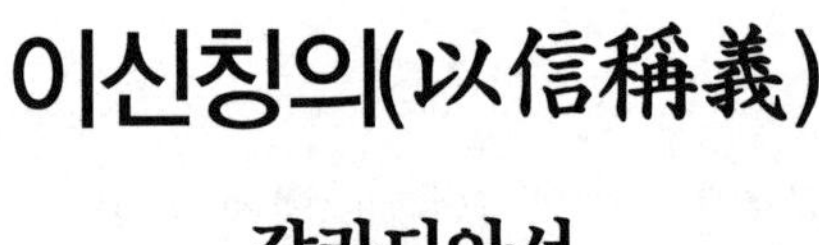

이신칭의(以信稱義)

갈라디아서

■ 소은선태【召恩選胎】: 태로부터 택정하여 은혜로 부르심.

그러나 내 어머니의 태로부터 나를 택정하시고 그의 은혜로 나를 부르신 이가 (갈 1:15)

■ 이신칭의【以信稱義】: 믿음으로 말미암아 의롭다 함을 얻음.

이같이 율법이 우리를 그리스도께로 인도하는 초등교사가 되어 우리로 하여금 믿음으로 말미암아 의롭다 함을 얻게 하려 함이라 (갈 3:24)

稱(일컬을 칭) 召(부를 소) 選(가릴 선) 胎(아이 밸 태)

■ 신위주자【信爲主子】: 믿음으로 주 안에서 하나님의 아들이 됨.

너희가 다 믿음으로 말미암아 그리스도 예수 안에서 하나님의 아들이 되었으니 (갈 3:26)

■ 재주위일【在主爲一】: 그리스도 안에서 하나가 됨.

너희는 유대인이나 헬라인이나 종이나 자유인이나 남자나 여자나 다 그리스도 예수 안에서 하나이니라 (갈 3:28)

■ 만시유자【滿時遺子】: 때가 차매 하나님이 그 아들을 보내심.

때가 차매 하나님이 그 아들을 보내사 여자에게서 나게 하시고 율법 아래에 나게 하신 것은 (갈 4:4)

■ 물부노액【勿負奴軛】: 다시는 종의 멍에를 메지 말라.

그리스도께서 우리를 자유롭게 하려고 자유를 주셨으니 그러므로 굳건하게 서서 다시는 종의 멍에를 메지 말라 (갈 5:1)

■ 종신대망【從信待望】: 믿음을 따라 의의 소망을 기다림.

우리가 성령으로 믿음을 따라 의의 소망을 기다리노니 (갈 5:5)

滿(찰 만) 遺(끼칠 유) 負(질 부) 奴(종 노) 軛(멍에 액) 從(좇을 종) 待(기다릴 대) 望(바랄 망)

■ 발애지신【發愛之信】: 사랑으로 역사하는 믿음뿐임.

그리스도 예수 안에서는 할례나 무할례나 효력이 없으되 사랑으로써 역사하는 믿음뿐이니라 (갈 5:6)

■ 유애상사【惟愛相事】: 사랑으로 서로 종 노릇 함.

형제들아 너희가 자유를 위하여 부르심을 입었으나 그러나 그 자유로 육체의 기회를 삼지 말고 오직 사랑으로 서로 종 노릇 하라 (갈 5:13)

■ 종육역성【從肉逆聖】: 육체의 소욕은 성령을 거스림.

육체의 소욕은 성령을 거스르고 성령은 육체를 거스르나니 이 둘이 서로 대적함으로 너희가 원하는 것을 하지 못하게 하려 함이니라 (갈 5:17)

■ 성령구과【聖靈九果】: 성령의 9가지 열매.

오직 성령의 열매는 사랑과 희락과 화평과 오래 참음과 자비와 양선과 충성과 / 온유와 절제니 이같은 것을 금지할 법이 없느니라 (갈 5:22~23)

■ 정가육정【釘架肉情】: 육체와 함께 정욕과 탐심을 십자가에 못 박음.

그리스도 예수의 사람들은 육체와 함께 그 정욕과 탐심을 십자가에 못 박았느니라 (갈 5:24)

發(쏠 발) 愛(사랑 애) 相(서로 상) 事(일 사) 肉(고기 육) 逆(거스를 역) 果(실과 과)
釘(못 정) 架(시렁 가) 肉(고기 육) 情(뜻 정)

■ 성기독법 【成基督法】: 그리스도의 법을 성취함.

너희가 짐을 서로 지라 그리하여 그리스도의 법을 성취하라 (갈 6:2)

■ 소종소확 【所種所穫】: 무엇으로 심든지 그대로 거둠.

스스로 속이지 말라 하나님은 업신여김을 받지 아니하시나니 사람이 무엇으로 심든지 그대로 거두리라 (갈 6:7)

■ 주흔재아 【主痕在我】: 내 몸에 예수의 흔적을 지님.

이 후로는 누구든지 나를 괴롭게 하지 말라 내가 내 몸에 예수의 흔적을 지니고 있노라 (갈 6:17)

成(이룰 성) 主(주인 주) 痕(흉터 흔) 在(있을 재) 我(나 아)

교회주신(教會主身)

에베소서

■ 만시경륜【滿時經綸】: 때가 찬 경륜.

그 뜻의 비밀을 우리에게 알리신 것이요 그의 기뻐하심을 따라 그리스도 안에서 때가 찬 경륜을 위하여 예정하신 것이니 (엡 1:9)

【註解】 경륜(오이코노미아)이라는 말은 '청지기 직'을 가리키나 일반적으로는 '관리, 경영'의 뜻으로, 하나님께서 모든 구속 역사를 계획하고 진행하시는 것을 뜻한다. 한편 '때'는 하나님의 아들의 성육신(成育身)으로 인류 구속의 대업이 실현된 때를 가리킨다.

■ 교회주신【教會主身】: 교회는 그의 몸이 됨.

교회는 그의 몸이니 만물 안에서 만물을 충만하게 하시는 이의 충만함이니라 (엡 1:23)

教(가르침 교) 會(모일 회) 滿(찰 만) 經(날 경) 綸(다스릴 륜)

■ 이은득구【以恩得救】: 은혜에 의하여 믿음으로 말미암아 구원을 받음.

너희는 그 은혜에 의하여 믿음으로 말미암아 구원을 받았으니 이것은 너희에게서 난 것이 아니요 하나님의 선물이라 (엡 2:8)

【註解】 '은혜'가 하나님께 속한 것이라면 '믿음'은 인간에게 속한 것으로 은혜는 하나님의 인간에 대한 값없고 조건 없는 긍휼이며, 믿음은 인간이 겸손하게 그것을 받아들이는 것이다. 또한 은혜는 믿음의 근본 원인이 된다. (주해 1)

■ 미어지미【微於至微】: 성도 중에 지극히 작은 자보다 더 작음.

모든 성도 중에 지극히 작은 자보다 더 작은 나에게 이 은혜를 주신 것은 측량할 수 없는 그리스도의 풍성함을 이방인에게 전하게 하시고 (엡 3:8)

■ 위주피수【爲主被囚】: 주 안에서 갇힌 자.

그러므로 주 안에서 갇힌 내가 너희를 권하노니 너희가 부르심을 받은 일에 합당하게 행하여 (엡 4:1)

■ 애중상서【愛中相恕】: 사랑 가운데 서로 용납함.

모든 겸손과 온유로 하고 오래 참음으로 사랑 가운데서 서로 용납하고 (엡 4:2)

■ 만유지부【萬有之父】: 만유의 아버지.

하나님도 한 분이시니 곧 만유의 아버지시라 만유 위에 계시고 만유를 통일하시고 만유 가운데 계시도다 (엡 4:6)

得(얻을 득) 微(작을 미) 至(이를 지) 救(건질 구) 被(이불 피) 囚(가둘 수) 恕(용서할 서) 萬(일만 만) 有(있을 유)

■ 신지위일【信知爲一】: 믿는 것과 아는 일에 하나가 됨.

우리가 다 하나님의 아들을 믿는 것과 아는 일에 하나가 되어 온전한 사람을 이루어 그리스도의 장성한 분량이 충만한 데까지 이르리니 (엡 4:13)

■ 착이신인【着以新人】: 새 사람을 입음.

오직 너희의 심령이 새롭게 되어 / 하나님을 따라 의와 진리의 거룩함으로 지으심을 받은 새 사람을 입으라 (엡 4:23~24)

■ 물온일몰【勿慍日沒】: 해가 지도록 분을 품지 아니함.

분을 내어도 죄를 짓지 말며 해가 지도록 분을 품지 말고 (엡 4:26)

■ 물우성령【勿憂聖靈】: 성령을 근심케 하지 말라.

하나님의 성령을 근심하게 하지 말라 그 안에서 너희가 구원의 날까지 인치심을 받았느니라 (엡 4:30)

■ 재주위광【在主爲光】: 주 안에서 빛이 됨.

너희가 전에는 어둠이더니 이제는 주 안에서 빛이라 빛의 자녀들처럼 행하라 (엡 5:8)

【註解】 "전에"와 "이제"를 대조하며 그리스도인의 변화된 신분에 대해 언급하고 있다. "빛"은 죄악 세상과 대조된 하나님의 나라를 의미하는 것으로, 성경은 "하나님은 빛이시라(요일 1:5)고 증거하고 있다. 이제 참 빛이신 예수 그리스로 말미암아 비췸을 받아 어둠의 권세에서 벗어나 빛의 자녀가 된 것이다.

着(붙을 착) 慍(성낼 온) 沒(가라앉을 몰) 憂(근심할 우) 光(빛 광)

■ 애석광음【愛惜光陰】: 세월을 아끼라.

세월을 아끼라 때가 악하니라 (엡 5:16)

■ 범사주명【凡謝主名】: 범사에 예수 그리스도의 이름으로 감사함.

범사에 우리 주 예수 그리스도의 이름으로 항상 아버지 하나님께 감사하며 (엡 5:20)

■ 이친일체【離親一體】: 부모를 떠나 아내와 한 몸이 됨.

그러므로 사람이 부모를 떠나 그의 아내와 합하여 그 둘이 한 육체가 될지니 (엡 5:31)

【參考】 의례(儀禮)에 보면 부처반합(夫妻牉合)이라는 말이 있다. 부부는 각기 반씩이어서 둘이 합쳐 하나의 완전체가 된다는 뜻이다. 반(牉)은 반쪽의 뜻이며, 편(片)은 둘로 쪼갠 나무조각을 말한다. 나무의 결이 연결되어 있듯이 두 마음의 '결'이 하나로 연결되지 않으면 진정한 결합이라 할 수 없을 것이다.

■ 효경수계【孝敬首誡】: 부모를 공경하는 것이 약속의 첫 계명임.

네 아버지와 어머니를 공경하라 이것은 약속이 있는 첫 계명이니 (엡 6:2)

■ 이신위순【以信爲盾】: 믿음의 방패.

모든 것 위에 믿음의 방패를 가지고 이로써 능히 악한 자의 모든 불화살을 소멸하고 / 구원의 투구와 성령의 검 곧 하나님의 말씀을 가지라 (엡 6:16~17)

惜(아낄 석) 陰(응달 음) 凡(무릇 범) 謝(사례할 사) 名(이름 명) 離(떼놓을 리)
親(친할 친) 體(몸 체) 孝(효도 효) 敬(공경할 경) 首(머리 수) 誡(경계할 계)
信(믿을 신) 盾(방패 순)

■ 성령위도【聖靈爲禱】: 성령 안에서 기도함.

모든 기도와 간구를 하되 항상 성령 안에서 기도하고 이를 위하여 깨어 구하기를 항상 힘쓰며 여러 성도를 위하여 구하라 (엡 6:18)

【註解】"성령 안에서"는 성령의 인도하심과 능력을 받아서 하라는 뜻이다. 즉 우리의 뜻과 마음을 성령의 뜻과 인도하심에 온전히 굴복시키고, 성령의 도우심을 받아 성령의 능력으로 기도하는 것을 말한다. 하나님의 영이신 성령은, 하나님의 깊은 것까지도 잘 아시는 분으로(고전 2:11), 오직 하나님의 뜻대로 성도를 위하여 간구하시기 때문에(롬 8:27) 성령 안에서 기도하면 반드시 하나님의 응답을 받게 된다.

聖(성스러울 성) 靈(신령 령) 禱(빌 도)

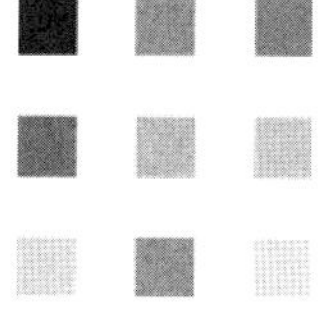

허기취복(虛己取僕)

빌립보서

■ 생사현주【生死顯主】: 살든지 죽든지 내 몸에서 그리스도가 존귀케 하려 함.

나의 간절한 기대와 소망을 따라 아무 일에든지 부끄러워하지 아니하고 지금도 전과같이 온전히 담대하여 살든지 죽든지 내 몸에서 그리스도가 존귀하게 되게 하려 하나니 (빌 1:20)

■ 비기존인【卑己尊人】: 자기보다 남을 낫게 여김.

아무 일에든지 다툼이나 허영으로 하지 말고 오직 겸손한 마음으로 각각 자기보다 남을 낫게 여기고 (빌 2:3)

虛(빌 허) 取(취할 취) 僕(종 복) 顯(나타날 현) 卑(낮을 비) 尊(높을 존)

■ 회심주심【懷心主心】: 그리스도의 마음을 품어라.

너희 안에 이 마음을 품으라 곧 그리스도 예수의 마음이니 (빌 2:5)

■ 허기취복【虛己取僕】: 자기를 비워 종의 형체를 가짐.

오히려 자기를 비워 종의 형체를 가지사 사람들과같이 되셨고 (빌 2:7)

【註解】 "말씀이 육신이 되어"(요 1:10)라는 말과 같은 뜻으로 예수 그리스도의 성육신을 가리키는 말이다. 삼위일체의 자리에서 인간의 자리까지 낮아지신 예수의 행위를 '비움'이라는 헬라어 '케노시스'로 표현하였다. 이는 신의 속성을 버린 것이 아니라 존재 양식을 비운 것이다. 여기서 신(神)의 양성(兩性)의 그리스도의 독특한 인격이 탄생한 것이다. 즉 그리스도께서 자기의 본체(신성)를 가지고 계시면서 위엄과 영광을 감추시며 종의 형체(인간)를 취하셨다. (주해 1)

■ 순복치사【順服致死】: 죽기까지 복종하심.

사람의 모양으로 나타나사 자기를 낮추시고 죽기까지 복종하셨으니 곧 십자가에 죽으심이라 (빌 2:8)

■ 구시칭주【口是稱主】: 입으로 예수 그리스도를 주라 시인함.

모든 입으로 예수 그리스도를 주라 시인하여 하나님 아버지께 영광을 돌리게 하셨느니라 (빌 2:11)

懷(품을 회) 順(순할 순) 服(옷 복) 致(보낼 치) 是(옳을 시) 稱(일컬을 칭)

■ 외율성구【畏慄成救】: 두렵고 떨림으로 구원을 이룸.

그러므로 나의 사랑하는 자들아 너희가 나 있을 때뿐 아니라 더욱 지금 나 없을 때에도 항상 복종하여 두렵고 떨림으로 너희 구원을 이루라 (빌 2:12)

■ 입지위행【立志爲行】: 우리 안에 소원을 두고 행하게 하심.

너희 안에서 행하시는 이는 하나님이시니 자기의 기쁘신 뜻을 위하여 너희에게 소원을 두고 행하게 하시나니 (빌 2:13)

■ 추위소상【趨爲召賞】: 부름의 상을 위하여 좇아감.

푯대를 향하여 그리스도 예수 안에서 하나님이 위에서 부르신 부름의 상을 위하여 달려가노라 (빌 3:14)

■ 아국재천【我國在天】: 우리의 시민권은 하늘에 있음.

그러나 우리의 시민권은 하늘에 있는지라 거기로부터 구원하는 자 곧 주 예수 그리스도를 기다리노니 (빌 3:20)

■ 항열재주【恒悅在主】: 주 안에서 항상 기뻐함.

주 안에서 항상 기뻐하라 내가 다시 말하노니 기뻐하라 (빌 4:4)

畏(두려워할 외) 慄(두려워할 률) 救(건질 구) 趨(달릴 추) 賞(상줄 상) 國(나라 국) 恒(항상 항) 悅(기쁠 열)

■ 항학자족【恒學自足】: 어떠한 형편에든지 자족하는 것을 배움.

내가 궁핍하므로 말하는 것이 아니니라 어떠한 형편에든지 나는 자족하기를 배웠노니 (빌 4:11)

■ 뇌주능위【賴主能爲】: 능력 주시는 자 안에서 모든 것을 할 수 있음.

내게 능력 주시는 자 안에서 내가 모든 것을 할 수 있느니라 (빌 4:13)

■ 소용도충【所用都充】: 모든 쓸 것을 채워 주심.

나의 하나님이 그리스도 예수 안에서 영광 가운데 그 풍성한 대로 너희 모든 쓸 것을 채우시리라 (빌 4:19)

學(배울 학) 賴(힘입을 뢰) 都(도읍 도) 充(찰 충)

상희범사(常喜凡謝)

골로새서, 데살로니가전·후서

■ 가혈성화 【架血成和】: 십자가의 피로 화평을 이룸.

그의 십자가의 피로 화평을 이루사 만물 곧 땅에 있는 것들이나 하늘에 있는 것들이 그로 말미암아 자기와 화목하게 되기를 기뻐하심이라 (골 1:20)

■ 역세장비 【歷世藏秘】: 만세로부터 감추어졌던 비밀.

이 비밀은 만세와 만대로부터 감추어졌던 것인데 이제는 그의 성도들에게 나타났고 (골 1:26)

謝(사례할 사) 架(시렁 가) 血(피 혈) 藏(감출 장) 秘(숨길 비)

■ 신성거육【神性居肉】: 신성의 모든 충만이 육체로 거하심.

그 안에는 신성의 모든 충만이 육체로 거하시고 (골 2:9)

■ 탐람숭우【貪婪崇偶】: 탐심은 우상 숭배임.

그러므로 땅에 있는 지체를 죽이라 곧 음란과 부정과 사욕과 악한 정욕과 탐심이니 탐심은 우상 숭배니라 (골 3:5)

【註解】 구약시대에 우상 숭배는 가장 큰 죄 중의 하나였다. 바울은 모든 죄의 원인이 '탐심'에 있고, 나아가 인간의 영혼으로부터 하나님을 끌어내리는 힘이 탐심에 있기 때문에 우상 숭배와 탐심을 동일시한 것이다. (주해 4)

■ 거구경신【去舊更新】: 옛 사람과 그 행위를 벗고 새 사람을 입음.

너희가 서로 거짓말을 하지 말라 옛 사람과 그 행위를 벗어 버리고 / 새 사람을 입었으니 이는 자기를 창조하신 이의 형상을 따라 지식에까지 새롭게 하심을 입은 자니라 (골 3:9~10)

■ 가애개상【加愛皆上】: 모든 것 위에 사랑을 더함.

이 모든 것 위에 사랑을 더하라 이는 온전하게 매는 띠니라 (골 3:14)

■ 전도지문【傳道之門】: 전도의 문을 열어 주심.

또한 우리를 위하여 기도하되 하나님이 전도할 문을 우리에게 열어 주사 그리스도의 비밀을 말하게 하시기를 구하라 내가 이 일 때문에 매임을 당하였노라 (골 4:3)

性(성품 성) 居(있을 거) 婪(탐할 람) 崇(높을 숭) 偶(짝 우) 舊(예 구) 更(고칠 경)

■ 이염조화【以鹽調和】: 말을 은혜 가운데서 소금으로 맛을 냄과 같이 함.

너희 말을 항상 은혜 가운데서 소금으로 맛을 냄과 같이 하라 그리하면 각 사람에게 마땅히 대답할 것을 알리라 (골 4:6)

■ 이신이행【以信而行】: 믿음의 역사와 사랑의 수고.

너희의 믿음의 역사와 사랑의 수고와 우리 주 예수 그리스도에 대한 소망의 인내를 우리 하나님 아버지 앞에서 끊임없이 기억함이니 (살전 1:3)

■ 망주인내【望主忍耐】: 예수 그리스도에 대한 소망의 인내.

너희의 믿음의 역사와 사랑의 수고와 우리 주 예수 그리스도에 대한 소망의 인내를 우리 하나님 아버지 앞에서 끊임없이 기억함이니 (살전 1:3)

■ 주지위성【主旨爲聖】: 하나님의 뜻은 거룩함.

하나님의 뜻은 이것이니 너희의 거룩함이라 곧 음란을 버리고 (살전 4:3)

【註解】 거룩함은 하나님의 대표적인 속성 중 하나인데(계 4:8) 여기서는 성도들의 성결한 삶을 의미한다. 이는 하나님께서 성도들에게 내리신 지상 명령일 뿐 아니라(레 19:2) 그분의 자녀가 되는 데 필수 조건이기도 하다(눅 1:75; 고후 7:1; 엡 4:24). (주해 3)

■ 영주어공【迎主於空】: 구름 속으로 끌어올려 공중에서 주를 영접함.

그 후에 우리 살아남은 자들도 그들과 함께 구름 속으로 끌어올려 공중에서 주를 영접하게 하시리니 그리하여 우리가 항상 주와 함께 있으리라 (살전 4:17)

鹽(소금 염) 調(고를 조) 和(화할 화) 望(바랄 망) 忍(참을 인) 耐(견딜 내) 旨(맛있을 지) 迎(맞이할 영) 於(어조사 어) 空(빌 공)

■ 광명지자【光明之子】: 너희는 빛의 아들임.

너희는 다 빛의 아들이요 낮의 아들이라 우리가 밤이나 어둠에 속하지 아니하나니 (살전 5:5)

■ 상희범사【常喜凡謝】: 항상 기뻐하고 범사에 감사함.

항상 기뻐하라 / 쉬지 말고 기도하라 / 범사에 감사하라 이것이 그리스도 예수 안에서 너희를 향하신 하나님의 뜻이니라 (살전 5:16~18)

■ 물소성령【勿消聖靈】: 성령을 소멸하지 말라.

성령을 소멸하지 말며 (살전 5:19)

【註解】'소멸하다'에 해당하는 헬라의 원뜻은 '억누르다', '질식시키다'이다. 즉 불의 심지를 끌 때나(마 12:20) 불의 세력을 멸할 때(히 11:34) 이 말이 사용된다. 그러나 이곳에서는 성도가 성령님의 뜻에 저항하거나 그가 인도하시는 길을 거부함으로써 성령의 활동을 제한하는 것을 가리킨다. (주해 1)

■ 학주지인【學主之忍】: 하나님의 사랑과 그리스도의 인내에 들어가기를 원함.

주께서 너희 마음을 인도하여 하나님의 사랑과 그리스도의 인내에 들어가게 하시기를 원하노라 (살후 3:5)

■ 염작물식【厭作勿食】: 일하기를 싫어하거든 먹지도 말게 함.

우리가 너희와 함께 있을 때에도 너희에게 명하기를 누구든지 일하기 싫어하거든 먹지도 말게 하라 하였더니 (살후 3:10하)

常(항상 상) 喜(기쁠 희) 凡(무릇 범) 謝(사례할 사) 消(사라질 소) 學(배울 학) 厭(싫을 염) 食(밥 식)

【註解】 사도 바울의 노동관을 잘 보여주는 구절이며 종교 개혁자들의 노동관의 기초가 된 구절이기도 하다. 하나님은 인간을 창조하신 후 인간을 위해 창조된 만물을 다스릴 것을 명령하셨으며(창 1:28). 또한 인간의 타락 이후에 하나님은 인간들을 에덴동산에서 추방하시며 노동을 명하셨는데(창 3:19), 이는 인간에 대한 저주인 동시에 타락한 인간에게 부여하신 '축복'이기도 하다. 따라서 인간들은 6일간의 노동을 해야만 제7일에 안식을 할 수 있게 되었다. 6일간 부지런히 노동을 한 자만 7일째 되는 날에 영적·육적 안식을 누릴 권리가 있게 된 것이다. (주해 1)

■ 행선물태【行善勿怠】: 선을 행하다가 낙심하지 말라.

형제들아 너희는 선을 행하다가 낙심하지 말라 (살후 3:13)

行(갈 행) 善(착할 선) 勿(말 물) 怠(게으름 태)

결기귀용(潔己貴用)

디모데전 · 후서, 디도서

■ 무위지신【無僞之信】: 거짓이 없는 믿음.

이 교훈의 목적은 청결한 마음과 선한 양심과 거짓이 없는 믿음에서 나오는 사랑이거늘 (딤전 1:5)

■ 죄인괴수【罪人魁首】: 죄인 중의 괴수.

미쁘다 모든 사람이 받을 만한 이 말이여 그리스도 예수께서 죄인을 구원하시려고 세상에 임하셨다 하였도다 죄인 중에 내가 괴수니라 (딤전 1:15)

潔(깨끗할 결) 貴(귀할 귀) 用(쓸 용) 僞(거짓 위) 魁(으뜸 괴)

■ 기량파신【棄良破信】: 양심을 버리고 믿음을 파선함.

믿음과 착한 양심을 가지라 어떤 이들은 이 양심을 버렸고 그 믿음에 관하여는 파선하였느니라 (딤전 1:19)

■ 만인득구【萬人得救】: 모든 사람이 구원을 받기 원하심.

하나님은 모든 사람이 구원을 받으며 진리를 아는 데에 이르기를 원하시느니라 (딤전 2:4)

■ 청심신비【淸心信秘】: 깨끗한 양심에 비밀을 가진 자.

깨끗한 양심에 믿음의 비밀을 가진 자라야 할지니 (딤전 3:9)

【註解】 "믿음의 비밀"은 예수 그리스도를 믿음으로 얻게 되는 구원의 도리를 의미한다. 거짓 없는 믿음과 깨끗한 양심은 그리스도인들이 갖추어야 할 2대 초석이라고 할 수 있다(고전 4:1). (주해 2)

■ 경건지비【敬虔之秘】: 경건의 비밀.

크도다 경건의 비밀이여, 그렇지 않다 하는 이 없도다 그는 육신으로 나타난 바 되시고 영으로 의롭다 하심을 받으시고 천사들에게 보이시고 만국에서 전파되시고 세상에서 믿은 바 되시고 영광 가운데서 올려지셨느니라 (딤전 3:16)

【註解】 본 절은 시적인 문제로 승화된 예수 그리스도에 대한 신앙 고백이며 초대 교회 그리스도론의 극치이다. 이 짧은 문장 속에는 그분의 모든 사역이 다 포함되 있다. 본문의 "경건"은 "믿음"과 동의어로, "비밀"은 예수 그리스도를 가리킨다. (주해 1)

棄(버릴 기) 破(깨뜨릴 파) 淸(맑을 청) 秘(숨길 비) 敬(공경할 경) 虔(정성 건)
秘(숨길 비)

■ 조물개선【造物皆善】: 하나님이 지으신 모든 것이 선함.

하나님께서 지으신 모든 것이 선하매 감사함으로 받으면 버릴 것이 없나니 (딤전 4:4)

■ 지건연기【至虔練己】: 경건에 이르도록 자신을 연단함.

망령되고 허탄한 신화를 버리고 경건에 이르도록 네 자신을 연단하라 (딤전 4:7)

■ 지족익건【知足益虔】: 자족하는 마음이 있으면 경건에 이익이 됨.

그러나 자족하는 마음이 있으면 경건은 큰 이익이 되느니라 (딤전 6:6)

■ 의식지족【衣食知足】: 먹을 것과 입을 것이 있은즉 족함.

우리가 먹을 것과 입을 것이 있은즉 족한 줄로 알 것이니라 (딤전 6:8)

■ 무정지재【無定之財】: 정함이 없는 재물.

네가 이 세대에서 부한 자들을 명하여 마음을 높이지 말고 정함이 없는 재물에 소망을 두지 말고 오직 우리에게 모든 것을 후히 주사 누리게 하시는 하나님께 두며 (딤전 6:17)

■ 결기귀용【潔己貴用】: 자기를 깨끗하게 하면 귀히 쓰임.

그러므로 누구든지 이런 것에서 자기를 깨끗하게 하면 귀히 쓰는 그릇이 되어 거룩하고 주인의 쓰심에 합당하며 모든 선한 일에 준비함이 되리라 (딤후 2:21)

造(지을 조) 物(만물 물) 皆(다 개) 至(이를 지) 虔(정성 건) 練(익힐 련) 益(더할 익) 定(정할 정) 財(재물 재) 己(자기 기)

■ 청심유주【淸心籲主】: 정욕을 피하고 주를 깨끗한 마음으로 부름.

또한 너는 청년의 정욕을 피하고 주를 깨끗한 마음으로 부르는 자들과 함께 의와 믿음과 사랑과 화평을 따르라 (딤후 2:22)

■ 제경주감【諸經主感】: 모든 성경은 하나님의 감동으로 됨.

모든 성경은 하나님의 감동으로 된 것으로 교훈과 책망과 바르게 함과 의로 교육하기에 유익하니 (딤후 3:16)

■ 전무전도【專務傳道】: 때를 얻든지 못 얻든지 전도에 힘쓰라.

너는 말씀을 전파하라 때를 얻든지 못 얻든지 항상 힘쓰라 범사에 오래 참음과 가르침으로 경책하며 경계하며 권하라 (딤후 4:2)

■ 선전수신【善戰守信】: 선한 싸움을 싸우고 믿음을 지켰음.

나는 선한 싸움을 싸우고 나의 달려갈 길을 마치고 믿음을 지켰으니 (딤후 4:7)

■ 인주행부【認主行否】: 하나님을 시인하나 행위로는 부인함.

그들이 하나님을 시인하나 행위로는 부인하니 가증한 자요 복종하지 아니하는 자요 모든 선한 일을 버리는 자니라 (딛 1:16)

淸(맑을 청) 籲(부를 유) 諸(모든 제) 經(경서 경) 感(느낄 감) 專(오로지 전) 務(일 무) 傳(전할 전) 道(길 도) 戰(싸울 전) 守(지킬 수) 信(믿을 신) 認(알 인) 否(아닐 부)

■ 성령위신【聖靈爲新】: 성령으로 새롭게 하심.

우리를 구원하시되 우리가 행한 바 의로운 행위로 말미암지 아니하고 오직 그의 긍휼하심을 따라 중생의 씻음과 성령의 새롭게 하심으로 하셨나니 (딛 3:5)

신망지실(信望之實)

히브리서

■ 본체지상 【本體之像】 : 그 본체의 형상이심.

이는 하나님의 영광의 광채시요 그 본체의 형상이시라 그의 능력의 말씀으로 만물을 붙드시며 죄를 정결하게 하는 일을 하시고 높은 곳에 계신 지극히 크신 이의 우편에 앉으셨느니라 (히 1:3)

【註解】 이 구절의 뜻은 하나님의 본질이 마치 판에 새긴 듯이 그대로 그리스도에게 나타났다는 것이다. 예수님은 삼위일체 하나님 중 제2위이신 '성자(聖子) 하나님'이시다. 예수 그리스도는 우리를 죄로부터 구원하시려고 사람의 육체를 입고 이 땅에 오셨다(마 1:21, 요 1:14). 이렇게 사람의 육체를 입고 이 땅에 오신 예수님은 온전한 하나님이신 동시에 온전한 인간이셨다. 두 개의 구별되는 본성이 한 분 안에 온전히 연합하여 이 세상에 존재하셨던 것이다. (주해 4)

望(바랄 망) 實(열매 실) 本(밑 본) 體(몸 체) 像(형상 상)

■ 물위물유 【物爲物由】: 만물이 위하고 만물이 말미암은 자.

그러므로 만물이 그를 위하고 또한 그로 말미암은 이가 많은 아들들을 이끌어 영광에 들어가게 하시는 일에 그들의 구원의 창시자를 고난을 통하여 온전하게 하심이 합당하도다 (히 2:10)

■ 피시능조 【被試能助】: 시험 받는 자들을 능히 도우심.

그가 시험을 받아 고난을 당하셨은즉 시험 받는 자들을 능히 도우실 수 있느니라 (히 2:18)

■ 도활유력 【道活有力】: 하나님의 말씀은 살아 있고 활력이 있음.

하나님의 말씀은 살아 있고 활력이 있어 좌우에 날선 어떤 검보다도 예리하여 혼과 영과 및 관절과 골수를 찔러 쪼개기까지 하며 또 마음의 생각과 뜻을 판단하나니 (히 4:12)

■ 종시우은 【從時祐恩】: 때를 따라 돕는 은혜를 얻기 위하여 은혜의 보좌 앞에 나아감.

그러므로 우리는 긍휼하심을 받고 때를 따라 돕는 은혜를 얻기 위하여 은혜의 보좌 앞에 담대히 나아갈 것이니라 (히 4:16)

■ 통고학순 【通苦學順)】: 고난을 통해 순종을 배움.

그가 아들이시면서도 받으신 고난으로 순종함을 배워서 (히 5:8)

物(만물 물) 由(말미암을 유) 被(이불 피) 試(시험할 시) 能(능할 능) 助(도울 조)
祐(도울 우) 通(통할 통) 苦(쓸 고) 順(순할 순)

■ 부정현욕【復釘顯辱】: 다시 십자가에 못 박아 드러내 놓고 욕되게 함.

타락한 자들은 다시 새롭게 하여 회개하게 할 수 없나니 이는 그들이 하나님의 아들을 다시 십자가에 못 박아 드러내 놓고 욕되게 함이라 (히 6:6)

■ 영혼지묘【靈魂之錨】: 우리의 소망은 영혼의 닻과 같음.

우리가 이 소망을 가지고 있는 것은 영혼의 닻 같아서 튼튼하고 견고하여 휘장 안에 들어가나니 (히 6:19)

【註解】 닻은 배가 파도에 떠밀리지 않도록 배를 고정시키는 장치다. "영혼의 닻"은 영혼이 세파에 휩쓸리지 않도록 고정시켜 주는 역할을 하는데 이는 곧 '소망'이다. (주해 6)

■ 무시무종【無始無終】: 시작한 날도 없고 생명의 끝도 없음.

아버지도 없고 어머니도 없고 족보도 없고 시작한 날도 없고 생명의 끝도 없어 하나님의 아들과 닮아서 항상 제사장으로 있느니라 (히 7:3)

■ 율법미완【律法未完】: 율법은 아무것도 온전하게 하지 못함.

(율법은 아무것도 온전하게 못할지라) 이에 더 좋은 소망이 생기니 이것으로 우리가 하나님께 가까이 가느니라 (히 7:19)

■ 주혈영속【主血永贖】: 그리스도의 피로 영원한 속죄를 이룸.

염소와 송아지의 피로 하지 아니하고 오직 자기의 피로 영원한 속죄를 이루사 단번에 성소에 들어가셨느니라 (히 9:12)

復(다시 부) 釘(못 정) 顯(나타날 현) 辱(욕되게 할 욕) 魂(넋 혼) 錨(닻 묘) 律(법 률) 贖(속바칠 속)

■ 무혈불사【無血不赦】: 피흘림이 없은즉 사함이 없음.

율법을 따라 거의 모든 물건이 피로써 정결하게 되나니 피흘림이 없은즉 사함이 없느니라 (히 9:22)

■ 사후유심【死後有審】: 죽은 후에는 심판이 있음.

한번 죽는 것은 사람에게 정해진 것이요 그 후에는 심판이 있으리니 (히 9:27)

■ 폐선입후【廢先立後】: 첫째 것을 폐하고 둘째 것을 세움.

그 후에 말씀하시기를 보시옵소서 내가 하나님의 뜻을 행하러 왔나이다 하셨으니 그 첫째 것을 폐하심은 둘째 것을 세우려 하심이라 (히 10:9)

■ 성심독신【誠心篤信】: 참 마음과 온전한 믿음.

우리가 마음에 뿌림을 받아 악한 양심으로부터 벗어나고 몸은 맑은 물로 씻음을 받았으니 참 마음과 온전한 믿음으로 하나님께 나아가자 (히 10:22)

■ 신망지실【信望之實】: 믿음은 바라는 것들의 실상임.

믿음은 바라는 것들의 실상이요 보이지 않는 것들의 증거니 (히 11:1)

【註解】 믿음은 ① 하나님의 약속에 대한 전적인 신뢰로서 보이지 아니하는 것을 현재 가지고 있는 것처럼 확신하는 것이며(1절) ② 하나님의 권능을 보지 못하고도 인정하는 것이다(3절). 믿음의 확신을 위해서는 하나님이 창조주라는 사실과, 하나님께서 그리스도를 통해 우리 죄를 속죄하고 구원과 영생을 믿는 것이다(계 21:6~7). (주해 1)

赦(용서할 사) 死(죽을 사) 後(뒤 후) 審(살필 심) 廢(폐할 폐) 誠(정성 성) 篤(도타울 독) 心(마음 심)

■ 본향재천【本鄕在天】: 더 나은 본향은 하늘에 있음.

그들이 이제는 더 나은 본향을 사모하니 곧 하늘에 있는 것이라 이러므로 하나님이 그들의 하나님이라 일컬음 받으심을 부끄러워하지 아니하시고 그들을 위하여 한 성을 예비하셨느니라 (히 11:16)

■ 신이헌자【信以獻子】: 아브라함은 믿음으로 그 외아들을 드렸음.

아브라함은 시험을 받을 때에 믿음으로 이삭을 드렸으니 그는 약속들을 받은 자로되 그 외아들을 드렸느니라 (히 11:17)

■ 불징사자【不懲私子】: 징계가 없으면 친아들이 아님.

징계는 다 받는 것이거늘 너희에게 없으면 사생자요 친아들이 아니니라 (히 12:8)

■ 중화구성【衆和求聖】: 모든 사람과 더불어 화평함과 거룩함을 따름.

모든 사람과 더불어 화평함과 거룩함을 따르라 이것이 없이는 아무도 주를 보지 못하리라 (히 12:14)

■ 건외사주【虔畏事主】: 경건함과 두려움으로 하나님을 섬김.

그러므로 우리가 흔들리지 않는 나라를 받았은즉 은혜를 받자 이로 말미암아 경건함과 두려움으로 하나님을 기쁘시게 섬길지니 (히 12:28)

鄕(시골 향) 獻(바칠 헌) 子(아들 자) 懲(혼날 징) 私(사사 사)

■ 소유위족【所有爲足】: 있는 바를 족한 줄로 알라.

돈을 사랑하지 말고 있는 바를 족한 줄로 알라 그가 친히 말씀하시기를 내가 결코 너희를 버리지 아니하고 너희를 떠나지 아니하리라 하셨느니라 (히 13:5)

■ 이은견심【以恩堅心】: 마음을 은혜로 굳게 함.

여러 가지 다른 교훈에 끌리지 말라 마음은 은혜로써 굳게 함이 아름답고 음식으로써 할 것이 아니니 음식으로 말미암아 행한 자는 유익을 얻지 못하였느니라 (히 13:9)

■ 영약지혈【永約之血】: 영원한 언약의 피.

양들의 큰 목자이신 우리 주 예수를 영원한 언약의 피로 죽은 자 가운데서 이끌어내신 평강의 하나님이 (히 13:20)

足(발 족) 堅(굳을 견) 永(길 영) 約(묶을 약) 血(피 혈)

유신무행(有信無行)

야고보서

■ 구신불의【求信不疑】: 오직 믿음으로 구하고 의심하지 아니함.

오직 믿음으로 구하고 조금도 의심하지 말라 의심하는 자는 마치 바람에 밀려 요동하는 바다 물결 같으니 (약 1:6)

■ 인시유복【忍試有福】: 시험을 참는 자는 복이 있음.

시험을 참는 자는 복이 있나니 이는 시련을 견디어 낸 자가 주께서 자기를 사랑하는 자들에게 약속하신 생명의 면류관을 얻을 것이기 때문이라 (약 1:12)

【註解】 시험에는 시련과 유혹이 있다. 시련은 믿음의 단련을 위하여 하나님이 허락하시는 시험이며, 유혹은 인간이 욕심에 이끌려 당하는 시험이다. 이 구절의 시험은 시련을 말하고, 13절 이하의 시험은 유혹을 뜻한다. (주해 4)

信(믿을 신) 行(갈 행) 疑(의심할 의) 忍(참을 인) 試(시험할 시) 誘(꾈 유)

■ 견유위욕【見誘爲慾】: 시험을 받는 것은 욕심에 끌려 미혹됨임.

오직 각 사람이 시험을 받는 것은 자기 욕심에 끌려 미혹됨이니 (약 1:14)

■ 욕잉생죄【慾孕生罪】: 욕심이 잉태하여 죄를 낳음.

욕심이 잉태한즉 죄를 낳고 죄가 장성한즉 사망을 낳느니라 (약 1:15)

■ 속청서언【速聽徐言】: 듣기는 속히 하고 말하기는 더디 함.

내 사랑하는 형제들아 너희가 알지니 사람마다 듣기는 속히 하고 말하기는 더디 하며 성내기도 더디 하라 (약 1:19)

■ 노불성의【怒不成義】: 성내는 것은 하나님의 의를 이루지 못함.

사람이 성내는 것이 하나님의 의를 이루지 못함이라 (약 1:20)

■ 선빈부신【選貧富信】: 가난한 자를 택하여 믿음에 부요케 하심.

내 사랑하는 형제들아 들을지어다 하나님이 세상에서 가난한 자를 택하사 믿음에 부요하게 하시고 또 자기를 사랑하는 자들에게 약속하신 나라를 상속으로 받게 하지 아니하셨느냐 (약 2:5)

■ 유신무행【有信無行】: 믿음이 있고 행함이 없는 자.

내 형제들아 만일 사람이 믿음이 있노라 하고 행함이 없으면 무슨 유익이 있으리요 그 믿음이 능히 자기를 구원하겠느냐 (약 2:14)

慾(욕심 욕) 孕(아이 밸 잉) 速(빠를 속) 聽(들을 청) 徐(천천할 서) 選(가릴 선) 有(있을 유) 無(없을 무)

■ 행신위전【行信爲全】: 행함으로 믿음이 온전하게 됨.

네가 보거니와 믿음이 그의 행함과 함께 일하고 행함으로 믿음이 온전하게 되었느니라 (약 2:22)

【註解】 믿음과 행함은 별개의 것이 아니라 서로 뗄 수 없는 불가분의 관계임을 설명하는 내용이다. 사실 아브라함의 믿음은 그가 이삭을 제단에 드리는 행위에 결정적 역할을 했다. 만일 아브라함에게 하나님에 대한 신뢰가 없었다면 그는 그의 아들 이삭을 바치지 못했을 것이다. 결국 아브라함의 행위는 믿음에서 나온 것임을 알 수 있다. 나아가 아브라함의 믿음은 그의 행함을 통해 온전한 것으로 인정받게 되었다. 이처럼 믿음과 행위는 필연의 관계에 있다. (주해 1)

■ 무과전인【無過全人】: 말에 실수가 없으면 온전한 사람임.

우리가 다 실수가 많으니 만일 말에 실수가 없는 자라면 곧 온전한 사람이라 능히 온 몸도 굴레 씌우리라 (약 3:2)

■ 마륵선타【馬勒船舵】: 말은 재갈로, 배는 작은 키로 조정함.

우리가 말들의 입에 재갈 물리는 것은 우리에게 순종하게 하려고 그 온 몸을 제어하는 것이라 / 또 배를 보라 그렇게 크고 광풍에 밀려가는 것들을 지극히 작은 키로써 사공의 뜻대로 운행하나니 (약 3:3~4)

■ 오신연생【汚身燃生】: 혀는 몸을 더럽히고 생을 불사름.

혀는 곧 불이요 불의의 세계라 혀는 우리 지체 중에서 온 몸을 더럽히고 삶의 수레바퀴를 불사르나니 그 사르는 것이 지옥 불에서 나느니라 (약 3:6)

全(온전할 전) 過(지날 과) 馬(말 마) 勒(굴레 륵) 船(배 선) 舵(키 타) 汚(더러울 오) 身(몸 신) 燃(사를 연) 生(날 생)

■ 구이부득【求而不得】: 구하여도 얻지 못함은 정욕 때문임.

구하여도 받지 못함은 정욕으로 쓰려고 잘못 구하기 때문이라 (약 4:3)

■ 척교은겸【斥驕恩謙】: 하나님은 교만한 자를 물리치고 겸손한 자에게 은혜를 주심.

그러나 더욱 큰 은혜를 주시나니 그러므로 일렀으되 하나님이 교만한 자를 물리치시고 겸손한 자에게 은혜를 주신다 하였느니라 (약 4:6)

■ 신기구병【信祈救病】: 믿음의 기도는 병든 자를 구원함.

믿음의 기도는 병든 자를 구원하리니 주께서 그를 일으키시리라 혹시 죄를 범하였을지라도 사하심을 받으리라 (약 5:15)

求(구할 구) 而(말 이을 이) 不(아닐 불) 得(얻을 득) 斥(물리칠 척) 驕(교만할 교) 恩(은혜 은) 謙(겸손할 겸) 信(믿을 신) 祈(빌 기) 救(건질 구) 病(병 병)

참여주고(參與主苦)

베드로전·후서

■ 영생지망【永生之望】: 우리를 거듭나게 하사 산 소망이 있게 함.

우리 주 예수 그리스도의 아버지 하나님을 찬송하리로다 그의 많으신 긍휼대로 예수 그리스도를 죽은 자 가운데서 부활하게 하심으로 말미암아 우리를 거듭나게 하사 산 소망이 있게 하시며 (벧전 1:3)

■ 불후기업【不朽基業】: 썩지 아니하는 기업.

썩지 않고 더럽지 않고 쇠하지 아니하는 유업을 잇게 하시나니 곧 너희를 위하여 하늘에 간직하신 것이라 (벧전 1:4)

【註解】 기업이란 구약에서는 본래 약속의 땅인 가나안과 동등시되었다(신 15:4). 그러나 시간이 흐르면서 그 기업은 때로 하나님 자신과 동일시되거나(시

參(간여할 참) 苦(쓸 고) 望(바랄 망) 朽(썩을 후) 業(업 업)

16:5), 영원한 생명을 가리키기도 했다(단 12:13). 신약에 와서는 '영생'(막 10:17), '그리스도와 함께하는 영광'(롬 8:17), '구원'(히 1:14) 등 아주 다양하게 해석되었다. (주해 1)

■ 신지시련【信之試鍊】: 믿음의 시련.

너희 믿음의 확실함은 불로 연단하여도 없어질 금보다 더 귀하여 예수 그리스도께서 나타나실 때에 칭찬과 영광과 존귀를 얻게 할 것이니라 (벧전 1:7)

■ 신효구령【信效救靈】: 믿음의 결국은 영혼 구원임.

믿음의 결국 곧 영혼의 구원을 받음이라 (벧전 1:9)

■ 기독보혈【基督寶血】: 그리스도의 보혈.

오직 흠 없고 점 없는 어린 양 같은 그리스도의 보배로운 피로 된 것이니라 (벧전 1:19)

■ 당모영유【當慕靈乳】: 갓난아이처럼 신령한 젖을 사모함.

갓난 아기들같이 순전하고 신령한 젖을 사모하라 이는 그로 말미암아 너희로 구원에 이르도록 자라게 하려 함이라 (벧전 2:2)

■ 행선인고【行善忍苦】: 선을 행하며 고난을 받고 참으면 하나님께 칭찬을 받음.

鍊(불릴 련) 效(본받을 효) 基(터 기) 寶(보배 보) 當(당할 당) 慕(그리워할 모) 乳(젖 유) 善(착할 선)

죄가 있어 매를 맞고 참으면 무슨 칭찬이 있으리요 그러나 선을 행함으로 고난을 받고 참으면 이는 하나님 앞에 아름다우니라 (벧전 2:20)

■ 죄사의생【罪死義生】: 죄에 대하여 죽고 의에 대하여 살게 하심.

친히 나무에 달려 그 몸으로 우리 죄를 담당하셨으니 이는 우리로 죄에 대하여 죽고 의에 대하여 살게 하려 하심이라 그가 채찍에 맞음으로 너희는 나음을 얻었나니 (벧전 2:24)

■ 반위축복【反爲祝福】: 악을 악으로 갚지 말고 도리어 복을 빌라.

악을 악으로, 욕을 욕으로 갚지 말고 도리어 복을 빌라 이를 위하여 너희가 부르심을 받았으니 이는 복을 이어받게 하려 하심이라 (벧전 3:9)

■ 육사영활【肉死靈活】: 죄를 위하여 육체로 죽음을 당하시고 영으로 살리심.

그리스도께서도 단번에 죄를 위하여 죽으사 의인으로서 불의한 자를 대신하셨으니 이는 우리를 하나님 앞으로 인도하려 하심이라 육체로는 죽임을 당하시고 영으로는 살리심을 받으셨으니 (벧전 3:18)

■ 애능복죄【愛能覆罪】: 사랑은 허다한 죄를 덮음.

무엇보다도 뜨겁게 서로 사랑할지니 사랑은 허다한 죄를 덮느니라 (벧전 4:8)

死(죽을 사) 義(옳을 의) 反(되돌릴 반) 祝(빌 축) 福(복 복) 肉(고기 육) 靈(신령 령) 活(살 활) 能(능할 능) 覆(덮을 복)(사전에는 '덮을 수'로 나오는데 覆蓋 할 때는 '복개'로 읽음) 罪(허물 죄)

■ 참여주고【參與主苦】: 그리스도의 고난에 참여함.

오히려 너희가 그리스도의 고난에 참여하는 것으로 즐거워하라 이는 그의 영광을 나타내실 때에 너희로 즐거워하고 기뻐하게 하려 함이라 (벧전 4:13)

■ 겸이속요【謙以束腰】: 겸손으로 허리를 동임.

젊은 자들아 이와같이 장로들에게 순종하고 다 서로 겸손으로 허리를 동이라 하나님은 교만한 자를 대적하시되 겸손한 자들에게는 은혜를 주시느니라 (벧전 5:5)

■ 탁주소려【託主所慮】: 염려를 다 주께 맡김.

너희 염려를 다 주께 맡기라 이는 그가 너희를 돌보심이라 (벧전 5:7)

■ 애지접문【愛之接吻】: 사랑의 입맞춤으로 문안함.

너희는 사랑의 입맞춤으로 서로 문안하라 그리스도 안에 있는 너희 모든 이에게 평강이 있을지어다 (벧전 5:14)

■ 신상가덕【信上加德】: 믿음 위에 덕을 더함.

그러므로 너희가 더욱 힘써 너희 믿음에 덕을, 덕에 지식을, (벧후 1:5)

■ 위구구인【爲救久忍】: 구원을 위하여 오래 참으심.

또 우리 주의 오래 참으심이 구원이 될 줄로 여기라 우리가 사랑하는 형제 바울도 그 받은 지혜대로 너희에게 이같이 썼고 (벧후 3:15)

謙(겸손할 겸) 束(묶을 속) 腰(허리 요) 託(부탁할 탁) 慮(생각할 려) 愛(사랑 애) 接(사귈 접) 吻(입술 문) 加(더할 가) 德(덕 덕) 救(건질 구) 久(오랠 구)

상애내주(相愛內主)

요한일 · 이 · 삼서, 유다서

■ 생명지도 【生命之道】 : 생명의 말씀.

태초부터 있는 생명의 말씀에 관하여는 우리가 들은 바요 눈으로 본 바요 자세히 보고 우리의 손으로 만진 바라 (요일 1:1)

【註解】 창세 이전에 성부 하나님과 함께 계신 성자 하나님이신 "예수 그리스도"를 가리킨다. 영원 전부터 하나님과 함께 계신 "말씀"으로서(요 1:1), 그분 안에 참되고 영원한 생명이 있다(요 1:4). 그리고 이 "생명"이 우리에게 나타나신 바 된 사건이 바로 예수 그리스도께서 사람의 몸으로 이 땅에 탄생하신 성육신(成育身)이다. (주해 6)

愛(사랑 애) 生(날 생) 命(목숨 명) 道(길 도)

■ 주광무암【主光無暗】: 하나님은 빛이니 어두움이 없음.

우리가 그에게서 듣고 너희에게 전하는 소식은 이것이니 곧 하나님은 빛이시라 그에게는 어둠이 조금도 없으시다는 것이니라 (요일 1:5)

■ 인죄필사【認罪必赦】: 죄를 자백하면 사하심.

만일 우리가 우리 죄를 자백하면 그는 미쁘시고 의로우사 우리 죄를 사하시며 우리를 모든 불의에서 깨끗하게 하실 것이요 (요일 1:9)

■ 재세삼욕【在世三慾】: 세상의 정욕과 이 생의 자랑.

이는 세상에 있는 모든 것이 육신의 정욕과 안목의 정욕과 이생의 자랑이니 다 아버지께로부터 온 것이 아니요 세상으로부터 온 것이라 (요일 2:16)

■ 은고이교【恩膏爾教】: 기름 부음이 모든 것을 너희에게 가르침.

너희는 주께 받은 바 기름 부음이 너희 안에 거하나니 아무도 너희를 가르칠 필요가 없고 오직 그의 기름 부음이 모든 것을 너희에게 가르치며 또 참되고 거짓이 없으니 너희를 가르치신 그대로 주 안에 거하라 (요일 2:27)

■ 작죄속마【作罪屬魔】: 죄를 짓는 자마다 마귀에게 속함.

죄를 짓는 자는 마귀에게 속하나니 마귀는 처음부터 범죄함이라 하나님의 아들이 나타나신 것은 마귀의 일을 멸하려 하심이라 (요일 3:8)

暗(어두울 암) 愛(사랑 애) 生(날 생) 命(목숨 명) 道(길 도) 暗(어두울 암) 認(알 인) 罪(허물 죄) 赦(용서할 사) 慾(욕심 욕) 膏(살찔 고) 爾(너 이) 教(가르침 교) 作(지을 작) 屬(엮을 속) 魔(마귀 마)

■ 어설지애【語舌之愛】: 말과 혀로만 사랑함.

자녀들아 우리가 말과 혀로만 사랑하지 말고 행함과 진실함으로 하자 (요일 3:18)

■ 별영속주【別靈屬主】: 영들이 하나님께 속하였나 분별하라.

사랑하는 자들아 영을 다 믿지 말고 오직 영들이 하나님께 속하였나 분별하라 많은 거짓 선지자가 세상에 나왔음이라 (요일 4:1)

【註解】 이는 당시에 영지주의자 등 잘못된 영들이 교회의 성도들을 위협하고 있었기 때문이다. 이단은 ① 역사적 기독교의 보편적 진리나 교리를 거부하거나 성경의 명백한 가르침을 부정하는 무리, ② 성경의 내용에 자기 마음대로 추가하거나 감하는 단체라고 규정할 수 있다. 또한 특징으로서는 ① 처음 주장과 그 끝이 다르며 성경의 절대적 권위를 부정한다. ② 은혜로 말미암는 구원의 교리와 그리스도의 유일성, 삼위일체론을 부정한다. ③ 자기 공로에 의한 구원을 미끼로 신도들을 착취하며 종말론을 특히 고조시킨다. ④ 성적 타락과 도덕적 부패를 은연중에 조장한다. ⑤ 인간 교주를 신격화한다. (주해 1)

■ 분별미령【分別迷靈】: 미혹의 영을 분별함.

우리는 하나님께 속하였으니 하나님을 아는 자는 우리의 말을 듣고 하나님께 속하지 아니한 자는 우리의 말을 듣지 아니하나니 진리의 영과 미혹의 영을 이로써 아느니라 (요일 4:6)

■ 주즉애야【主卽愛也】: 하나님은 사랑이심.

사랑하지 아니하는 자는 하나님을 알지 못하나니 이는 하나님은 사랑이심이라 (요일 4:8)

語(말씀 어) 舌(혀 설) 靈(신령 령) 別(나눌 별) 迷(미혹할 미) 卽(곧 즉) 也(어조사 야)

■ 상애내주【相愛內主】: 서로 사랑하면 하나님이 우리 안에 계심.

어느 때나 하나님을 본 사람이 없으되 만일 우리가 서로 사랑하면 하나님이 우리 안에 거하시고 그의 사랑이 우리 안에 온전히 이루어지느니라 (요일 4:12)

■ 주선애아【主先愛我】: 하나님이 먼저 우리를 사랑하셨음.

우리가 사랑함은 그가 먼저 우리를 사랑하셨음이라 (요일 4:19)

■ 애주수계【愛主守誡】: 하나님을 사랑하면 그의 계명을 지킴.

하나님을 사랑하는 것은 이것이니 우리가 그의 계명들을 지키는 것이라 그의 계명들은 무거운 것이 아니로다 (요일 5:3)

■ 승세오신【勝世吾信】: 세상을 이기는 것은 우리의 믿음.

무릇 하나님께로부터 난 자마다 세상을 이기느니라 세상을 이기는 승리는 이것이니 우리의 믿음이니라 (요일 5:4)

■ 작증자삼【作證者三】: 증언하는 것이 셋이 있음.

증언하는 이가 셋이니 / 성령과 물과 피라 또한 이 셋은 합하여 하나이니라 (요일 5:7~8)

相(서로 상) 內(안 내) 主(주인 주) 先(먼저 선) 守(지킬 수) 誡(경계할 계) 勝(이길 승) 吾(나 오) 證(증거 증)

■ 지구필허【旨求必許】: 그의 뜻대로 구하면 들으심.

그를 향하여 우리가 가진 바 담대함이 이것이니 그의 뜻대로 무엇을 구하면 들으심이라 (요일 5:14)

【註解】 응답받는 기도가 되려면 담대한 마음으로 구해야 한다. 이것은 구하는 대로 응답될 것을 믿는 마음이다. 한편 담대한 마음을 가지는 데 방해되는 것들은 양심의 가책(3:21), 고백하지 않은 죄(시 66:18), 부부간의 갈등(벧전 3:7), 이웃과의 반목(마 5:23~25), 의심(약 1:7) 등이 있다. 그러나 아무리 담대한 마음을 가지고 기도하더라도 주님의 뜻대로 하지 않는 기도는 응답이 없다. (주해 2)

■ 범사창적【凡事暢適】: 네 영혼이 잘됨같이 범사에 잘됨.

사랑하는 자여 네 영혼이 잘됨같이 네가 범사에 잘되고 강건하기를 내가 간구하노라 (요삼 1:2)

■ 무과추수【無果秋樹】: 열매 없는 가을 나무.

그들은 기탄 없이 너희와 함께 먹으니 너희의 애찬에 암초요 자기 몸만 기르는 목자요 바람에 불려가는 물 없는 구름이요 죽고 또 죽어 뿌리까지 뽑힌 열매 없는 가을 나무요 (유 1:12)

■ 건기성신【建己聖信】: 거룩한 믿음 위에 자기를 세움.

사랑하는 자들아 너희는 너희의 지극히 거룩한 믿음 위에 자신을 세우며 성령으로 기도하며 (유 1:20)

旨(맛있을 지) 許(허락할 허) 事(일 사) 暢(펼 창) 適(갈 적) 無(없을 무) 果(실과 과) 秋(가을 추) 樹(나무 수) 建(세울 건) 己(자기 기) 聖(성스러울 성) 信(믿을 신)

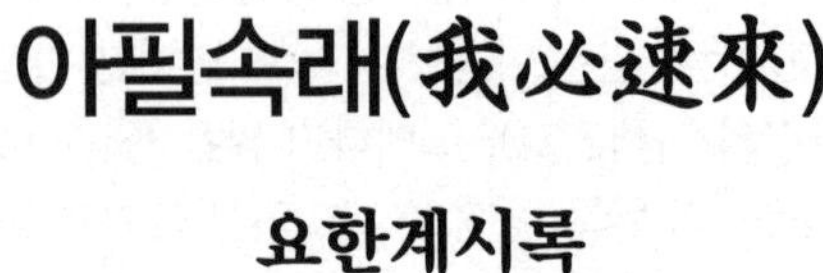

아필속래(我必速來)

요한계시록

■ 승운재림 【乘雲再臨】: 구름을 타고 오심.

볼지어다 그가 구름을 타고 오시리라 각 사람의 눈이 그를 보겠고 그를 찌른 자들도 볼 것이요 땅에 있는 모든 족속이 그로 말미암아 애곡하리니 그러하리라 아멘 (계 1:7)

■ 석금영존 【昔今永存】: 이제도 있고 전에도 있었고 장차 올 자.

주 하나님이 이르시되 나는 알파와 오메가라 이제도 있고 전에도 있었고 장차 올 자요 전능한 자라 하시더라 (계 1:8)

乘(탈 승) 雲(구름 운) 再(두 재) 臨(임할 림) 昔(예 석) 今(이제 금) 存(있을 존)

■ 시지종지【始之終之】: 나는 처음이요 마지막임.

내가 볼 때에 그의 발 앞에 엎드러져 죽은 자같이 되매 그가 오른손을 내게 얹고 이르시되 두려워하지 말라 나는 처음이요 마지막이니 (계 1:17)

■ 기초지애【棄初之愛】: 처음 사랑을 버림.

그러나 너를 책망할 것이 있나니 너의 처음 사랑을 버렸느니라 (계 2:4)

■ 진충지사【盡忠至死】: 죽도록 충성함.

너는 장차 받을 고난을 두려워하지 말라 볼지어다 마귀가 장차 너희 가운데에서 몇 사람을 옥에 던져 시험을 받게 하리니 너희가 십 일 동안 환난을 받으리라 네가 죽도록 충성하라 그리하면 내가 생명의 관을 네게 주리라 (계 2:10)

【註解】 "충성"으로 번역된 헬라어 '피스티스'는 '믿음'이라는 뜻이다. 그러므로 주를 믿는다는 것은 입으로만 주께 대한 신앙을 고백하는 것이 아니라 삶 전체를 주께 바쳐 충성하는 것을 말한다. (주해 4)

■ 명생실사【名生實死】: 살았다 하는 이름은 가졌으나 죽은 자임.

사데 교회의 사자에게 편지하라 하나님의 일곱 영과 일곱 별을 가지신 이가 이르시되 내가 네 행위를 아노니 네가 살았다 하는 이름은 가졌으나 죽은 자로다 (계 3:1)

■ 불열불랭【不熱不冷】: 뜨겁지도 아니하고 차지도 아니함.

네가 이같이 미지근하여 뜨겁지도 아니하고 차지도 아니하니 내 입에서 너를 토하여 버리리라 (계 3:16)

終(끝날 종) 棄(버릴 기) 初(처음 초) 盡(다될 진) 實(열매 실) 熱(더울 열) 冷(찰 랭)

■ 주참고문 【主站叩門】 : 내가 문 밖에 서서 두드림.

볼지어다 내가 문 밖에 서서 두드리노니 누구든지 내 음성을 듣고 문을 열면 내가 그에게로 들어가 그와 더불어 먹고 그는 나와 더불어 먹으리라 (계 3:20)

■ 향즉기도 【香卽祈禱】 : 향은 성도의 기도임.

그 두루마리를 취하시매 네 생물과 이십사 장로들이 그 어린 양 앞에 엎드려 각각 거문고와 향이 가득한 금 대접을 가졌으니 이 향은 성도의 기도들이라 (계 5:8)

■ 물상인액 【勿傷印額】 : 이마에 인치기까지 해하지 말라.

이르되 우리가 우리 하나님의 종들의 이마에 인치기까지 땅이나 바다나 나무들을 해하지 말라 하더라 / 내가 인침을 받은 자의 수를 들으니 이스라엘 자손의 각 지파 중에서 인침을 받은 자들이 십사만 사천이니 (계 7:3~4)

【註解】 인(印)은 '소유권' 또는 '보증'을 나타내는 용어이다. 144,000명은 구원받은 모든 성도들을 가리키는 상징수이다. 그 해석은 다음과 같다. 이 숫자는 이스라엘 12지파에서 각 12,000명씩 해당되는 수이다(5~8절). 그리고 12,000이란 수는 12×1,000에서 비롯되었다. 여기서 12는 삼위 하나님의 수 3과 동서남북인 사방의 수 4를 곱한 수로서, '하나님과 온 땅'이라는 상징적인 의미를 갖는다. 그리고 1,000은 완전수 혹은 충만 수인 10을 3번 제곱한 수(10^3)이다. (주해 1)

■ 세의고혈 【洗衣羔血】 : 어린 양의 피에 그 옷을 씻어 희게 하였음.

내가 말하기를 내 주여 당신이 아시나이다 하니 그가 나에게 이르되 이는 큰 환난에서 나오는 자들인데 어린 양의 피에 그 옷을 씻어 희게 하였느니라 (계 7:14)

站(우두커니 설 참) 叩(두드릴 고) 香(향기 향) 祈(빌 기) 禱(빌 도) 傷(상처 상)
印(도장 인) 額(이마 액) 洗(씻을 세) 羔(새끼 양 고)

■ 구사부득【求死不得】: 죽기를 구하여도 죽지 못함.

그 날에는 사람들이 죽기를 구하여도 죽지 못하고 죽고 싶으나 죽음이 그들을 피하리로다 (계 9:6)

■ 구밀복고【口密腹苦】: 배에는 쓰나 입에는 꿀같이 달다.

내가 천사에게 나아가 작은 두루마리를 달라 한즉 천사가 이르되 갖다 먹어 버리라 네 배에는 쓰나 네 입에는 꿀같이 달리라 하거늘 (계 10:9)

【註解】 말씀을 대할 때 건성으로 읽지 말고 음식을 먹을 때처럼 함을 이르는 말이다. 또 말씀이 입에 단 것은 말씀의 본질이 구원을 이루는 것이기 때문이다. 하지만 배에 쓴 것은 그 말씀이 엄중한 심판을 지니고 있기 때문이다. (주해 6)

■ 할국철장【轄國鐵杖】: 장차 철장으로 만국을 다스릴 자.

여자가 아들을 낳으니 이는 장차 철장으로 만국을 다스릴 남자라 그 아이를 하나님 앞과 그 보좌 앞으로 올려가더라 (계 12:5)

■ 주내사복【主內死福】: 주 안에서 죽은 자가 복이 있음.

또 내가 들으니 하늘에서 음성이 나서 이르되 기록하라 지금 이후로 주 안에서 죽는 자들은 복이 있도다 하시매 성령이 이르시되 그러하다 그들이 수고를 그치고 쉬리니 이는 그들의 행한 일이 따름이라 하시더라 (계 14:13)

得(얻을 득) 密(빽빽할 밀) 腹(배 복) 苦(쓸 고) 轄(다스릴 할) 國(나라 국) 鐵(쇠 철) 杖(지팡이 장) 內(안 내)

■ 구토이검【口吐利劍】: 그의 입에서 예리한 검이 나옴.

그의 입에서 예리한 검이 나오니 그것으로 만국을 치겠고 친히 그들을 철장으로 다스리며 또 친히 하나님 곧 전능하신 이의 맹렬한 진노의 포도주 틀을 밟겠고 (계 19:15)

■ 이사화택【二死火澤】: 둘째 사망은 불못임.

사망과 음부도 불못에 던져지니 이것은 둘째 사망 곧 불못이라 (계 20:14)

■ 재무사망【再無死亡】: 다시는 사망이 없음.

모든 눈물을 그 눈에서 닦아 주시니 다시는 사망이 없고 애통하는 것이나 곡하는 것이나 아픈 것이 다시 있지 아니하리니 처음 것들이 다 지나갔음이러라 (계 21:4)

■ 승자수차【勝者受此】: 신앙의 승리자는 이것을 상속으로 받음.

이기는 자는 이것들을 상속으로 받으리라 나는 그의 하나님이 되고 그는 내 아들이 되리라 (계 21:7)

■ 십이주문【十二珠門】: 열두 진주 문.

그 열두 문은 열두 진주니 각 문마다 한 개의 진주로 되어 있고 성의 길은 맑은 유리 같은 정금이더라 (계 21:21)

【註解】 진주는 믿음, 곧 진실한 마음을 상징한다. 12진주 문은 12제자들의 진실한 믿음을 나타내며, 모든 거룩한 성도들의 믿음을 상징한다. 여기서는 믿음의 문을 통해 하나님과 함께 사는 영생의 도성으로 인도됨을 말하고 있다.

吐(토할 토) 利(날카로울 리) 劍(칼 검) 澤(못 택) 再(두 재) 亡(망할 망) 勝(이길 승) 者(놈 자) 受(받을 수) 此(이 차) 珠(구슬 주) 門(문 문)

한 톨의 모래나 이와 유사한 이물질이 조개 안에 들어와 아픔과 고통의 과정을 거쳐 진주가 만들어지듯이, 우리의 신앙 또한 고난의 시련과 소망의 인내로 진주 문에 들어가게 된다.

■ 주여고전【主與羔殿】: 주 하나님과 어린 양이 성전이심.

성 안에서 내가 성전을 보지 못하였으니 이는 주 하나님 곧 전능하신 이와 및 어린 양이 그 성전이심이라 (계 21:22)

■ 주조무야【主照無夜】: 다시는 밤이 없겠고, 등불과 햇빛이 쓸데없음.

다시 밤이 없겠고 등불과 햇빛이 쓸데없으니 이는 주 하나님이 그들에게 비치심이라 그들이 세세토록 왕 노릇 하리로다 (계 22:5)

■ 아필속래【我必速來】: 내가 속히 오리니.

보라 내가 속히 오리니 이 두루마리의 예언의 말씀을 지키는 자는 복이 있으리라 하더라 (계 22:7)

■ 가화감제【加禍減除】: 말씀에서 더하면 재앙을 더하고, 제하면 생명을 제함.

내가 이 두루마리의 예언의 말씀을 듣는 모든 사람에게 증언하노니 만일 누구든지 이것들 외에 더하면 하나님이 이 두루마리에 기록된 재앙들을 그에게 더하실 것이요 / 만일 누구든지 이 두루마리의 예언의 말씀에서 제하여 버리면 하나님이 이 두루마리에 기록된 생명나무와 및 거룩한 성에 참여함을 제하여 버리시리라 (계 22:18~19)

與(줄 여) 殿(큰 집 전) 照(비출 조) 我(나 아) 必(반드시 필) 速(빠를 속) 來(올 래)
加(더할 가) 禍(재화 화) 減(덜 감) 除(섬돌 제)

■ 물호증감【勿毫增減】: 말씀에서 조금이라도 더하거나 덜지 말라.

만일 누구든지 이 두루마리의 예언의 말씀에서 제하여 버리면 하나님이 이 두루마리에 기록된 생명나무와 및 거룩한 성에 참여함을 제하여 버리시리라 (계 22:19)

勿(말 물) 毫(가는 털 호) 增(불을 증) 減(덜 감)

사자성문(四字聖文) 찾아보기

■ 천지창조(天地創造) – 창세기

■ 유밀복지(乳蜜福地) – 출애굽기

■ 생명재혈(生命在血) – 레위기

■ 계수임전(計數臨戰) – 민수기

■ 신명이세(申命二世) – 신명기

■ 이지위업(履地爲業) – 여호수아

■ 재사구적(在師救敵) – 사사기, 룻기

■ 인모주심(人貌主心)–사무엘 상·하

■ 열왕무비(列王無比)–열왕기 상·하

■ 택성선왕(擇城選王)-역대기 상·하

■ 선수우아(善手祐我)
-에스라, 느헤미야, 에스더

■ 시미종창(始微終昌) – 욥기

■ 주아지목(主我之牧) – 시편

■ 외주지본(畏主智本) – 잠언

■ 결신언약(結新言約)
– 예레미야, 예레미야애가

■ 주위민위(主爲民爲) - 에스겔

■ 제신지주(諸神之主) – 다니엘, 호세아, 요엘

■ 공의여류(公義如流)–아모스, 학개, 요나, 미가, 나훔, 하박국, 스바냐

■ 겸이승려(謙而乘驢) – 스가랴, 말라기

신약

■ 주위인불(主爲人不) – 마태복음

■ 사명대속(捨命代贖) – 마가복음

■ 천영지화(天榮地和) – 누가복음

■ 도성육신(道成肉身) – 요한복음

■ 작증지극(作證地極) – 사도행전

■ 합력성선(合力成善) – 로마서

■ 상개내주(常凱內主) – 고린도전·후서

■ 이신칭의(以信稱義) – 갈라디아서

■ 교회주신(敎會主身) – 에베소서

■ 허기취복(虛己取僕) – 빌립보서

■ 상희범사(常喜凡謝)
–골로새서, 데살로니가전·후서

■ 결기귀용(潔己貴用)
– 디모데전·후서, 디도서

■ 신망지실(信望之實) – 히브리서

■ 유신무행(有信無行) – 야고보서

■ 참여주고(參與主苦) – 베드로전·후서

■ 상애내주(相愛內主)
– 요한일·이·삼서, 유다서

■ 아필속래(我必速來) – 요한계시록

한자 찾아보기

ㄱ

加(더할가)
架(시렁가)
家(집가)
可(옳을가)
假(거짓가)
價(값가)
角(뿔각)
各(각각각)
覺(깨달을각)
姦(간사할간)
幹(줄기간)
竭(다할갈)
渴(목마를갈)
感(느낄감)
減(덜감)
橄(감람나무감)
鑑(거울감)
甲(갑옷갑)
降(내릴강)
康(편안할강)
强(굳셀강)
江(강강)
皆(다개)
開(열개)
芥(겨자개)
凱(즐길개)
炬(횃불거)
去(갈거)
擧(들거)
居(살거)
倨(거만할거)
建(세울건)
健(굳셀건)
虔(정성건)
劍(칼검)
擊(부딪칠격)
見(볼견, 당할견)
犬(개견)
堅(굳을견)
牽(끌견)
抉(도려낼결)
缺(이지러질결)
結(맺을결)
潔(깨끗할결)
謙(겸손할겸)
更(다시갱)
硬(굳을경)
敬(공경할경)
境(지경경)
鏡(거울경)
經(날경)
輕(가벼울경)
耕(밭갈경)
更(바꿀경)
啓(열계)
戒(경계할계)
誡(경계할계)
溪(시내계)
鷄(닭계)
繫(맬계)
高(높을고)
枯(마를고)
故(옛고)
苦(쓸고)
告(알릴고)
羔(새끼양고)
叩(두드릴고)
膏(기름고)
瞽(소경고)
顧(돌아볼고)
曲(굽을곡)
困(괴로울곤)
骨(뼈골)
公(바를공)
工(장인공)
攻(칠공)
空(빌공)
孔(구멍공)

果(실과과)
過(지날과)
誇(자랑할과)
慣(버릇관)
灌(물 댈관)
觀(볼관)
寬(너그러울관)
管(맡을관)
光(빛광)
曠(밝을광)
愧(부끄러워할괴)
魁(으뜸괴)
交(사귈교)
較(견줄교)
巧(공교할교)
敎(가르침교)
驕(교만할교)
口(입구)
救(건질구)
求(구할구)
久(오랠구)
九(아홉구)
仇(원수구)
狗(개구)
懼(두려워할구)
舊(예구)
驅(몰구)
國(나라국)
屈(굽을굴)
窮(다할궁)
權(저울추권)

卷(두루마리권)
倦(게으를권)
詭(속일궤)
櫃(함궤)
貴(귀할귀)
歸(돌아갈귀)
鬼(귀신귀)
均(고를균)
棘(가시나무극)
近(가까울근)
勤(부지런할근)
覲(뵐근)
謹(삼갈근)
今(이제금)
金(쇠금)
禁(금할금)
琴(거문고금)
給(넉넉할급)
及(미칠급)
汲(길을급)
矜(불쌍히여길긍)
其(그기)
基(터기)
旗(기기)
己(자기기)
忌(꺼릴기)
記(기록할기)
起(일어날기)
器(그릇기)
氣(기운기)
奇(기이할기)

祈(빌기)
飢(주릴기)
饑(주릴기)
棄(버릴기)
旣(이미기)

ㄴ

難(어려울난)
男(사내남)
納(바칠납)
內(안내)
耐(견딜내)
女(여자녀)
年(해년)
奴(종노)
怒(성낼노)
孥(자식노)
農(농사농)
膿(고름농)
能(능할능)

ㄷ

多(많을다)
但(다만단)
壇(단단)
單(홑단)
端(바를단)
斷(끊을단)
鍛(쇠불릴단)

膽(쓸개담)
踏(밟을답)
堂(집당)
當(당할당)
大(큰대)
代(대신할대)
貸(빌릴대)
袋(자루대)
待(기다릴대)
對(대답할대)
臺(돈대대)
帶(띠대)
德(덕덕)
刀(칼도)
道(길도)
途(길도)
逃(달아날도)
徒(무리도)
倒(넘어질도)
陶(질그릇도)
都(도읍도)
禱(빌도)
盜(훔칠도)
督(살펴볼독)
毒(독독)
瀆(더럽힐독)
犢(송아지독)
篤(도타울독)
同(한가지동)
銅(구리동)
鈍(무딜둔)
得(얻을득)
燈(등잔등)
凳(걸상등)

ㄹ

裸(벌거숭이라)
樂(즐길락)
駱(낙타락)
婪(탐할람)
狼(이리랑)
冷(찰랭)
來(올래)
量(헤아릴량)
糧(양식량)
良(좋을량)
粱(들보량)
旅(나그네려)
慮(생각할려)
濾(거를려)
黎(검을려)
犁(보습려)
驢(나귀려)
力(힘력)
歷(지낼력)
憐(불쌍히여길련)
煉(불릴련)
鍊(익힐련)
鍊(불릴련)
鏈(쇠사슬련)
列(벌일렬)
裂(찢을렬)
靈(신령령)
禮(예도례)
勞(일할로)
路(길로)
老(늙은이로)
擄(사로잡을로)
爐(화로로)
蘆(갈대로)
錄(기록할록)
鹿(사슴록)
論(말할론)
聾(귀머거리롱)
賴(힘입을뢰)
耒(쟁기뢰)
了(마칠료)
淚(눈물루)
類(무리류)
留(머무를류)
流(흐를류)
陸(뭍륙)
六(여섯륙)
綸(다스릴륜)
律(법률)
慄(두려워할률)
勒(굴레륵)(자갈륵)
利(이로울리)(날카로울리)
犁(얼룩소리)
理(다스릴리)
履(신리)(밟을리)
隣(이웃린)

臨(임할림)
立(설립)
粒(알립)

ㅁ

馬(말마)
磨(갈마)
魔(마귀마)
莫(말막)
幕(막막)
滿(찰만)
萬(일만만)
慢(게으를만)
幔(막만)
末(끝말)
抹(바를말)
亡(망할망)
忘(잊을망)
望(바랄망)
妄(허망할망)
網(그물망)
每(매양매)
賣(팔매)
麥(보리맥)
盟(맹세할맹)
盲(소경맹)
眠(잠잘면)
面(낯면)
免(면할면)
冕(면류관면)
蔑(업신여길멸)
滅(멸망할멸)
名(이름명)
命(목숨명)
明(밝을명)
皿(그릇명)
鳴(울명)
母(어머니모)
慕(그리워할모)
暮(저물모)
貌(얼굴모)
謀(꾀할모)
冒(무릅쓸모)
耄(늙은이모)(일흔살모)
目(눈목)
木(나무목)
牧(칠목)
睦(화목할목)
沒(가라앉을몰)
夢(꿈몽)
蒙(입을몽)
錨(닻묘)
毋(말무)
無(없을무)
務(일무)
茂(우거질무)
墨(먹묵)
默(잠잠할묵)
文(글월문)
門(문문)
問(물을문)
聞(들을문)
吻(입술문)
勿(말물)
物(만물물)
美(아름다울미)
未(아닐미)
味(맛미)
迷(미혹할미)
微(작을미)0
尾(꼬리미)
民(백성민)
密(빽빽할밀)
蜜(꿀밀)

ㅂ

剝(벗길박)
縛(묶을박)
半(반반)
反(되돌릴반)
返(돌아올반)
伴(짝반)
磐(반석반)
發(필발)
髮(터럭발)
方(모방)
防(막을방)
邦(나라방)
倍(곱배)
拜(절배)
背(등배)

杯(잔배)
百(일백백)
燔(구울번)
蕃(우거질번)
繁(많을번)
伐(칠벌)
凡(무릇범)
法(법법)
壁(벽벽)
辨(분별할변)
變(변할변)
別(나눌별)
竝(아우를병)
倂(아우를병)
餠(떡병)
兵(군사병)(병장기병)
秉(잡을병)
病(병병)
寶(보배보)
保(지킬보)
報(갚을보)
步(걸음보)
服(옷복)
僕(종복)
福(복복)
復(돌아올복)
腹(배복)
覆(덮을복)
本(밑본)
奉(받들봉)
逢(만날봉)
父(아버지부)
夫(지아비부)
扶(도울부)
付(줄부)
斧(도끼부)
富(가멸부)
婦(며느리부)
負(질부)
浮(뜰부)
蜉(하루살이부)
膚(살갗부)
賦(구실부)
釜(가마부)
否(아닐부)
復(다시부)
分(나눌분)
盆(동이분)
奔(달릴분)
糞(똥분)
不(아닐불)
崩(무너질붕)
非(아닐비)
比(견줄비)
庇(덮을비)
卑(낮을비)
肥(살찔비)
秘(숨길비)
費(쓸비)
備(갖출비)
臂(팔비)
否(막힐비)
貧(가난할빈)
聘(장가들빙)

ㅅ

四(넉사)
死(죽을사)
司(맡을사)
事(일사)(섬길사)
使(하여금사)
思(생각할사)
似(같을사)
師(스승사)
獅(사자사)
私(사사사)
謝(사례할사)
辭(말씀사)
賜(줄사)
赦(용서할사)
蛇(뱀사)
捨(버릴사)
梭(북사)
索(동아줄삭)
山(뫼산)
散(흩을산)
酸(초산)
殺(죽일살)
三(석삼)
參(석삼)
卅(서른삽)
上(위상)

常(항상상)
相(서로상)
賞(상줄상)
償(갚을상)
傷(상할상)
喪(죽을상)
像(형상상)
索(찾을색)
穡(거둘색)
生(날생)
省(덜생)
恕(용서할서)
書(글서)
誓(맹세할서)
徐(천천히서)
石(돌석)
昔(예석)
惜(아낄석)
釋(풀석)
先(먼저선)
善(착할선)
選(가릴선)
船(배선)
颹(회오리바람선)
舌(혀설)
雪(눈설)
設(베풀설)
屑(가루설)
成(이룰성)
城(성성)
誠(정성성)
性(성품성)
省(살필성)
星(별성)
聖(거룩할성)
聲(소리성)
世(대세)
洗(씻을세)
召(부를소)
所(바소)
小(작을소)
少(적을소)
消(사라질소)
燒(사를소)
俗(풍속속)
贖(죄사할속)
屬(붙일속)
束(묶을속)
速(빠를속)
送(보낼송)
頌(기릴송)
水(물수)
受(받을수)
守(지킬수)
囚(가둘수)
首(머리수)
手(손수)
垂(드리울수)
睡(잘수)
需(구할수)
樹(나무수)
隨(따를수)
壽(목숨수)
數(셈수)
殊(다를수)
豎(세울수)
雖(비록수)
獸(짐승수)
穗(이삭수)
遂(이를수)
熟(익을숙)
順(순할순)
旬(열흘순)
脣(입술순)
馴(길들순)
盾(방패순)
瞬(눈깜작일순)
鶉(메추라기순)
崇(높을숭)
瑟(거문고슬)
拾(주울습)
習(익힐습)
勝(이길승)
乘(탈승)
昇(오를승)
繩(줄승)
蠅(파리승)
示(보일시)
視(볼시)
施(베풀시)
恃(믿을시)
時(때시)
始(처음시)

是(옳을시)(이시)
試(시험할시)
食(밥식)
植(심을식)
息(숨쉴식)
識(알식)
身(몸신)
臣(신하신)
信(믿을신)
新(새신)
薪(섶신)
神(신령할신)
晨(새벽신)
愼(삼갈신)
伸(펼신)
申(거듭할신)
實(열매실)
悉(다실)
心(마음심)
深(깊을심)
審(살필심)
尋(찾을심)
十(열십)
拾(열십)

ㅇ

我(나아)
樂(풍류악)
惡(악할악)
安(편안할안)
案(책상안)
眼(눈안)
謁(뵐알)
暗(어두울암)
仰(우러를앙)
愛(사랑애)
額(이마액)
軛(멍에액)
夜(밤야)
也(어조사야)
野(들야)
約(묶을약)
弱(약할약)
藥(약약)
若(같을약)
羊(양양)
養(기를양)
樣(무양양)
揚(드날릴양)
陽(볕양)
於(어조사어)
語(말씀어)
魚(고기어)
漁(고기잡을어)
憶(생각할억)
言(말씀언)
掩(가릴엄)
業(일업)
如(같을여)
與(더불여)
余(나여)
餘(남을여)
亦(또역)
易(바꿀역)
逆(거스를역)
役(부릴역)
緣(가선연)
然(그러할연)
燃(사를연)
宴(잔치연)
悅(기쁠열)
熱(더울열)
厭(싫을염)
鹽(소금염)
葉(잎엽)
榮(영화영)
影(그림자영)
永(길영)
迎(맞이할영)
盈(찰영)
銳(날카로울예)
穢(더러울예)
豫(미리예)
裔(후손예)
五(다섯오)
吾(나오)
汚(더러울오)
惡(미워할오)
屋(집옥)
沃(기름질옥)
玉(옥옥)
慍(성낼온)

穩(평온할온)
瓦(기와와)
完(완전할완)
頑(완고할완)
王(임금왕)
往(갈왕)
畏(두려워할외)
外(밖외)
樂(좋아할요)
要(구할요)
腰(허리요)
耀(빛날요)
鐃(꽹과리요)
欲(하고자할욕)
浴(목욕할욕)
慾(욕심욕)
辱(욕될욕)
用(쓸용)
容(얼굴용)
又(또우)
友(벗우)
牛(소우)
右(오른쪽우)
佑(도울우)
祐(복우)
尤(더욱우)
雨(비우)
憂(근심할우)
偶(짝우)0
愚(어리석을우)
雲(구름운)

遠(멀원)
願(원할원)
冤(원통할원)
怨(원망할원)
援(당길원)
月(달월)
越(넘을월)
爲(할위)
僞(거짓위)
慰(위로할위)
有(있을유)
由(말미암을유)
油(기름유)
惟(오직유)
幼(어릴유)
乳(젖유)
遺(끼칠유)
遊(놀유)
柔(부드러울유)
蹂(밟을유)
愈(나을유)
逾(넘을유)(더욱유)
踰(넘을유)
諭(깨우칠유)
猶(오히려유)
裕(넉넉할유)
誘(꾈유)
籲(부를유)
肉(고기육)
恩(은혜은)
銀(은은)

隱(숨길은)
音(소리음)
淫(음란할음)
陰(그늘음)
蔭(그늘음)
邑(고을읍)
應(응할응)
衣(옷의)
倚(의지할의)
義(옳을의)
蟻(개미의)
意(뜻의)
醫(의원의)
矣(어조사의)
疑(의심할의)
二(두이)
已(이미이)
以(써이)
耳(귀이)
而(말이을이)
易(쉬울이)
離(떼놓을이)
異(다를이)
移(옮길이)
爾(너이)
邇(가까울이)
益(더할익)
人(사람인)
仁(어질인)
因(인할인)
引(끌인)

印(도장인)
忍(참을인)
認(알인)
一(한일)
日(해일)
溢(넘칠일)
任(맡길임)
入(들입)
孕(아이밸잉)

ㅈ

子(아들자)
自(스스로자)
者(놈자)
滋(맛있을자)
慈(사랑할자)
疵(흠자)
刺(찌를자)
作(지을작)
殘(남을잔)
暫(잠시잠)
杖(지팡이장)
長(길장)
張(베풀장)
場(마당장)
牆(담장)
藏(감출장)
將(장차장)
在(있을재)
災(재앙재)
再(두재)
才(재주재)
財(재물재)
爭(다툴쟁)
詛(저주할저)
敵(원수적)
適(갈적)
田(밭전)
全(온전할전)
前(앞전)
戰(싸울전)
專(오로지전)
傳(전할전)
轉(구를전)
錢(돈전)
殿(큰집전)
顚(넘어질전)
折(꺾을절)
切(끊을절)
絕(빼어날절)
接(이을접)
定(정할정)
正(바를정)
征(칠정)
淨(깨끗할정)
情(뜻정)
精(자세할정)
釘(못정)
頂(정수리정)
停(머무를정)
祭(제사제)
除(덜제)
濟(건널제)
梯(사다리제)
第(차례제)
諸(모든제)
制(마를제)
製(지을제)
造(지을조)
照(비출조)
躁(성급할조)
祖(조상조)
助(도울조)
蚤(벼룩조)
嘲(비웃을조)
凋(시들조)
調(고를조)
雕(새길조)
槽(구유조)
足(발족)
族(겨레족)
存(있을존)
尊(높을존)
從(좇을종)
終(끝날종)
種(씨종)
踵(발꿈치종)
左(왼좌)
坐(앉을)
座(자리좌)
罪(허물죄)
主(주인주)

注(물댈주)
柱(기둥주)
珠(구슬주)
晝(낮주)
酒(술주)
鑄(쇠부어만들주)
遵(좇을준)
準(표준준)
中(가운데중)
仲(중개중)
重(무거울중)
衆(무리중)
卽(곧즉
則(곧즉)
增(더할증)
憎(미워할증)
證(증거증)
地(땅지)
知(알지)
智(슬기지)
之(갈지)
至(이를지)
志(뜻지)
枝(가지지)
肢(사지지)
旨(맛있을지)
指(손가락지)
脂(기름지)
止(그칠지)
直(곧을직)
盡(다할진)
眞(참진)
塵(티끌진)
陣(줄진)
震(벼락진)
質(바탕질)
嫉(시기할질)
跌(넘어질질)
耋(늙은이질)(여든)
執(잡을집)
懲(혼날징)

ㅊ

此(이차)
借(빌차)
着(붙을착)
窄(좁을착)
讚(기릴찬)
參(간여할참)
斬(벨참)
站(오래서있을참)
創(비롯할창)
昌(창성할창)
娼(창녀창)
暢(펼창)
彰(밝을창)
債(빚채)
責(맡길책)
妻(아내처)
處(살처)
剔(바를척)
擲(던질척)
斥(물리칠척)
滌(씻을척)
天(하늘천)
千(일천천)
泉(샘천)
哲(밝을철)
鐵(쇠철)
撤(거둘철)
諂(아첨할 첨)
瞻(볼첨)
餂(핥을첨)
淸(맑을청)
請(청할청)
聽(들을청)
體(몸체)
嚔(재채기체)
切(모두체)
初(처음초)
草(풀초)
稍(적을초)
聰(귀밝을총)
寵(사랑할총)
秋(가을추)
趨(달릴추)
祝(빌축)
逐(쫓을축)
築(쌓을축)
出(날출)
忠(충성충)
蟲(벌레충)
充(찰충)

吹(불취)
炊(불땔취)
臭(냄새취)
取(가질취)
就(이룰취)
測(헤아릴측)
厠(뒷간측)
治(다스릴치)
致(이를치)
恥(부끄러워할치)
置(둘치)
齒(이치)
則(법칙칙)
親(어버이친)
七(일곱칠)
侵(침노할침)
針(바늘침)
沈(가라앉을침)
枕(베개침)
稱(일컬을칭)

ㅌ

他(다를타)
舵(키타)
托(밀탁)
託(부탁할탁)
呑(삼킬탄)
彈(탈탄)
誕(태어날탄)
奪(빼앗을탈)
探(찾을탐)
貪(탐할탐)
太(클태)
胎(아이밸태)
怠(게으름태)
擇(가릴택)
澤(못택)
土(흙토)
吐(토할토)
通(통할통)
退(물러날퇴)
投(던질투)
妬(시기할투)
偸(훔칠투)

ㅍ

破(깨뜨릴파)
播(뿌릴파)
判(판가름할판)
敗(깨뜨릴패)
悖(어그러질패)
烹(삶을팽)
偏(치우칠편)
平(평평할평)
敝(해질폐)
蔽(덮을폐)
幣(폐물폐)
廢(폐할폐)
抱(안을포)
飽(물릴포)
葡(포도포)
風(바람풍)
豊(풍성할풍)
避(피할피)
皮(가죽피)
彼(저피)
被(이불피)
必(반드시필)
筆(붓필)
乏(가난할핍)

ㅎ

下(아래하)
何(어찌하)
河(강이름하)
荷(연하)
瑕(티하)
夏(여름하)
學(배울학)
虐(사나울학)
汗(땀한)
割(나눌할)
轄(다스릴할)
喊(소리함)
合(합할합)
盒(합합)
鴿(집비둘기합)
降(항복할항)
項(목항)
恒(항상항)

解(풀해)
海(바다해)
孩(어린아이해)
害(해칠해)
偕(함께해)
行(갈행)
香(향기향)
享(누릴향)
鄕(시골향)
虛(빌허)
許(허락할허)
獻(바칠헌)
賢(어질현)
顯(나타날현)
懸(매달현)
血(피혈)
狹(좁을협)
亨(형통할형)
衡(저울대형)
荊(가시형)
惠(은혜혜)
慧(슬기로울혜)
好(좋을호)
呼(부를호)
狐(여우호)
號(부르짖을호)
護(보호할호)
毫(가는털호)
瓠(표주박호)
或(혹혹)
混(섞을혼)
魂(넋혼)
虹(무지개홍)
禾(벼화)
和(화할화)
火(불화)
花(꽃화)
禍(재화화)
穫(벼벨확)
擴(넓힐확)
患(근심환)
歡(기뻐할환)
活(살활)
荒(거칠황)
悔(뉘우칠회)
會(모일회)
懷(품을회)
獲(얻을획)
擭(잡을획)
孝(효도효)
效(본받을효)
後(뒤후)
朽(썩을후)
訓(가르칠훈)
毁(헐훼)
撝(찢을휘)
虧(이지러질휴)
凶(흉할흉)
痕(흉터흔)
欠(하품흠)
興(일흥)
喜(기쁠희)

사자성어로 된 복음행전

2013년 4월 15일 인쇄
2013년 4월 20일 발행

엮은이 | 김인식
발행인 | 이형규
발행처 | 쿰란출판사

주소 | 서울특별시 종로구 이화동 184-3
TEL | 02-745-1007, 745-1301, 747-1212, 743-1300
영업부 | 02-747-1004, FAX / 02-745-8490
본사평생전화번호 | 0502-756-1004
홈페이지 | http://www.qumran.co.kr
E-mail | qrbooks@gmail.com
qrbooks@daum.net
한글인터넷주소 | 쿰란, 쿰란출판사

등록 | 제1-670호(1988.2.27)

책임교열 | 최찬미 · 김숙희

값 13,000 원

ISBN 978-89-6562-452-3 93230